循证医学培训教材

# 系统评价、Meta-分析
# 设计与实施方法

主　　编　刘　鸣

副 主 编　吴红梅　卫茂玲

编　　者（以姓氏拼音为序）

郝子龙（四川大学华西临床医学院）　　　　刘雪梅（四川大学华西医院）

何　佳（四川大学华西临床医学院）　　　　谭至娟（四川大学图书馆）

康德英（四川大学华西医院中国循证医学中心）　王德任（四川大学华西临床医学院）

李　静（四川大学华西医院中国循证医学中心）　卫茂玲（四川大学华西医院中国循证医学中心）

李　峻（四川大学华西医院）　　　　　　　吴红梅（四川大学华西医院）

李幼平（四川大学华西医院中国循证医学中心）　杨　茗（四川大学华西医院）

林　森（四川大学华西临床医学院　）　　　杨新玲（新疆医科大学）

刘　鸣（四川大学华西医院中国循证医学中心）　岳冀蓉（四川大学华西医院）

刘关键（四川大学华西医院中国循证医学中心）　张鸣明（四川大学华西医院中国循证医学中心）

主编助理　王德任

人民卫生出版社

图书在版编目（CIP）数据

系统评价、meta-分析设计与实施方法/刘鸣主编.
—北京：人民卫生出版社，2011.2
ISBN 978-7-117-13874-1

Ⅰ.①系… Ⅱ.①刘… Ⅲ.①临床医学–研究方法
Ⅳ.①R4-3

中国版本图书馆CIP数据核字（2010）第242719号

| 门户网：www.pmph.com 出版物查询、网上书店 |
| 卫人网：www.ipmph.com 护士、医师、药师、中医师、卫生资格考试培训 |

**系统评价、meta-分析设计与实施方法**

主　　编：刘　鸣
出版发行：人民卫生出版社（中继线 010-59780011）
地　　址：北京市朝阳区潘家园南里 19 号
邮　　编：100021
E - mail：pmph @ pmph.com
购书热线：010-59787592　010-59787584　010-65264830
印　　刷：中煤（北京）印务有限公司
经　　销：新华书店
开　　本：787×1092　1/16　　印张：13
字　　数：316 千字
版　　次：2011 年 2 月第 1 版　　2025 年 6 月第 1 版第 21 次印刷
标准书号：ISBN 978-7-117-13874-1/R·13875
定　　价：40.00 元

打击盗版举报电话：010-59787491　E-mail：WQ @ pmph.com
（凡属印装质量问题请与本社市场营销中心联系退换）

# 前　言

　　系统评价和 meta- 分析方法在循证医学中是生产高质量证据的重要方法之一。随着循证医学和 Cochrane 协作网的发展日益受到重视和欢迎，在中国得到越来越广泛的应用。作为 1995 年最早接触和最早在 Cochrane 图书馆发表系统评价的中国作者之一，我本人与四川大学华西医院的同事们经历和见证了 Cochrane 系统评价方法在国内的引进、推广和发展的整个过程。从 1998 年开始，中国循证医学 /Cochrane 中心最早在华西医院面向全国举办 Cochrane 系统评价和 meta- 分析方法培训班，以后每年至少举办一次。本书作者都是培训班的教师，多年来与国外专家密切合作，培养了大量相关人才，积累了丰富的教学经验。应广大学员和各方面相关人员的热切要求，我们将 15 余年进行系统评价和 meta- 分析及举办培训班的经验总结出来撰写成书，希望与更多的读者分享，并为需要者提供帮助。写作此书的目的，是为有兴趣或需要使用系统评价和 meta- 分析方法进行研究的人员提供培训教材或参考书。

　　本书具有以下特点：

　　1. 由于 Cochrane 系统评价方法被公认为相对最成熟和质量最高的系统评价方法，本书主要介绍了 Cochrane 系统评价方法学，并以治疗措施随机对照试验的系统评价方法为主。其他非随机对照试验的系统评价方法目前尚不成熟处于探索阶段。读者应以本书介绍的方法入门，在熟练掌握后可以触类旁通、进一步学习和探索其他如病因、诊断或预后等非随机对照研究的系统评价方法。

　　2. 全书内容顺序是按系统评价完整的实施流程编排的，主要介绍了系统评价选题、计划书撰写、临床研究检索方法与检索策略制定、临床研究选择和纳入、纳入研究的偏倚评价、数据提取、meta- 分析技术、结果解释与结论及 RevMan 软件介绍等。同时，本书附录还提供了其他系统评价和 meta- 分析方法学信息资源，希望有利于读者更方便地使用和查询。

　　3. 本教材是国内系统评价专家共同辛勤劳动的结晶，全书作者都具有完成和发表 Cochrane 系统评价的实践经验，争取保证本书的理论和实用价值，力求达到较高质量。

　　衷心感谢卫茂玲、吴红梅和王德任等老师在本书的编写组织和编辑校对过程中所做的大量细致工作。

我们相信本书对读者在系统评价的理论和实践方面都将有所裨益。但由于时间和个人水平所限,此版本可能并不成熟和完美,疏漏、错误和偏见在所难免,我们殷切希望得到广大读者的反馈,以便再版时予以纠正和完善。

刘　鸣

联系电话:028-85422078

E-mail:ebmc@163.com

2010 年 12 月

# 目 录

绪论 ……………………………………………………………………………… 1

第一章　系统评价基本知识及制作前准备 ………………………………… 3

    第一节　系统评价的概念、起源、发展和作用 ………………………… 3

    第二节　系统评价与 meta- 分析的关系 ………………………………… 4

    第三节　Cochrane 系统评价制作所需条件及注册过程 ……………… 5

    第四节　Cochrane 系统评价制作、保存、发表和更新原则 ………… 6

    第五节　Cochrane 系统评价在循证医学中的作用 …………………… 7

第二章　系统评价选题 ……………………………………………………… 10

    第一节　系统评价选题原则 …………………………………………… 10

    第二节　系统评价问题的主要组成部分 ……………………………… 11

    第三节　系统评价选题常见问题及注意事项 ………………………… 13

第三章　系统评价计划书撰写 ……………………………………………… 14

    第一节　概述 …………………………………………………………… 14

    第二节　Cochrane 系统评价计划书撰写内容与流程 ………………… 16

    第三节　计划书撰写注意事项与相关资源 …………………………… 22

第四章　临床研究检索与常用数据库介绍 ………………………………… 24

    第一节　循证医学证据概述 …………………………………………… 24

    第二节　临床研究检索方法与检索策略制定 ………………………… 28

    第三节　常用中英文数据库介绍 ……………………………………… 35

    第四节　常用文献管理软件简介 ……………………………………… 49

第五章　临床研究选择和纳入 ……………………………………………… 53

    第一节　临床研究选择和纳入的重要性 ……………………………… 53

    第二节　临床研究选择和纳入标准流程 ……………………………… 53

    第三节　临床研究选择和纳入基本步骤 ……………………………… 54

第四节　临床研究选择和纳入基本原则 ································· 58
第五节　临床研究选择和纳入注意事项 ································· 59
第六节　临床研究选择和纳入表格模板 ································· 61

## 第六章　纳入研究的偏倚评价 ································· 66

第一节　基本概念 ······································· 66
第二节　随机对照试验系统评价纳入研究的偏倚风险评价 ········· 68
第三节　非随机研究系统评价纳入研究的偏倚风险评价 ··········· 72
第四节　诊断性试验系统评价纳入研究的偏倚风险评价 ··········· 73
第五节　纳入研究偏倚风险评价的注意事项 ····················· 74
第六节　研究文献的质量评价在系统评价中的作用 ··············· 75

## 第七章　数据提取 ·········································· 77

第一节　数据来源及提取基本原则 ····························· 77
第二节　数据提取基本步骤 ··································· 79
第三节　数据提取表的设计 ··································· 80
第四节　数据提取过程中的特殊问题 ··························· 85
第五节　数据提取表格模板 ··································· 90

## 第八章　meta-分析和系统评价常用统计指标及方法 ·············· 97

第一节　meta-分析中的统计学过程 ··························· 97
第二节　常用统计指标及可信区间 ··························· 108

## 第九章　结果 ············································· 118

第一节　结果报告原则和要点 ······························· 118
第二节　制作结果汇总表 ··································· 121
第三节　报告偏倚的概念与评价 ····························· 124
第四节　不良反应 ········································· 127

## 第十章　结果解释（讨论）与结论 ··························· 131

第一节　结果解释的要点 ··································· 131
第二节　结果的统计学意义与临床意义 ······················· 132
第三节　证据质量分级及其影响因素 ························· 136
第四节　正确解释证据适用性 ······························· 138
第五节　如何得出结论 ····································· 139

## 第十一章　RevMan软件介绍 ······························· 142

第一节　RevMan软件基本内容与主要功能 ··················· 142
第二节　RevMan软件操作流程及注意事项 ··················· 143

**第十二章　系统评价与 meta- 分析特别主题** ················································ 154

第一节　不良反应的系统评价 ·························································· 154

第二节　经济学证据整合 ································································ 158

第三节　患者报告的结局 ································································ 164

第四节　个体患者系统评价 ···························································· 168

第五节　前瞻性 meta- 分析 ···························································· 171

第六节　动物实验系统评价 ···························································· 172

**第十三章　Cochrane 系统评价汇总评价** ·············································· 177

第一节　Cochrane 系统评价汇总评价的基本概念 ····································· 177

第二节　Cochrane 系统评价汇总评价的主要内容 ····································· 178

**第十四章　系统评价的临床应用** ····················································· 185

第一节　系统评价是目前临床循证论证强度最高的证据之一 ····················· 185

第二节　运用最佳证据进行临床实践决策 ············································ 186

第三节　应用系统评价指导临床循证决策应注意的问题 ······················· 188

**附录** ··············································································· 190

附录 1　Cochrane 系统评价常用术语中英文对照 ····································· 190

附录 2　Cochrane 协作网 52 个系统评价专业组联系方式 ··························· 194

附录 3　常用 Cochrane 系统评价与 meta- 分析制作及循证医学应用相关参考资源 ····· 197

附录 4　其他系统评价与 meta- 分析方法学常用参考资源 ···························· 199

附录 5　国际社会学系统评价研究、药物经济学评价与安全性相关资源网 ············· 200

# 绪　　论

　　系统评价(systematic review,SR)是循证医学中经常提到的术语,与循证医学的发展密切相关。1992年国际上正式提出循证医学概念。同年在英国牛津正式建立了英国 Cochrane 中心,次年建立了世界 Cochrane 协作网,为循证医学发展提供系统评价证据。系统评价不等于循证医学,它是循证医学中经常使用的一种重要证据。循证医学(evidence-based medicine,EBM)是指医生对患者的诊断、治疗、预防、康复和其他决策应建立在当前最佳临床研究证据、医师的专业技能和经验及患者的意愿三者结合的基础之上。证据是循证医学的基础,质量是证据的关键。实践循证医学首先要学会如何从大量的临床文献中找出当前最佳的证据并加以应用,有条件者还应进行临床研究为循证医学提供高质量证据。而系统评价和 meta-分析正是循证医学重要的研究方法和最佳证据的重要来源之一,是当前临床医学各专业使用最频繁的工具之一。

　　系统评价是一种临床研究方法,是全面收集符合纳入标准的所有相关临床研究并逐个进行严格评价和分析,必要时进行定量合成的统计学处理,得出综合结论的研究过程。国外文献中具类似意义的其他名词有 overview、systematic overview、pooling project 等。"系统"和"评价"是"systematic review"的两个重要特点。高质量的系统评价是目前级别最高的证据之一,被临床指南广泛引用。系统评价方法发展很快,其主题已由最初的干预措施疗效领域拓展到病因、诊断、预后、不良反应和动物实验等多个方面。

　　Cochrane 系统评价指在 Cochrane 协作网统一工作手册指导下,在相应 Cochrane 专业评价组编辑部指导和帮助下完成并发表在 Cochrane 图书馆的系统评价。因其施行全程有严格的质量控制措施,故其平均质量被认为比普通系统评价更高,已公认是最高级别的证据之一,成为卫生干预措施效果最有价值的信息来源。Cochrane 系统评价是循证决策与实践的重要证据,是循证医学研究与实践的重要纽带。

　　meta-分析由 Beecher 于1955年最先提出,Glass 于1976年首次命名。国内翻译为荟萃分析。目前 meta-分析存在广义和狭义两种概念,尚未统一。广义:认为 meta-分析是系统评价的一种类型,是一个研究过程。当系统评价用定量合成的方法对资料进行了统计学处理时称为 meta-分析,即定量系统评价。没有进行 meta-分析的系统评价,可认为是定性系统评价。狭义:认为 meta-分析只是一种定量合成的统计处理方法。目前国外文献中以广义概念的应用更为普遍。"系统评价"常与"meta-分析"交叉使用,意义相同。现多认为 meta-分析是系统评价的一种类型,但系统评价不一定都是 meta-分析。

　　系统评价是一种基本的科学研究活动,而不仅仅是一种统计学方法。同其他科学研究过程一样,统计学处理只是其中的一个步骤。因此,应将系统评价看作是一种研究项目,而非简单的文献叠加或论文写作。系统评价的制作过程实际上与原始研究类似,同样经历从选题到设计研究方案,然后按照研究方案实施分析评价并撰写论文的过程。唯一的区别是两者的研究对象不同,临床试验的研究对象是患者,而系统评价的研究对象则是原始临床试验报告。系统评价的第一步是提出拟回答的问题(即研究目的),只有提出问题后才能确定收集什么资料,纳入什么试验,提取什么数据等。系统评价与原始研究一样要进行课题设计。根据提出的问题制定出研究方案(撰写计划书)。然后按照计划书完成系统评价课题。

　　目前系统评价在国内越来越受到研究者的重视,并且国内发表的系统评价也越来越多。但读者需注意,系统评价同其他医学研究的方法学一样,有一个不断完善发展的过程,尽管其有许多优点,但也存在局限性。其中主要的局限是受使用者人为的影响,如果按照规范制作可以形成高质量的研究,否则,会引起误导。故请读者一定要加强学习规范的方法学,关注系统评价的发展,不断更新知识,以便为医学研究做出更多贡献。

(刘　鸣)

# 参 考 文 献

1. Straus SE,Richardson WS,Glasziou P,et al. Evidence-based medicine: how to practice and teach EBM. 3rd ed. London: Churchill Livingstone,2005.

2. Sackett DL,Rosenberg WM,Gray JA,et al. Evidence-based medicine: what it is and what it isn't. BMJ,1996, 312 :71-72.

3. Green S,Higgins JPT,Alderson P,et al. Introduction//Higgins JPT,Green S. Cochrane Handbook for Systematic Reviews of Interventions Version 5.0.1 (updated September 2008). The Cochrane Collaboration,2008. Available from www.cochrane-handbook.org.

4. 刘鸣 . 脑卒中临床研究的新方法 Meta- 分析介绍 . 国外医学·脑血管病分册,1996,4(6):352-356.

5. 刘鸣 . 循证医学(Evidence Based Medicine)——新世纪的临床医学 . 华西医学,1999,14(1):1-2.

6. 刘鸣 . 系统评价、Meta- 分析及在神经疾病的临床应用 . 中华神经科杂志,2001,34(6):369-371.

7. 卫茂玲,刘鸣,苏维,等 . 中文发表系统评价、Meta- 分析 18 年现状分析 . 华西医学,2007,22(4):1-2.

8. 刘鸣,赵美英 . 循证医学在神经疾病中的应用 . 中国实用内科杂志,2007,27(8): 638-640.

# 第一章 系统评价基本知识及制作前准备

## 第一节 系统评价的概念、起源、发展和作用

系统评价最早源于研究合成（research synthesis）的方法。早在 1753 年，苏格兰航海外科医生 James Lind 就意识到研究合成在解释结果中减少偏倚的重要性。1916 年 Thorndike 和 Ruger 利用两个研究结果的平均值比较处在室外和室内两种不同环境下孩子数数等能力的差异。1932 年起研究合成的方法开始应用于物理学和农业领域。1972 年，由英国医生和公共卫生学者 Archie Cochrane 主编的《效果与效率：卫生服务随想》出版，该书提出随机对照试验是检验卫生干预措施的最佳方法。1979 年，Cochrane 提出应该将医学领域里所有相关的随机对照试验收集起来综合分析，并随着新临床试验的出现不断更新，以便得出更为可靠的结论。1983 年 Furberg 发表了卫生保健领域的第一篇对照试验的系统评价"心肌梗死后抗心律失常药物对病死率的效果"。20 世纪 80 年代，Cochrane 在其有关孕期和围产期卫生保健研究综合汇编文献的前言里首次正式提出系统评价（systematic review，SR）的概念。1992 年 10 月，由 Iain Chalmers 博士领导，英国卫生服务中心（NHS）资助在牛津正式成立英国 Cochrane 中心，1993 年国际 Cochrane 协作网成立，致力于制作、保存和传播卫生领域有效性随机对照试验的系统评价，并定期发表于 Cochrane 图书馆。1995 年，由 BMJ 出版集团出版，Iain Chalmers 和 Douglas G Altman 主编的《系统评价》专著，将系统评价定义为在资料与方法学部分，用系统的方法减少偏倚和随机误差。系统评价可包括也可不包括 meta- 分析（用统计学方法从单个研究中提取数据进行合并分析，以估计干预措施的疗效）。Cochrane 协作网则定义 Cochrane 系统评价：全面收集符合纳入与排除标准的经验性证据来回答某个研究问题，用清楚、明确的方法减少偏倚，提供可靠的研究结果以便得出结论、做出决定。

Cochrane 系统评价包括 3 类：

1. 干预措施系统评价 评价卫生保健领域或卫生政策中所采用的干预措施的利弊；

2. 诊断准确性系统评价 评价某个诊断方法和检测某种疾病的实施效果；

3. 方法学系统评价 以如何开展、报告系统评价和临床试验为主题的评价。

Cochrane 系统评价有 6 个特征：①研究目的和纳入与排除标准明确；②方法学清楚并可重复；③检索策略系统，能全面收集符合纳入与排除标准的研究；④评价纳入研究的真实性，如评价偏倚风险；⑤纳入研究特征与结果的表达及合成系统；⑥定期更新。这种特征不仅适用于临床医学领域的科学证据，也适用于其他学科领域。

Cochrane 系统评价是一个周密科学设计、高效协同运作的系统工程,包括题目、研究方案到全文全过程都实行注册,从入口把关设计质量、实行过程监督把关过程质量,指导规范化发表把关出口质量。因此被公认是最高级别的证据,已成为卫生干预措施最有价值的信息来源。其主题也由最初主要在干预措施疗效领域拓展到不良反应、经济学证据、患者报告结果、定性研究、健康促进、公共卫生及其他自然科学和社会科学各领域。Cochrane 图书馆每期发表约 400 篇系统评价。至 2010 年 12 月,Cochrane 图书馆共发表 4000 余篇系统评价全文,2000 余个研究方案。

系统评价从方法学上可分为随机对照试验的系统评价、非随机对照试验的系统评价、病例对照研究的系统评价、诊断性试验的系统评价、动物实验的系统评价及系统评价的再评价6 类。高质量系统评价是医生、研究者、决策者和消费者决策的最佳证据。在英国申请 NHS 资助、在美国申请 NIH 资助、在中国申请国家自然科学基金资助的课题均必须提供系统评价的研究结果。运用系统评价结果促进医疗卫生保健最经典的例子是:1987 年 Iain Chalmers 纳入妊娠和分娩长达 20 年以上的随机对照试验及卫生评价方面的随机对照试验的系统评价结果表明,低价类固醇药物短程疗法治疗有早产倾向的孕妇可降低婴儿死于早产并发症的风险,该系统评价结果的应用与推广使欧洲新生儿病死率降低 30%~50%。在医疗卫生、教育学及知证卫生决策(evidence-informed health policymaking)的研究与实践过程中,系统评价结果及其科学、快速处理海量信息的方法均在促进知识转化、缩短研究与实践的差距中发挥重要作用。近年知证卫生决策的兴起与发展,系统评价为卫生改革、提高卫生政策的效益、效率和公平性提供了强有力的证据支撑作用,不仅提高了卫生决策的有效性,而且降低了决策的政治风险。

系统评价全面系统地收集、筛选资料,严格评价纳入研究的内部与外部真实性,定性与定量分析结合,系统与透明的方法和过程是从海量文献中筛选真实科学信息的有效途径,也是在国际水平了解同行研究进展的最佳手段。系统评价方法不仅制作最佳证据,其严谨科学的筛选过程也是鉴定重复发表、剽窃、选择性报告研究结果等学术不端行为的有效方法。

# 第二节　系统评价与 meta- 分析的关系

系统评价和 meta- 分析均公认是最好的二次研究方法。前者是运用定性或定量描述方法的二次研究,后者是运用定量描述方法的二次研究。两者对纳入研究的数据均有严格要求。meta- 分析根据纳入研究定量数据的异质性大小来决定是采用固定效应模型还是随机效应模型进行合并分析。

1976 年英国心理学家 Glass 将分析分为三个层次:①原始分析:原始研究数据分析,如多中心前瞻性研究的数据分析,流行病学中称为类型Ⅳ;②二次分析:为回答某个原始研究的问题,用更好的统计方法分析数据或用原始资料回答新问题;③ meta- 分析:为达到整合研究结果的目的,收集大量研究结果进行统计分析。

2001 年 Egger 等认为 meta- 分析是指将多个研究结果的数据合并分析,估计某一干预措施疗效的统计学方法;且随机对照试验的 meta- 分析和流行病学研究如队列研究、病例对照研究和横断面研究的 meta- 分析有本质区别。非随机对照研究本身存在很多偏倚和混杂因素,导致各研究间存在很大异质性,因此后者 meta- 分析结果中可能会引入更多偏倚和混杂因素。

系统评价制作过程包括:①提出问题;②制定纳入与排除标准;③撰写计划书;④检索文献;⑤筛选文献;⑥评价纳入研究的偏倚风险;⑦提取数据;⑧分析资料,进行定性或定量分析(meta-分析);⑨讨论分析发表偏倚;⑩撰写全文。

如果纳入研究间不存在临床异质性,且恰当的定量数据可获取时,则进行 meta-分析。若纳入研究间存在临床异质性,则不能进行合并分析。若研究数据不完整,无法进行 meta-分析,则只做定性分析。

## 第三节 Cochrane 系统评价制作所需条件及注册过程

基于问题的研究,遵循证据的决策,关注实践的结果,后效评价,止于至善是实践循证医学的四个基本原则。因此,Cochrane 系统评价选题应结合临床实践和研究需求提出问题。在制定纳入与排除标准过程中,应该①选择对卫生保健决策有意义的结局指标;②不能因为原始研究选择了某种结局指标,系统评价就选择此结局指标;③结局指标不仅包括有利结局指标如有效率,还应包括负性事件如不良反应等;④除某些特殊情况如调查某地区的疾病流行病发病率或死亡率外,应尽量检索全球证据而不受语种、国家或地区及发表与否的限制。

Cochrane 系统评价的评价员必须经统一培训合格后才能制作系统评价。Cochrane 系统评价必须由分工合作的团队来完成。由两名评价员独立完成筛选研究和提取资料,可以增加发现错误的几率。若有多个团队对同一主题感兴趣,Cochrane 系统评价小组会鼓励他们合作。Cochrane 系统评价团队最好包括系统评价方法学家(包括统计学家)、医学专业人员等。若 Cochrane 系统评价主题与某一地区或特定背景相关,团队最好有熟悉此情况的人员,如发展中国家疟疾的系统评价作者最好包括这些国家疟疾发病区的人员。系统评价第一作者最好与做过 Cochrane 系统评价或参加过 Cochrane 协作网培训的专家合作。

Cochrane 协作网采用 Cochrane 信息管理系统(Cochrane Information Management System, IMS)支持分布在全球各地的作者制作和系统评价小组编辑管理系统评价。IMS 由系统评价作者写作软件即 Review Manager(RevMan)和管理与联系的中央服务器组成。RevMan 软件由用户和方法学家持续开发,为 Cochrane 系统评价者提供使用指南与标准、完善的分析方法、在线帮助和自动纠错机制。目前在 RevMan 软件中除可制作干预措施的系统评价外,还可制作方法学系统评价、诊断性试验系统评价和系统评价的再评价。Cochrane 系统评价研究方案和全文均在 RevMan 软件中进行,并有统一的格式。因此,Cochrane 系统评价作者需熟悉 RevMan 软件的使用方法。由于 Cochrane 系统评价写作及编辑管理过程均为英语,Cochrane 系统评价作者还需具备良好的英文阅读与写作能力。

当确定选题后,制作 Cochrane 系统评价的第一步是注册题目。目前 Cochrane 协作网有 52 个系统评价小组(Cochrane Review Groups,CRG),包括呼吸、骨科、肿瘤、精神、公共卫生、妇产儿、麻醉、消化、感染性疾病、方法学、用户交流等几乎涵盖了人类重大疾病的大部分干预措施的所有医学专业。每个 CRG 均公布其主题范围,有的系统评价小组还发布重要系统评价的优先领域。为避免重复,作者需将 Cochrane 系统评价的题目发送至 CRG。CRG 会根据具体情况,为选择题目提供建议和咨询。有的 CRG 还会要求填写题目注册表。为提高研究方法和研究过程的透明度,题目注册成功后,CRG 会要求作者在 1 年内提交研究方案。研究方案需通过系统评价小组编辑审核和外审通过后再发表。Cochrane 协作网的政策是研究方案发表 2 年后仍未提交全文,则将宣布退稿。

# 第四节　Cochrane 系统评价制作、保存、发表和更新原则

## 一、Cochrane 系统评价的制作与保存

系统评价的每一个环节都有可能产生偏倚,制定纳入与排除标准、干预措施及对照选择,结果报道均可能产生偏倚影响系统评价结果。但 Cochrane 系统评价通过严格的方法学把关和内容定时更新,尽量控制各个环节可能产生的偏倚,因而其质量比杂志上发表的系统评价更高。除前瞻性 meta- 分析外,Cochrane 系统评价是回顾性研究,其结论的可靠性取决于原始研究的质量及制作过程中偏倚风险的控制。因此,Cochrane 系统评价研究方案在制作前必须完成并发表在 Cochrane 图书馆。Cochrane 系统评价的研究方案、全文均保存在 Cochrane 信息管理系统的服务器中。作者和编辑均可看到作者提交的每个版本和编辑的修改。

Cochrane 系统评价的制作过程包括方法学及编辑过程均处于透明的系统中,可接受公众和社会监督。Cochrane 系统评价应按研究方案严格执行,即使有改动,在全文中也应标明。

## 二、Cochrane 系统评价的更新

Cochrane 系统评价只有电子版,全文报告没有篇幅限制,尽可能详细报告相关信息。虽然 Cochrane 系统评价没有明确要求作者遵循系统评价 /meta- 分析报告标准,仍尽可能报告详细内容,不仅要求报道纳入研究特征,而且报告排除研究、等待评价、正在进行研究的基本特征。全文摘要部分的方法分为检索方法,纳入与排除标准及资料提取与分析三个部分。

Cochrane 系统评价的宗旨是为临床与决策研究与实践提供及时、最佳、可及的证据。系统评价完成后,不断出现的新研究可能会改变原有系统评价的结论,即原系统评价结论已过时。2005 年 French 等调查 Cochrane 图书馆 1998 年第 2 期发表的 337 篇 Cochrane 系统评价,至 2002 年有 70% 更新,其中 9% 结论已改变。2007 年 Shojania 等调查发表在 ACP journal 上的 100 篇系统评价发现:7% 在发表时就过时,15% 在发表后 1 年内过时,23% 在 2 年内过时;系统评价中位生命周期为 5.5 年。因此,Cochrane 系统评价需要更新。系统评价更新是在已完成的系统评价中增加新证据,其核心任务是尽力筛选纳入新证据。采用新方法对原有资料(如合并分析的统计学方法)重新分析不是更新;而重新检索文献未发现新研究被认为是更新。目前 Cochrane 系统评价每两年更新一次。但研究发现某些 Cochrane 系统评价需在更短时间内更新以保证其时效性,避免其结论误导临床实践,有些则不需更新如此频繁以避免浪费人力物力。

Cochrane 系统评价更新包括两方面:①方法学更新:Cochrane 系统评价在不断完善与提高中发展。 Cochrane 协作网有专门的方法学小组为 Cochrane 系统评价作方法学支撑。如 2008 年 Cochrane 协作网推出 RevMan 第 5 版和系统评价手册第 5 版,增加诊断性试验的系统评价方法,改进了纳入研究的偏倚风险评估方法及结果表达、图表形式等。2008 年以前发表的 Cochrane 系统评价均须更新其方法学。②检索更新:包括检索策略、新增加的数据库及检索时间的更新,尽力筛检和纳入新研究。

Cochrane 系统评价更新后作为新文献引用有以下五个标准：

1. 更新中结论改变 包括增加或减少结局,方法学改变如新结局指标、干预措施比较、研究对象改变,或先前版本中不确定结论在更新后确定。在摘要中注明这些重要改变。

2. 更新后发现严重错误 如结论错误或作者姓名拼写错误,类似杂志中对发表文献的更正。

3. 紧急增加新信息后结论改变。

4. 作者改变 主要是指第一作者改变,一般不包括作者顺序改变或删除作者。

5. 累积变化 虽然更新的 Cochrane 系统评价结论未改变,但发表时间很早,如 5 年以上且文字体例有很大改变。

### 三、Cochrane 系统评价的发表

Cochrane 系统评价发表在由 Wiley 公司出版的 Cochrane 图书馆,2010 年起改为每月出版一期。2009 年 Cochrane 图书馆在 SCI 中的影响因子为 5.653。发表之前作者需签署授权书。Cochrane 系统评价可以在同行评审的印刷版期刊上发表,但不鼓励在 Cochrane 图书馆发表之前发表。若某些特殊情况下,Cochrane 系统评价确实需要在 Cochrane 图书馆上发表之前发表则需与相应的系统评价小组联系,履行相关手续。

# 第五节　Cochrane 系统评价在循证医学中的作用

经典循证医学是最好的研究证据与临床医生的技能、经验和患者的期望、价值观三者之间完美的结合。其核心思想是医疗决策应尽量以客观研究结果为依据。因而证据是循证医学的核心,证据需要分类分级,据其质量高低不同对临床实践产生的指导意义强度不同。仅有证据不足以进行临床决策。高质量证据具有 6 个特点:科学和真实,系统和量化,动态和更新,共享和实用,分类和分级,肯定、否定和不确定。

循证医学理念引入我国已近 15 年,有组织地推广和应用已逾 11 年,其学科领域已从经典的"临床医学实践模式"拓展到"临床医学决策和管理方法学"、到"决策和管理方法学"及"知证决策",系统、透明地获取、评价、使用证据的方法已贯穿到知证决策的全过程。

Cochrane 系统评价是循证决策与实践的重要证据来源。Cochrane 系统评价是临床实践、医学教育、知证决策的证据基础。加拿大、美国、荷兰及澳大利亚等国制定卫生政策、疾病指南、医疗保险政策、确定国家基金优先资助项目均以 Cochrane 系统评价结果为重要依据。丹麦依据 Cochrane 系统评价结果取消孕妇常规超声波检查的规定。印度利用 Cochrane 系统评价结果制定防治失明的国家项目评价标准。加拿大根据 Cochrane 系统评价结果修订了原定降低脑卒中治疗费用。中国利用 Cochrane 系统评价结果循证筛选基本药物,制定卫生改革政策。意大利、英国、荷兰以 Cochrane 图书馆为教材对全科医师进行循证医学培训。英国皇家医学院招收检索和评价科研证据的学员全部由英国 Cochrane 中心推荐。加拿大 McMaster 大学要求全体医学生毕业前必须在 Cochrane 图书馆上发表一篇系统评价。中国 Cochrane 中心为政府卫生管理提供 Cochrane 系统评价证据。

Cochrane 系统评价不仅为临床实践及知证决策提供证据基础,而且是促进证据转化、连接研究与实践的重要纽带。这种纽带不仅包括证据内容,还包括证据生产、应用及传播的方

法学支撑。早在 2004 年世界卫生组织(WHO)就意识到 Cochrane 系统评价在促进知识共享、缩小不同经济发展水平卫生研究与实践的差距,促进知识转化与传播,促进健康发展中的重要作用。2009 年始 WHO 与 Cochrane 协作网正式建立战略合作伙伴关系,共同制定战略合作计划,充分发挥 Cochrane 系统评价在循证医学中的重要作用,实现循证医学向知证决策的转化。

**(李幼平  刘雪梅)**

# 参 考 文 献

1. Volmink J, Siegfried N, Robertson K, et al. Research synthesis and dissemination as a bridge to knowledge management: the Cochrane Collaboration. Bulletin of the World Health Organization, 2004, 82: 778-783.

2. Chalmers I, Hedges L, Cooper H. A brief history of research synthesis. Evaluation & the Health Professions, 2002, 25(1): 12-37.

3. Furberg CD. Effect of anti-arrhythmic drugs on mortality after myocardial infarction. Am J Cardiaol, 1983, 52: 240-248.

4. Cochrane A. Effectiveness and Efficiency: Random Reflections on Health Services. London: Nuffield Provincial Hospitals Trust, 1972.

5. Cochrane A. A critical review, with particular reference to the medical profession. Medicines for the year 2000 (pp. 1-11). London: Office of Health Economics. 1979: 1931-1971.

6. Egger M, Smith GD, Altman DG. Systematic Reviews. Second edition. London: BMA House BMJ Publishing Group. 2001: 5.

7. 李静, 李幼平. 不断完善与发展的 Cochrane 系统评价. 中国循证医学杂志, 2008, 8(9): 742-743.

8. Mike Clarke. 怎样用系统评价帮助临床决策. 中国循证医学杂志, 2009, 9(11): 1135-1138.

9. 张鸣明, 李幼平. Cochrane 协作网及 Cochrane 图书馆. 北京: 科学出版社, 2002.

10. Lisa AB, Roberto G, Jeremy MG, et al. Role of systematic reviews in detecting plagiarism: an overview of systematic reviews of interventions to promote implementation of research findings by health care professional. BMJ, 1998, 317: 465-468.

11. Oxman AD, Lavis JN, Lewin S, et al. Support Tools for Evidence-informed Health Policymaking (STP): What is Evidence-informed Policymaking? Health Research Policy and Systems, 2009, 7(Suppl 1): S10.

12. Delgado-Rodr'guez M. Systematic reviews of meta-analyses: applications and limitations. Glass Educational Researcher, 1976, 5: 3-8.

13. Glass GV. Primary, secondary and meta-analysis of research. Educational Researcher, 1976, 10, 3-8.

14. Jadad A, Cook DJ, Jone A, et al. Methodology and reports of systematic reviews and meta-analyses: a comparison of Cochrane reviews with articles published in paper-based journals. JAMA, 1998, 280(3): 278-280.

15. Moher D, Liberati A, Tetzlaff J, et al. for the PRISMA Group PRISMAR. Preferred reporting items for systematic reviews and meta-analyses: the PRISMA statement. BMJ, 2009, 339: 332-336.

16. Shojania KG, Sampson M, Ansari MT, et al. How Quickly Do Systematic Reviews Go Out of Date? A Survival Analysis. Ann Intern Med, 2007, 147: 224-233.

17. Simon D French, Steve McDonald, Joanne E McKenzie, et al. Investing in updating: how do conclusions change

when Cochrane systematic reviews are updated? BMC Medical Research Methodology,2005,5:33 doi:10.

18. David Moher, Alexander Tsertsvadze. Systematic reviews:when is an update an update? The Lancet,2006,367:882-883.

19. 李幼平.循证医学.第2版.北京:高等教育出版社,2010:6-7.

20. 李幼平,吴泰相,商洪才,等.循证医学教育部网上合作研究中心/中国循证医学中心及所有参会分中心.中国循证医学杂志.2009,9(2):138-142.

21. 张鸣明,李幼平,刘鸣.Cochrane协作网与循证医学.医学与哲学,2001,22(8):46-48.

22. 张鸣明,李幼平.从循证医学到知证卫生决策与实践.中国循证医学杂志,2009,9(12):1247-1248.

# 第二章  系统评价选题

## 第一节  系统评价选题原则

系统评价是通过收集、评价和合成日益增长的原始临床研究结果,得出综合结论的一种研究方法。好的系统评价可为各层次的决策者和临床实践者提供真实、可靠的科学依据。系统评价是一种科学研究方法而不只是一个统计学方法,同其他科研过程一样,统计学处理只是其中一个步骤。制作系统评价应首先进行科研设计并制定研究方案。正确的选题是最重要和最基本的第一步,选题应遵循实用性、必要性、科学性、创新性、可行性五大原则。

**(一) 实用性**

系统评价是为医疗保健措施的管理和应用提供决策的依据,特别适用于仅靠单个临床研究结果难以确定某些干预措施的利弊,或在临床应用过程中存在较大差异时。系统评价选题应来自日常临床医疗实践,涉及根据单个临床试验难以确定干预措施疗效和疾病防治方面不肯定、有争论的重要临床问题。例如:在高危人群中服用小剂量阿司匹林能否预防心脑血管事件的发生? 早期(发病 30 天以内)和晚期(发病 30 天以后)急性缺血性脑卒中伴重度颈动脉狭窄患者行颈动脉内膜切除术的疗效和安全性有何差别?

**(二) 必要性**

系统评价关注的临床问题应具有研究的价值,首先应当选择疾病负担重、国家或地区的重大健康问题进行研究,解决大多数人健康与疾病防治的问题,如心脑血管疾病、恶性肿瘤、呼吸系统疾病及新生儿疾病等。研究者应根据个人专业、专长,选择其中某个具体的问题进行深入研究。

**(三) 科学性**

系统评价选题的科学性体现在确定课题是否有科学依据,研究结果能否回答和解决有关的临床问题,为临床决策提供依据。选题前要充分了解拟选题目的国内外研究现状和发展趋势,应选择符合客观规律,具有良好发展前景的题目,要做到有根有据,不能主观臆造凭空想象。

**(四) 创新性**

一个好的题目必须要有创新性,不能完全照搬照抄他人的研究。在系统评价中主要体现在不要重复他人的工作。为了避免重复,在决定是否对某一临床问题进行系统评价前,应进行全面、系统地检索,了解针对同一临床问题的系统评价或 meta- 分析是否已经存在或正在进行。如果有,则应考虑你所设计的系统评价与其相比有无不同点及创新之处。如果有创新之处,可考虑重新再做一个新的系统评价。

**(五) 可行性**

确定一个系统评价的题目,一定要考虑实施的可行性,例如是否掌握系统评价方法,是否掌握临床流行病学知识,是否掌握 RevMan 软件的使用,有无相关临床专业知识,有无充足的时间,有无文献检索的条件以及良好的英语能力等。

只有充分重视和遵循以上五个原则,才能做到正确的选题。

# 第二节 系统评价问题的主要组成部分

"提出一个好的问题,用可靠的方法来回答这个问题"是提高临床研究质量的关键。设计临床研究时提出的问题是否恰当,关系到是否有重要的临床意义并决定整个研究设计方案的制定。因此,通过提出一个好的问题进而确定其研究的焦点是制作系统评价的良好开端。

系统评价选题的要点将关系到确定哪些研究应该纳入、怎样收集临床研究、怎样提取资料、怎样确定结局指标及怎样评价研究的真实性和重要性等过程。因此,提出的问题将影响和指导整个系统评价过程。临床医生和卫生决策者往往根据一篇系统评价提出的问题和目的来判断该研究证据是否与他们面对的、需要回答的问题有关。

一个完整的系统评价问题应该详细说明研究对象(participants)、干预(interventions)、对照(comparisons)和结局(outcomes),简称 PICO 原则。例如:"抗凝剂(干预措施)与不用抗凝剂(对照措施)相比能降低急性缺血性卒中患者(研究对象)死亡或残疾(临床结局)的风险吗?"这一问题就包括了这四个基本成分,是一个内容完整、比较清楚的临床问题。

系统评价解决的问题较专一,涉及的研究对象、设计方案以及治疗措施需相似或相同。因此,在确立系统评价题目时,应围绕研究问题明确四个要素:①研究对象的类型(types of participants):如所患疾病类型及其诊断标准、研究人群的特征和场所等;②研究的干预措施和作为对照的措施(types of interventions);③研究结局指标(types of outcome measures);④研究的设计方案(types of studies)。这些要素的确定对于纳入标准的制定将有很大的帮助。

下文将详细讲述系统评价问题四要素的主要内容。

**(一) 研究对象类型**

确定合适的研究对象一般分为两步。首先,任何研究对象一定要符合该病公认的确诊标准,最过硬的则为"金标准"诊断,如冠心病的冠状动脉造影,其狭窄程度≥75% 为金标准。其次,要确定研究对象最重要的特征,如年龄、性别、种族、研究实施场所等。

需要注意的是,Cochrane 系统评价是为全世界服务的,对具体人群特征或场所的限制应该有合理的理由。在确定系统评价的研究对象时,如果没有潜在的生物学或社会学理由,应当避免只因个人兴趣而确定的年龄、性别或种族等为基础的特定人群。如果不能确定不同亚组人群在疗效上是否存在重大差异,最好的做法是纳入所有相关的亚组,然后再在分析中检测各亚组的疗效是否存在重要和可信的差异。

综上所述,确定研究对象类型时,研究者应该考虑以下要素:如何定义疾病? 研究对象最重要的特征是什么？是否有任何人口统计学差异(如年龄、性别、种族等)？场所是什么(如医院、社区等)？怎样诊断？有无需要从系统评价中排除的研究对象类型(因为他们很可能会以另一种的方式对干预措施做出反应)？

**(二) 干预措施**

系统评价问题的第二个关键要素是具体说明所关注的干预措施以及作为对照的干预措施。应特别注意的是,作为对照的干预措施还应说明是阴性干预措施(如安慰剂、无治疗等)还是阳性干预措施(如同一干预措施的不同类型、不同的药物、不同类型的治疗)。

当确定了药物干预措施后,下一步就应考虑药物制剂、给药途径、剂量、持续时间和频率等因素。一般来说,需要考虑的问题是:具体采取的干预措施内容、使用的强度、使用频率、实施方式(如教育项目实施,可以是面对面的患者教育、提供健康教育宣传资料、通过视频等不同方式)、谁在实施(是医生、护士、健康促进者以及其他人员等)以及是否需要对实施者进行培训或实施者的资质如何等。系统评价的作者还应考虑干预措施的变化(如基于剂量 / 强度、使用方式、频率、持续时间等)是否会很大程度对研究对象和关注的结局指标产生不同的影响。

综上所述,确定干预措施类型时,应考虑的要素包括:所关注的试验和对照的干预措施是什么？干预措施是否存在变化(如剂量/强度、使用方式、使用人员、使用频率、使用时间)？是否所有的变化都包括在内(例如,有没有一个临界剂量,低于它的干预措施就不适在临床上使用)？怎样处理只包含部分干预措施的试验？怎样处理包含关注的干预措施和其他干预措施相结合(联合干预)的试验？

**(三) 结局指标**

结局指标是系统评价问题的第三个关键要素,一般来说,Cochrane 系统评价应当包括所有对临床医师、患者(消费者)、一般公众、管理者和决策者来说有意义的结局指标,而应避免在纳入研究中报告的琐碎的或对决策者无意义的结局指标。

结局指标一般分为主要结局指标(primary outcomes) 和次要结局指标(secondary outcomes)。主要结局指标应是最重要的、可用来帮助决策的临床终点指标,是评价疗效及计算样本量的依据。未被确定为主要结局指标的其他指标则被列为次要结局指标,一般是中间指标,如实验室检查指标等非临床终点指标。

结局指标包括生存率(死亡率),临床事件(如卒中或心肌梗死),患者报告结局(如症状、生活质量),不良事件,负担(如对护理人员的要求、对生活方式的限制)和经济结局(如成本和资源的使用)。需要注意的是,评估不良反应和有利效应的结局指标都属于系统评价所要讨论的问题。结局指标可以是客观数据(如生存率、临床事件的数量等),也可以是主观数据(如残疾量表等),应采用已公认的量表进行结局评价。

主要结局指标应尽量避免选择间接或替代结局指标,如实验室结果或影像学结果(如在激素替代疗法中将骨矿物质含量流失作为骨折的替代指标),因其不一定与终点指标完全一致而可能产生潜在的误导。

以下是一个系统评价结局指标的实例。

在研究某药物治疗急性缺血性卒中的系统评价中,通常制定的主要和次要结局指标如下:主要结局指标:随访期末(至少随访 3 个月)的病死率或依赖率;次要结局指标:①治疗结束或随访期末神经功能缺损变化或改善情况(如国内外各种神经功能缺损量表评分的改善);②不良事件:颅内出血(症状性或非症状性)、颅外出血、过敏和不明原因的器官功能异常(例如:肝脏、肾脏、胃肠、血液、心脏、肺等);③治疗开始 2 周内以及随访期末各种原因的死亡;④生存质量的评价。

### (四) 研究类型

Cochrane 系统评价主要研究防治、康复方面干预措施的疗效,因此主要关注随机对照试验。在临床干预措施上,患者是否接受某一干预措施受很多因素包括预后因素的影响。根据经验,总的来说,非随机对照研究与随机对照试验相比可夸大疗效。

系统评价的作者还应该考虑随机对照试验研究设计和实施的具体方面。例如,是否将随机对照试验限定为对照组使用安慰剂、盲法评价结局指标或设置最短随访时间等。限制研究设计标准可能导致合适的研究数量很少但产生偏倚的风险较低,宽松的研究设计标准则可涵盖更多的研究,但存在较高的偏倚风险,对于这两者,研究者应权衡利弊。

## 第三节 系统评价选题常见问题及注意事项

恰当地确定选题范围对系统评价作者十分重要。确定选题范围应考虑所具有的资源和条件、临床意义和研究质量等问题。系统评价选题中常常出现以下问题:

### (一) 选题范围过宽

范围太宽的问题可能对患者的处理没有帮助。如:"化疗治疗恶性肿瘤的疗效:随机对照试验的系统评价" 这一选题,范围就较宽,一方面不清楚是哪一种化疗和哪一种恶性肿瘤。不同的肿瘤对化疗的反应明显不同,因此不能为患某一特定类型肿瘤的患者提供有用的信息。另一方面可导致纳入的患者或研究的异质性增大而使研究结果难以解释。然而,范围宽的研究可提供较多的信息,实用性和推广性较好,缺点是消耗了更多资源和时间。

### (二) 选题范围过窄

选题范围过窄的系统评价因所获资料或纳入研究较少,而容易出现偶然性,增加出现假阳性和假阴性结果的机会,使结果不可靠,其推广价值也受限制。但范围窄的系统评价可能提高研究对象的同质性。

另外需注意的是,系统评价研究的问题应该在进行系统评价全文前的研究方案,即计划书(protocol)中确定,但由于系统评价是对现有文献资料的分析和总结,随着对研究问题全面深入的了解,有时有必要对系统评价的问题做出适当的改动。在进行改动时,必须明确回答原因及动机,并对检索策略做出相应的修改。

(刘 鸣 林 森)

## 参 考 文 献

1. O'Connor D,Green S,Higgins JPT(editors). Chapter 5:Defining the review question and developing criteria for including studies. // Higgins JPT,Green S(editors). Cochrane Handbook of Systematic Reviews of Intervention. Version 5.0.1(updated September 2008). The Cochrane Collaboration,2008. Available from www.cochrane-handbook.org.

2. 刘鸣. 怎样在临床实践中发现和提出问题 // 李幼平. 循证医学. 第 2 版. 北京:高等教育出版社,2009:11-17.

3. 王家良. 临床流行病学 - 临床科研设计、测量与评价. 第 3 版. 上海:上海科学技术出版社,2009.

4. 张鸣明,李幼平. Cochrane 协作网及 Cochrane 图书馆. 北京:科学出版社,2002.

# 第三章　系统评价计划书撰写

## 第一节　概　　述

### 一、撰写系统评价计划书的重要性

由于系统评价是对原始文献的二次综合分析和评价,虽可为某一领域和专业提供大量新信息和新知识,但其容易受到原始研究的质量、系统评价方法以及评价者本人认识水平和观点的制约。所以,一旦确立好系统评价研究问题,在文献收集之前,应当首先着手撰写计划书,此举好处在于:

**(一)制定系统评价操作指南,避免迷失方向**

在系统评价开始制作阶段,许多人常热衷于研究结果的发现,为避免作者迷失研究方向,最好的办法就是将期望达到的目标制定一个工作指南,即撰写计划书,合作团队的成员通过对不确定的问题或领域进行讨论和思考,可以明晰计划进行的系统评价具体内容。如果把制作系统评价比作一趟长途旅行,那么,事先拟好的计划书就如同旅行者的引航路标,帮助其明确前行方向。只要系统评价的计划书设计完善周密,那么系统评价的制作就比较容易。即只需要根据事先制定的计划书逐步实施即可,包括如何分工、如何查找所需要的资料、如何设定工作目标日期和追踪研究进展等。此外,计划书撰写还有助于申报相关基金资助,因为二者相关信息中有许多类似之处。

**(二)公开发表,接受各方评议,避免重复研究**

Cochrane系统评价要求所有的计划书均公开发表,可以得到来自同行或有兴趣者等各方人员的评价、意见或建议,从而避免系统评价从一开始就陷入不能到达的境况。同时,公开发表的系统评价计划书,有助于提醒他人该项研究已经在研,避免再做重复研究。

**(三)使偏倚最小化**

系统评价虽然包括前瞻性研究,但本质上属于回顾性研究。如果作者熟悉这些研究结果,那很有可能会改变其确定问题的方法,包括设定选择标准,纳入何种干预和比较措施,选择何种观察结局等。因此,为避免系统评价作者仅根据检索不全的原始文献结果报告进行分析,导致结论偏倚,必须事先撰写好计划书,此透明的工作流程,有助于实现偏倚最小化。

## 二、Cochrane 系统评价与叙述性文献综述比较

### (一) Cochrane 系统评价特点

Cochrane 系统评价就是 Cochrane 协作网成员在协助网统一工作手册指导下,在相应小组指导和帮助下,针对某一具体问题,系统、全面地收集全世界符合研究问题纳入与排除标准的研究,用清晰严格的方法评估纳入研究的偏倚风险,筛选出符合质量标准的文献,进行定性或定量合成(meta-analysis,meta- 分析,荟萃分析),提供可靠的综合研究结果,并随着新的研究出现而及时更新。包括定性系统评价(qualitative systematic review)和定量系统评价(quantitative systematic review),注意 meta- 分析并非系统评价的必备要素。由于 Cochrane 系统评价拥有严格的评审机制和方法学团队、完善的程序作保证,被公认为卫生保健决策中高质量的研究之一,是循证医学重要的研究方法,有助于提高临床研究设计质量和能力,提高发表高水平学术论文的能力。

叙述性文献综述(narrative review),通常是由作者根据特定目的、需要和兴趣,围绕某一题目收集相关医学文献,采用定性分析方法,对论文研究目的、方法、结果、结论和观点等进行分析和评价,结合个人观点和经验进行阐述和评论而总结成文。虽然,叙述性文献综述可为某一领域或专业提供大量新知识和新信息,方便读者较短时间内了解该专题研究的概况和发展方向,解决实践中遇到的问题,但是,此类文献综述由于常常缺乏严谨规范化的方法,反映的只是综述者本人的观点,容易产生偏倚。Cochrane 系统评价与叙述性文献综述的主要区别见表 3-1。

表 3-1　Cochrane 系统评价与叙述性文献综述比较

| 特征 | Cochrane 系统评价 | 叙述性文献综述 |
| --- | --- | --- |
| 研究问题 | 有明确的研究问题和假设 | 可能有明确的研究问题,但常无假设,只针对研究问题进行一般性讨论 |
| 纳入和排除研究的标准 | 预先制定,清楚描述纳入研究类型,可减少作者主观倾向出现的选择性偏倚 | 通常未说明纳入或排除研究原因 |
| 原始文献来源 | 明确,常为多渠道 | 常未说明,未找出所有相关文献 |
| 检索相关文献 | 检索策略明确,检索来源广泛,尽可能找出所有相关研究,减少发表偏倚对结果影响 | 常未找出所有相关文献,有潜在偏倚 |
| 文献选择 | 有明确选择标准 | 常未说明 |
| 研究质量评价 | 评价原始研究的方法学质量,发现潜在偏倚和研究间异质性来源 | 常未考虑研究的方法或质量 |
| 综合研究结果 | 基于最佳研究方法得出结论,尽可能采用定量方法,较客观 | 通常不区分研究方法学质量,多采用定性方法,较主观 |
| 更新 | 定期根据新研究进行更新 | 未定期更新 |

由表 3-1 可见,Cochrane 系统评价的最大特点是系统、全面、清晰,确保制作过程偏倚最小化。故本章将以 Cochrane 系统评价制作流程及其计划书撰写内容作相关介绍。

### （二）Cochrane 系统评价制作流程

1. 确定题目与注册　首先，根据系统评价制定原则，确定题目，并与 Cochrane 相关评价小组联系，表达研究兴趣。Cochrane 系统评价小组经过 2~3 周的评审，若同意注册，将会通过 Email 发送题目注册表，否则，提出建议修改题目，或告知另换题目或参加系统评价相关知识和技能培训。

2. 撰写计划书　计划书（protocol）又叫研究方案，Cochrane 系统评价小组将会在计划书形成期间，免费提供相关培训资源、软件、制作流程和模板等信息，帮助作者完善计划书。同时，提供包括检索策略、方法学实施计划和内容等方面建议。计划书须经过 Cochrane 系统评价小组内外 3~5 位评审专家审评及多次修改完善，同意后方能发表在 Cochrane 图书馆。

3. 制作系统评价　系统评价（systematic review）强调计划在先，制作时应根据已发表的计划书所描述的方法撰写，经过小组同行评审，作者多次修改，合格后才在 Cochrane 图书馆全文发表。一篇系统评价从计划书到全文草稿提交的间隔时间原则上不超过 12 个月，到全文完成和发表最多 2 年时间。若计划书超过 2 年还未完成则可能被要求退出。当然，不同的小组也会根据制作进展、文献查找等具体情况作相应调整。

注意：完成的系统评价若想在国际英文杂志上发表，必须事先经过相关小组的同意。为确保权威性和质量，维护其版权，Cochrane 协作网规定，未经相关小组授权，任何作者不得擅自将已注册的系统评价以任何形式提前或重复发表。

4. 更新系统评价　发表后的系统评价需要随时接受反馈意见和新发表的原始研究，并根据反馈意见和新的原始研究不断更新（updating）。Cochrane 协作网要求其作者每 2 年更新一次系统评价。主要是对系统评价中相关方法学的内容和检索部分进行更新，实际中经常是对新查找到的研究和检索时间进行更新。如果可能，Cochrane 小组将根据已制定的检索策略，在需要更新之前 3~6 个月检索相关数据库，提供可能相关的研究，帮助作者更新其系统评价。

# 第二节　Cochrane 系统评价计划书撰写内容与流程

## 一、Cochrane 系统评价计划书内容

计划书主要内容包括背景、目的和方法。其中方法学部分是重点，主要内容包括：研究纳入与排除标准、研究检索策略制定、数据收集和分析的方法（研究选择、纳入研究偏倚风险评估、数据提取与汇总分析等）。

系统评价计划书与全文在内容比较，最大的区别在于前者没有结果、讨论、结论和摘要等。而且，系统评价计划书须发表在全文之前。计划书中方法学描述使用将来时态，全文则使用过去时态。Cochrane 系统评价计划书与全文的内容比较见表 3-2。

表 3-2　Cochrane 系统评价计划书与全文内容比较

| 序号 | 内容 | 计划书 | 全文 |
| --- | --- | --- | --- |
| 1 | 完成时间 | 前 | 后 |
| 2 | 方法学中英语写作时态 | 将来时态 | 过去时态 |
| 3 | 标题 Title | √，可适当修正 | √ |

续表

| 序号 | 内容 | 计划书 | 全文 |
|---|---|---|---|
| 4 | 计划书信息<br>Protocol information | √ | √ |
| 5 | 正文<br>Main text | √,包括背景、目的、选择标准、文献检索查找、选择纳入、评价与分析方法和致谢 | √,除计划书内容外,还包括结果、纳入研究描述和方法学质量、讨论、结论、摘要、概述、对计划书进行变动的内容、发表备注 |
| 6 | 表格<br>Table | √,附表 | √包括研究特征表、结果汇总表和附表三个 |
| 7 | 研究和参考文献<br>Studies and References | √,只有其他参考文献,如背景或方法学引用文献 | √,除计划书中其他参考文献,还包括研究相关的参考文献 |
| 8 | 数据和分析<br>Data and analyses | × | √ |
| 9 | 图 Figures | × | √ |
| 10 | 资助来源<br>Sources of support | √ | √ |
| 11 | 反馈 Feedback | × | √ |
| 12 | 附录 Appendices | √ | √ |

## 二、计划书撰写和发表流程

现以 Cochrane 图书馆发表的系统评价计划书"针灸治疗青少年和儿童近视"(以下简称"针灸治疗近视")为例,逐步介绍计划书的撰写流程。对于不熟悉 Cochrane 系统评价制作软件 RevMan 者,计划书撰写初期可先在 word 中操作,待需要时再拷贝到 RevMan 软件中。

### (一) 背景

研究背景(background)主要是提出立题依据,描述研究问题的重要性及不确定性、干预措施可能有效的作用机制等。包括基本概念介绍、流行病学特点(如疾病负担)、相关危险因素、当前诊疗手段现状和存在的问题、系统评价制作的必要性和合理性等内容。撰写背景时最好利用专业小组提供的计划书模板和 RevMan 软件预设标题条目(ims.cochrane.org/revman),参照 Cochrane 手册指南(www.cochrane.org/training/cochrane-handbook),从研究情况、干预措施可能的作用机制和系统评价制作依据等方面进行描述。

1. 研究情况描述

(1) 基本概念:对拟研究疾病或健康问题进行简明扼要准确地定义,一两句话即可。如近视是什么,它是如何形成的等。

(2) 流行病学:应基于全球视角,包括不同年龄、性别和地区的人群发病率、死亡率、伤残率、生存质量、经济负担等影响,反映出拟研究疾病或问题的危害性及重要性。如"针灸治疗近视",主要描述了近视的流行病学特征,如因地域、人种、文化、年龄、教育程度不同而存在差异,并分别介绍欧洲、亚洲和非洲及不同国家和地区的近视发生率,突显出研究问题的重要性。

(3) 危险因素:指与疾病发生、发展相关的主要致病和危险因素,以及这些危险因素与不同治疗方法选择的相关性与必要联系等。如,近视是由多因素形成,主要与基因和环境等因素相关。考虑到改变基因较困难,故尝试对近视形成的环境因素进行调整。

(4) 临床诊断标准:简要介绍疾病或健康问题相关目前公认的诊断标准,注意鉴别诊断和排除要点。例如,可以通过主观和客观方法检测来诊断儿童是否患有单纯性近视。注意,为排除假性近视,儿童近视检查必须先经过散瞳,并须仔细观察,以排除病理性近视等混杂因素影响。

(5) 现有的治疗选择及存在的问题:当前治疗的选择、适用条件及局限性。例如,当前近视主要选择配戴眼镜或角膜接触镜,但其作用只是暂时矫正,不能阻止近视的发展,对于喜好运动的青少年也不方便。近视手术不适于 18 岁以下的青少年,因为他们的视力会随着身心发育继续发展。由于青少年对外用滴眼液(如阿托品)的依从性也不好。目前已有研究报告提示,针灸或许会成为延缓近视发展的可选择方法之一。

2. 干预措施的描述　若干预措施是药物,应当描述临床用药的剂量范围、代谢、效果、持续时间等;若是非药物措施,如针灸,就应包括针灸的定义、不同类型介绍及作用原理、产生效果的界定和中西方针灸理论与实践的差异等。如在西方的实践中,针灸刺激点常选择在神经通过的位置,而中医理论则不限于此,它强调人体内在的平衡,有阴阳、五行等学说。

3. 干预措施可能有效的作用方式和机制　应描述干预措施在理论上的合理性,为什么所研究的系统评价干预措施对潜在的受试者会有效。可以通过引证文献报告,介绍类似干预措施在其他人群中的有效等经验性证据,提出拟研究的干预措施可能会发生作用或效果的证据。例如,描述针灸的不同方式(耳针、体针或混合针等)和实施方法:如何选择穴位、针灸刺激频率、持续时间长短等,阐述针灸对近视干预可能有效的作用方式。

4. 研究问题的不确定性和制作系统评价的必要性　制作系统评价之前必须对自己研究问题有充分的了解,清楚表明拟制作的系统评价的合理性,即为什么要制作系统评价,指出提出问题的不确定性及制作系统评价的必要性。比如,当前有关针灸治疗近视的研究证据之间相互有矛盾,有的研究报告结果提示针灸治疗近视有效,有的研究却发现无效,而目前又无与该问题有关的系统评价相关研究证据发表,故进行本系统评价制作。

**(二) 目的**

用一句话表明进行系统评价制作的主要目的(objective),明确关注干预措施对某疾病或健康问题的具体治疗效果。例如"针灸治疗近视"的系统评价研究目的为:"To assess the effectiveness and safety of acupuncture in slowing or stopping the progression of myopia in children and adolescents"。即针灸对减缓或阻止儿童近视进展的有效性和安全性评价,而不是简单地写成"针灸治疗近视的系统评价"。

**(三) 确定纳入排除研究标准**

由于 Cochrane 系统评价定位于全球,因此系统评价纳入排除制定不能只根据个人兴趣确立。通常情况下,原始研究的纳入排除标准(即选择标准 selection criteria)的确定主要从以下几方面考虑:①研究对象的类型(types of participants):如所患疾病类型及其诊断标准、研究人群的特征和场所等;②研究的干预措施(types of interventions)和作为对照的措施(types of comparisons);③研究结局指标(types of outcome measures);④研究的设计方案(types of studies),简称 PICOS。

1. 研究设计类型 系统评价的研究设计类型选择原则就是根据研究目的,选择能回答所关注问题的研究设计类型,优选当前方法学质量较高的研究设计类型。例如,"针灸治疗近视"主要目的是研究防治方面干预措施的效果,考虑到非随机临床对照研究相比随机对照试验可能会夸大疗效,故本系统评价只纳入随机对照试验相关研究。

2. 研究对象类型 首先,选择研究对象要使用明确的标准来界定疾病或所关注状况,疾病或健康问题的种类或亚型:疾病的诊断标准;研究对象最重要特征,如年龄、性别、种族、疾病类型及病程、研究实施地、诊断主体以及需要排除的研究对象等。其次,应尽可能避免相关研究被不适当的筛选标准排除掉。例如,"针灸治疗近视"的研究对象选择是近视患者:年龄 18 岁以下的青少年和儿童,性别不限。同时,明确近视的诊断标准,排除可能影响结果解释的混杂因素,如排除假性近视和伴有病理性眼疾的患者。

3. 干预措施与对照措施 具体说明所关注的干预措施以及作为对照的处理措施。干预措施内容是:相关措施使用的具体强度、频率、实施方式、实施主体以及是否需要对实施者进行培训或实施者资质等。此外,还应考虑到干预措施的变化在多大程度上对研究对象和关注的结局指标产生不同的影响。若干预措施是药物,应考虑药物的制剂、给药途径、剂量、持续时间和频率等因素。若是复杂干预(如教育或行为干预),应界定其共同的核心特点。注意:要清楚明白各比较组之间与结果测量的联系,计划对何种结局指标进行何种比较及其相应的内容。不要只是列出所有干预措施和对照组措施清单,如同钓鱼一样。例如"针灸治疗近视"系统评价,干预措施选择是针灸与不干预或安慰剂(假针灸)比较;还是针灸 + 常规治疗(配镜)再与常规治疗(配镜)比较;或针灸与无特异性治疗(维生素)的比较等。

4. 结局指标 Cochrane 系统评价应当包括所有对用户有意义的结局指标。主要涉及三方面内容:确立结局指标、确立结局指标测量方式和确立结局测量的时间。

(1) 确立结局指标:包括评估有利效应和不良反应的结局指标,事先在计划书中确立结局指标可发现原始研究的不足,提醒未来研究应该关注的重点。结局指标常分为主要结局(primary outcomes)和次要结局(secondary outcomes)指标。主要结局指标是与评价问题相关、对临床决策有实用价值、与患者利益密切相关的最重要结果,如存活事件(生存或死亡率)、临床事件、患者报告结局、不良事件、负担和经济结局等。

确立主要结局指标的方法是先列出所有与系统评价问题相关的结局指标,并进行排序,从中选择与评价问题联系最密切、评价疗效最重要的结局指标。主要结局指标数量一般不超过三个,最好是一个。经过系统评价和分析后得出的有关干预措施疗效的结论,应该是基于主要结局指标的汇总结果。对于没有被选作主要结局的疗效评价指标,则被列为次要结局指标。此外,次要结局指标也可选择系统评价相关的其他结局指标,如间接指标(如实验室结果或影像学结果)和替代指标。由于这些指标与临床终点指标相比并不太重要,故不会选作主要结局指标,但它们对于解释疗效或决定干预的完整性上有很大帮助。然而,由于间接指标或替代结局指标可能会产生潜在的误导,故建议实际中应尽量避免使用这些指标作为主要结局指标,若确实需要使用,应注意谨慎解释。对于不良反应或副作用指标的界定最好按程度不同以量化方式确定,如按轻、中、重度进行分级。

注意:不要仅根据初步查找的几篇试验报告结果作为系统评价的结局指标,因为个体研究中常常没有包含系统评价中所有重要的结局指标。例如,对于不能治愈的疾病(恶性肿瘤),

生活质量对于这些患者是非常重要的结局,但在文献中常常没有提及。又如"针灸治疗近视的系统评价"中,主要结局指标选择近视进展变化平均值,或者针灸治疗近视的发展程度或近视发展的百分率。次要结局指标选择近视眼轴长度变化的平均值;不良反应则基于患者的报告,按轻、中、重不同程度作具体分级描述。

(2) 确立结局指标测量方式:包括客观测量和主观测量方法。客观测量指标:主要结局为近视的进展程度(每只近视眼屈光度数的变化值为 1D)或每年近视发生进展(屈光度变化值达 1D)的百分率。主观测量可由医护人员或患者评判,如针灸刺激的疼痛程度、精神状态的改变等。

(3) 确立结局测量的时间:不同的测量时间会影响到系统评价的结果,可根据各专业的具体情况确定。在确定结局测量的时间时,是纳入试验所有的结局测量时间点,还是只纳入选定的某个时间点。有时可预先将疗效分为"早期"、"中期"和"长期"三组,然后从每段疗效中选取一个恰当的时间点归入相应组来进行结局测量。例如"针灸治疗近视"的结局测量时间点选择如下:早期、中期和长期疗效的测量时间选择分别在研究的第 3 个月、6 个月和 1 年。

**(四) 制定检索策略与查找文献**

首先,根据系统评价研究目的,明确研究相关的检索来源名称、检索时间(检索起止日期)和文献语种。为制作系统评价目的进行计算机检索应至少包括以下几个数据库:Cochrane图书馆试验注册库、相关专业数据库、MEDLINE、EMBASE 和试验在研数据库。同时,尽可能补充检索其他专业相关的资源,包括人工检索灰色文献(如内部报告、会议论文)、查找相关研究参考文献清单或与研究作者进行联系等。同时,在计划书中应注明是否进行人工检索。比如,"针灸治疗近视的系统评价"中,就表明不打算主动对会议文集进行人工检索。

其次,制定完善的检索策略,检索策略(search strategy)制定原则应尽可能系统和全面。可参考与自己研究问题相关、已发表的系统评价(特别是 Cochrane 系统评价)检索策略,或请教信息检索专业人员,根据 PICO 原则,将系统评价问题分解为计算机检索系统可识别的关键词或主题词,利用逻辑运算符组成检索提问式。通常情况下,需要进行预检索,根据检索结果不断修正完善检索策略。有关检索策略制定和常用数据库介绍请参见本书第四章。

**(五) 数据收集与分析**

1. 选择与纳入临床研究　首先,有条件时最好计划由两个以上作者根据文献类型、研究对象临床特点和干预措施,分别阅读题目和摘要进行初筛,排除肯定不相关文献,收集复印所有可能相关和肯定相关的研究,进入全文方法学筛选过程,信息不全者可与作者联系,对非英语的文献需要翻译方法学相关内容。明确说明当判断意见不一致时的处理方法。有关临床研究的选择与纳入相关内容请参见本书第五章。

2. 评估纳入研究的偏倚风险　即描述怎样对纳入研究的方法学质量进行评估,也称纳入研究的偏倚风险评估。Cochrane 随机对照试验偏倚风险评估包括六类指标:随机分组方法;分组方案隐藏;对研究对象、治疗方案实施者、研究结果测量者采用盲法;结果数据是否完整;选择性报告研究结果和其他偏倚来源。同时,应当表明评价者在两人或以上,判断意见不一致时如何处理争议。有关纳入研究的偏倚风险评估内容请参见本书第六章。

3. 提取数据　首先要设计数据提取表,可按照事先明确定义的选择标准自行设计数据提取表,或按照 Cochrane 协作网专业小组提供的数据提取表格,由专业与非专业人员相结合,两人或以上评价者共同提取纳入研究报告相关数据或从原始研究作者处获得。当意见不一致时通过讨论或请教第三方解决。正式进行文献数据提取前,常需要对数据提取表作预试验。有关数据提取详细内容见本书第七章。

4. 治疗效果的测量　计划书中应表明如何测量治疗效果(measures of treatment effect),建议根据数据的类型不同,如二分类变量、连续性变量和时间 - 事件变量,分别选择不同的测量指标。一般来说,二分类数据常选择比值比(odds ratio,OR)、相对危险度(relative risk,RR)或危险差(risk difference,RD);连续性结局(或称为数值变量)数据常选择均数差(mean difference,MD)、标准均数差(standardized mean difference,SMD)和加权均数差(weighted mean difference,WMD)等。例如,"针灸治疗近视"疗效判定指标选择:二分类变量(如治疗后屈光度变化达到事先定义的有效值 1D 的眼数)选择相对危险度(RR),连续性变量(如轴长的平均变化值)选用加权均数差(WMD)。

5. 分析单位　标准研究是以个体为分析单位(unit of analysis issues),如在一些非标准的研究:群组随机试验(cluster-randomized trials)、交叉试验(cross-over trials)或多个治疗组的研究(studies with multiple treatment groups),研究可能会按照班级、家庭、社区等形式实施较可行,此时分析单位就需由个体调整为群体。例如,"针灸治疗近视",分析单位应首选单只近视眼进展变化,当缺乏单眼近视变化数值时才考虑两眼近视进展变化的平均值。

6. 缺失数据的处理　考虑到纳入的研究中需要提取的数据常常会有缺失,计划书中应当描述此种情况下相应的处理措施。缺失数据的处理主要从以下两方面考虑:一是基线是否发生变化,患者的失访情况,如是否进行了意向性分析;二是统计学相关的数据缺失。可通过与作者联系和使用相应统计学方法处理。

7. 评估异质性　系统评价制作中,提到研究异质性常包括统计学异质性和临床异质性。对异质性进行评估,首先应当描述如何确定临床异质性的方法,表明何种情况下进行meta- 分析较适当。而统计学异质性的确定主要通过以下三种途径:观察森林图的重叠性、$I^2$ 或卡方检验等。通过观察方法或卡方检验可以判断研究有无异质性,$I^2$ 可以判断异质性的程度大小,通常认为 $I^2$ 值小于 50% 时,研究异质性可以接受。原则上只有当纳入的研究之间不存在异质性、且相关定量数据可得时,才可以进行 meta- 分析。

8. 评估报告偏倚　在计划书中,还应当描述如何确定发表偏倚和其他报告偏倚的方法。作者可以借助漏斗图、统计学检验等进行判断。但须注意,不对称的漏斗图不一定是由于发表偏倚引起的,而发表偏倚也不一定必然会导致漏斗图的不对称性。参见本书第八、九章相关内容。

9. 数据合成　就是对两个或以上研究结果进行汇总合成。对于可以进行 meta- 分析的情况,计划书中应当描述选择固定效应模型或随机效应模型的条件。例如,当纳入多个同质性好的研究时,选择固定效应模型(fixed-effect)。若纳入的研究同质性不好时可选随机效应模型,或不做 meta- 分析。分析异质性产生的原因,主要是从临床方面考虑,如研究设计、测量方法、用药剂量和方法、疗程长短、病情轻重和对照选择等因素是否相同进行判断。其次,如果异质性是由上述原因引起,可通过亚组分析和 meta 回归进行分析和处理。

10. 亚组分析　根据可能产生异质性结果的原因,计划书中应事先列出需要进行分析的亚组,亚组分析应事先计划,且数量尽可能少。

11. 敏感性分析　就是用于评估系统评价或 meta- 分析结果是否稳定、可靠的分析方法。分析内容包括:通过改变研究类型(纳入或排除某个特定研究)、模拟缺失数据(imputing missing data)或选择不同的 meta- 分析方法(固定效应模型或随机效应模型)重新分析,观察结果有无变化。有关统计学相关内容请参见本书第八章。

**(六) 评审和修改计划书**

计划书完成后,应送交相应评价小组审阅,通过编辑组内外的方法学和同行专家评审,对研究目的、方法提出修改意见和建议。根据评审结果进行仔细修改,再送评价小组评审,直到符合发表要求为止。

**(七) 发表计划书**

经评审合格的系统评价计划书将发表在 Cochrane 图书馆上,进一步广泛征求意见,确保系统评价实施方法的完善可靠。

### 三、计划书改变需注意事项

实际操作中,计划书有可能未包含系统评价可能遇到的各种情况,如计划书中的选择标准可能并不适用于研究筛选,或者计划书中未能估计到能够收集的数据需要再分析等。此时,与其完成一个对用户没有任何意义和无帮助的系统评价,还不如对计划书的内容进行修改。但需要注意,此时对计划书的改变,应有别于改变原先打算纳入或排除研究的情形。应注意,无论改变何种规则,都有可能会影响系统评价的结果,此点非常重要。

通常情况下,作者能够做的、而且应该做的就是按照计划书事先设定的方法进行操作。如果在系统评价全文制作过程中确实需要对计划书进行某些改变,必须在全文与计划书的区别处(differences between protocol and review)报告所有改变的细节。同时,应进行敏感性分析,探讨此种改变是否影响了系统评价结果的稳定性,以帮助读者在决策时,根据研究结果是否稳定作出恰当合理的判断。

## 第三节 计划书撰写注意事项与相关资源

国内注册 Cochrane 系统评价或借鉴 Cochrane 系统评价方法撰写非 Cochrane 系统评价的研究者逐年增加。系统评价计划书撰写过程较复杂,尤其是首次制作系统评价人员在制作过程会遇到很多困难。根据笔者对历年系统评价培训班学员的现场调查和随访发现,他们在完成系统评价过程中经常遇到的问题与困难有:选题不清楚、计划书撰写意义不清楚、方法学欠缺、信息资源不够、语言交流困难、不知如何获取帮助、时间或经费不足等。为此,笔者建议,最好能参加中国循证医学中心每年定期举办的系统评价知识和技能专门培训班。同时,与曾经制作过系统评价的作者合作,最好专业与非专业人员相结合。如果有一定专业背景积累和语言交流基础,可向 Cochrane 52 个系统评价专业小组注册(专业小组具体联系方式见本书附录 2),优点在于:①获得 Cochrane 专业小组指导,包括专业、非专业、方法学、内容和英文语法等,免费使用相关资源,包括 Cochrane 系统评价制作相关手册、RevMan 软件和相关培训资料等。②系统评价题目一旦注册,Cochrane 专业小组编辑团队会主动帮助其作者按时完成,确保发表质量。同时,将会建议作者参加相关培训,提供当地 Cochrane 中心有关培训信息。③如有需要,Cochrane 专业小组还提供以下帮助:协助制订检索策略、查寻原始资料、翻译非英文语种文献和资料分析。④与同行建立国际合作联系,提高自身系统评价研究水平和知名度。⑤及时跟踪本领域最新研究进展前沿,保持学术研究创新性。

提醒注意的是,如果作者不能保证每2年更新一次已发表的系统评价,或短期内急于论文的发表或研究生答辩,不适合选择注册Cochrane系统评价。因为一旦注册,就应遵循Cochrane协作网的相关版权发表政策等。另一方面,即使中途退稿,评价作者姓名、通讯地址、题目和退出理由等信息也会出现在Cochrane图书馆,并以"Withdrawn"显示。

建议有兴趣制作Cochrane系统评价者,应充分利用Cochrane协作网免费提供的相关资源,包括计划书写作模板、系统评价管理软件、指导手册及相关培训资源信息等。以下仅列出计划书撰写过程常用的信息资源,更多信息请参阅附录2-4提供的相关资源地址。

1. 中国循证医学中心:www.ebm.org.cn

2. 国际Cochrane协作网:www.cochrane.org

3. Cochrane系统评价模板:www.cochrane.org/cochrane-reviews/sample-review

4. Cochrane系统评价管理软件RevMan 5:ims.cochrane.org/revman

5. Cochrane评价者手册(Reviewers Handbook):www.cochrane.org/resources/revpro.htm

6. Cochrane相关培训资源网:www.cochrane.org/training

7. Cochrane协作网系统评价作者公开学习资料(Open learning material for reviewers):www.cochrane-net.org/openlearning/

(卫茂玲　张鸣明　刘　鸣)

# 参 考 文 献

1. Wei M,Liu JP,Li N,et al.Acupuncture for myopia in children and adolescents［Protocol］. The Cochrane library,2009,2.

2. 卫茂玲,史宗道,张鸣明,等.国际Cochrane协作网方法学组简介.中国循证医学杂志,2005,5(5):419-424.

3. 王家良,刘鸣.循证医学.第2版.北京:人民卫生出版社,2006.

4. 史宗道.循证口腔医学.第2版.北京:人民卫生出版社,2008.

5. Cochrane培训资源网:www.cochrane.org/resources/training.htm.

6. Wells G,Shea A,O'Connell D,et al. The Newcastle-Ottawa Scale(NOS) for assessing the quality of nonrandomised studies in meta-analyses.URL:www.ohri.ca/programs/clinical_epidemiology/oxford.htm.

7. 张鸣明,李幼平.Cochrane协作网及Cochrane图书馆.北京:科学出版社,2002.

8. 卫茂玲.Cochrane系统评价在中国的现状与问题.中国循证医学杂志,2006,6(2):150-151.

9. 卫茂玲,刘鸣,李静,等.中国循证医学/Cochrane中心2006~2008年全国系统评价培训班学员问卷调查结果.中国循证医学杂志,2009,9(2):195~198.

# 第四章　临床研究检索与常用数据库介绍

## 第一节　循证医学证据概述

### 一、循证医学的证据特点

循证医学的证据具有分类、分级且不断更新的特点。

**（一）证据分类**

1. 按研究方法分为　原始研究和二次研究。

（1）原始研究（primary study）：是直接在患者中进行的有关病因、诊断、预防、治疗、康复和预后等单个试验研究。原始研究论证强度由高到低可分为四级、十类研究方法（表4-1）。根据研究者能否主动控制研究因素分为试验性研究和观察性研究，根据试验开始时是否已经存在研究结果分为前瞻性研究和回顾性研究。系统评价应根据研究目的优选论证性强、设计良好的研究。一般认为，试验性研究和前瞻性研究论证强度高于观察性研究和回顾性研究。

表4-1　临床研究设计类型

| 设计强度 | 试验性研究<br>（研究者能主动控制） | 观察性研究<br>（研究者不能主动控制） |
|---|---|---|
| 一级 | 前瞻性、同期、研究者主动控制：随机对照试验、半随机对照试验和交叉试验 | — |
| 二级 | — | 前瞻性、有对照、不能主动控制：如队列研究、前后对照试验、非随机对照研究 |
| 三级 | — | 有对照，不能主动控制，如病例对照研究、横断面研究等 |
| 四级 | — | 叙述性、多无对照，如病例分析、个案总结及专家述评等 |

（2）二次研究（secondary study）：是尽可能全面收集某一问题相关的全部原始研究，进行严格评价、分析总结后所得出的综合结论，如系统评价、临床实践指南和卫生技术评估等。

2. 按研究问题分为　病因、诊断、预防、治疗、预后研究证据等。

3. 按用户需要分为　系统评价、临床实践指南、临床决策分析、临床证据手册、健康教育材料、卫生技术评估等。

4. 按获取渠道分为　公开发表临床研究证据、灰色文献、在研临床研究、网上信息等。其中公开发表是指在杂志、专著、手册等发表的临床研究证据。灰色文献是指已完成未能公开发表的研究，常以会议论文和内部资料形式存在。

### （二）证据分级

证据是循证医学的基石，过去 10 年，系列成熟的循证医学信息服务应用于各种循证卫生保健决策中，各种指南的证据级别（level of evidence）和推荐强度（strength of recommendation）标准，随着时间推移和实践发展也在不断完善。

经典循证医学理论将循证医学证据分为五级：包含多个同质随机对照试验（randomized controlled trial, RCT）的系统评价（systematic review, SR）、至少一个 RCT、有对照但非随机分组的试验、无对照的病例系列报告和专家意见。

2009 年牛津大学循证医学中心对五级证据进行了细化，并整合治疗、预防、病因、危害、预后、诊断和经济等方面证据（表 4-2）。

表 4-2　牛津大学循证医学证据分级

| 证据级别 | 治疗 / 预防、病因 / 危害研究 |
| --- | --- |
| 1a | 同质的 RCTs 的系统评价 |
| 1b | 单个 RCT（可信区间窄） |
| 1c | 全或无 |
| 2a | 同质的队列研究的系统评价 |
| 2b | 单个队列研究（包括低质量 RCT，如随访 <80%） |
| 2c | 结局研究；生态学研究 |
| 3a | 同质的病例对照研究的系统评价 |
| 3b | 单个病例对照研究 |
| 4 | 病例系列研究（低质量队列和病例对照研究） |
| 5 | 专家意见且未经清晰严格论证，或基于生理、实验室研究证据 |

表 4-2 仅列出其中有关治疗 / 预防、病因 / 危害研究的证据分级，更多信息请查阅牛津大学循证医学中心网站：www.cebm.net。

由于循证医疗保健依赖于证据可得性和易读性，而多数证据利用者，如卫生保健决策制定者、卫生保健研究人员和患者等，对系统评价并不了解，迫切需要循证医学专家提供直接、省时、准确、证据强度高的证据。2004 年，由世界卫生组织（World Health Organization, WHO）及 19 个国家 67 名临床指南专家、循证医学专家和主要标准制定者及研究人员共同创立了"推荐分级的评价、制定与评估（grading of recommendations assessment, development and evaluation, GRADE）"系统，该标准全面透明，实用性强，已被 WHO 和 Cochrane 协作网等国际组织广泛接受，作为临床实践指南制定和评估统一使用的证据质量分级及推荐强度系统。虽然基于随机对照试验得出的证据一开始被认为高质量,但在证据利用时,可能由于利弊关系不确定、价值观、意愿和成本等因素的可变性,会影响到推荐意见的强度。有关证据质量分级与推荐的进一步信息,请参阅本书第十章第三节或登录 GRADE 系统专门网站:www.gradeworkinggroup.org 查阅。

## 二、循证医学的证据利用与证据制作

一般来说,提及循证医学的证据包括两方面含义:证据利用和证据制作。

### (一)循证医学的证据利用

针对循证实践中的证据利用及其资源分布,2007 年加拿大流行病学和生物统计学家 Brain Haynes 提出了 "5S" 模型(图 4-1)。

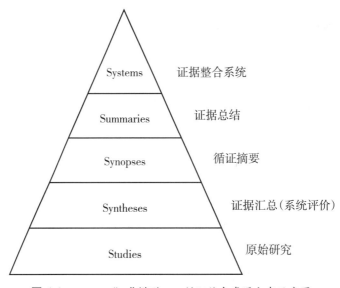

图 4-1　Haynes "5S" 模型——循证信息资源分布示意图

在图 4-1 中,模型共分为五层,包括证据整合系统(Systems)、证据总结(Summaries)、循证摘要(Synopses)、证据汇总(Syntheses)和原始研究(Studies)。"5S" 模型有助于决策者迅速查找所需要的证据。每当提出一个恰当的临床问题时,总是指导决策者从顶层开始搜寻,快速查找和应用相关证据。现实中数量最多而又容易查找的是单个研究,越往上层资源越匮乏。Haynes "5S" 模型特点、常用资源举例及网址见表 4-3。

表 4-3　Haynes "5S" 模型特点及常用资源举例

| 序号 | "5S"模型 | 特　点 | 常用资源举例及网址 |
|---|---|---|---|
| 1 | 证据整合系统 Systems | 一站式服务平台,系统整合问题相关、经严格评价且不断更新证据,直接给出推荐意见和证据强度。患者特征能自动连接最佳证据,伴随警示功能,提醒管理过程需注意关键问题 | 计算机辅助决策支持系统,如 Clineguide(www.clineguide.com/index.aspx),UPTODATE(www.uptodate.com)GIDEON(www.gideononline.com) |

续表

| 序号 | "5S"模型 | 特　点 | 常用资源举例及网址 |
|---|---|---|---|
| 2 | 证据总结<br>Summaries | 汇总了证据摘要、系统评价和原始研究,可通过网络直接获得,提供所有治疗建议相关重要参考文献,包括检索程序和证据质量评价流程,标明最近更新日期和频率,更新维持更简便 | 循证教科书,如 BMJ 集团推出的临床证据(Clinical Evidence)(www.clinicalevidence.com),PIER (pier.acponline.org) |
| 3 | 循证摘要<br>Synopses | 以非常简短方式描述,对原始研究或系统评价进行严格筛选评价后重新撰写的大纲式摘要,常用一页篇幅刊载证据完整摘要及评论 | 各种循证期刊,如<br>ACP journal club (www.acpjc.org),Evidence-based medicine (www.evidence-basedmedicine.com),Evidence-based mental health(ebmh.bmj.com),Evidence-based nursing (www.evidencebasednursing.com) |
| 4 | 证据汇总<br>Syntheses | 基于卫生保健问题,全面检索和严格评价,得出综合可靠结论。有详细方法学描述,但篇幅较长,用户界面不够友好,不适于繁忙决策者和患者 | 发表在各种期刊的系统评价,如 Cochrane Library,BMJ Updates+,Clinical Queries |
| 5 | 原始研究<br>Studies | 单个的原始临床研究 | 综合性数据库,如 PubMed,EMBASE,Clinical Trials.gov 等 |

如果对于特定的问题不清楚选择哪种循证资源,或常用资源无法解决所遇到的问题时,可以借助"联合搜索引擎"如 TRIP(www.tripdatabase.com)和 SUMsearch(sumsearch.uthscsa.edu/),可以同时检索多种资源。

注意:"5S"中所描述的证据都需要注意潜在的汇总方法及其合理性,摘要性评论常在原始研究或系统评价发表数月后才能获得。对相同证据的评价结果可能会出现不一致。证据利用时应尽可能采用最高级别的证据标准。例如,证据整合系统应遵循循证临床实践指南,指南应基于更新的系统评价。

**(二)证据利用与证据制作的检索特点比较**

无论是证据利用,还是证据制作,都离不开证据检索,循证医学证据利用与证据制作的检索特点比较见表4-4。

表 4-4　循证医学证据利用与证据制作检索特点比较

| 检索项目 | 循证医学证据利用 | 循证医学证据制作(如系统评价制作) |
|---|---|---|
| 检索主要来源 | 1. 临床实践指南数据库<br>2. 循证医学循证教科书<br>3. 循证医学数据库<br>4. 其他综合评价资源循证期刊<br>5. 综合性文献数据库资源 | 1. 综合性文献数据库资源<br>2. 循证医学数据库<br>3. 各国家生物医学文献数据库<br>4. 在研临床试验数据库<br>5. 灰色文献(药厂、会议论文等) |
| 检索策略 | 关注特异性,重点检索主题词相关内容 | 关注敏感性,根据 PICO 原则编制并经编辑小组专家审评,确保最大限度查找相关研究 |

续表

| 检索项目 | 循证医学证据利用 | 循证医学证据制作（如系统评价制作） |
|---|---|---|
| 检索方式 | 首选计算机检索，人工检索不作强制要求 | 计算机检索，要求须辅以人工检索 |
| 检索顺序 | 可遵循"5S"循证信息服务模型 | 先核心检索主要数据库，再扩展检索其他相关来源 |
| 检索结果 | 关注证据级别高和推荐意见强的报告，如 GRADE 系统推荐的高质量证据 | 关注高质量原始研究 |

# 第二节　临床研究检索方法与检索策略制定

系统评价要求尽可能全面系统地收集全世界所有与问题相关的临床研究，注意不是研究报告，虽然同一研究有时只有一种报告形式，但多数情况下同一研究可能会有摘要、全文等多种报告形式。目前，最方便获得原始研究及其相关文献信息的途径，主要还是依靠可获得的各种形式的研究报告信息，来判断哪些研究符合纳入排除标准。

## 一、检索方法

文献检索常用的方法包括计算机检索与人工检索。

### （一）计算机检索

1. 基本概念　计算机检索（electronic search）又称电子检索，简称机检，是利用计算机系统的有效存储和快速查找功能，进行文献查找的一种计算机应用技术。计算机检索特点是：速度快、范围广、内容新、入口多、功能强且使用方便，但受到数据库自身收录文献、标引情况和检索策略等限制，可能会影响检索结果的查全率和查准率。计算机检索常用光盘数据库检索和网络在线检索。计算机检索系统一般都提供有组配、限定、加权、扩展和截词等多种检索功能。为获得满意的检索结果，信息检索过程中经常要根据检索结果、文献查找数量及其相关性，灵活运用组配、限定和加权等方法，对检索策略进行适当调整。

2. 检索基础知识

（1）布尔逻辑检索：组配检索已成为当代信息检索的一种广泛的应用手段。最为常见的是使用布尔逻辑算符（and、or、not）将检索词联系起来，进行逻辑运算检索。

1）逻辑"与"：用于交叉概念或限定关系的组配，能够缩小检索范围，有助于提高检索的专指度和查准率。

逻辑运算符："AND"、"*"。

逻辑表达式："A AND B"或写成"A * B"。

检索语义：被检索的文献记录中必须同时含有 A 和 B 两个概念。

例如，检索"针灸治疗近视"的文献，检索提问式可写成："针灸 AND 近视"或写成"针灸 * 近视"

2）逻辑"或"：是用于并列概念的一组组配。其作用是扩大检索范围，提高查全率。

逻辑运算符："OR"、"+"。

逻辑表达式:"A OR B"、"A+B"。

检索语义:文献中含有概念之一或同时包含两个概念就会被检出。

例如,欲检索针灸相关文献,检索提问式可写成:"针灸 OR 耳针"或写成"针灸 + 耳针"

3) 逻辑"非":用于排除检索范围中不需要的概念。

逻辑运算符:"NOT"、"-"。

逻辑表达式:"A NOT B"、"A-B"。

检索语义:被检索文献中必须含有 A 概念但不能含有 B 概念。

例如,欲排除假性近视相关研究,检索提问式可写成:"近视 NOT 假性近视"

(2) 位置算符检索:位置算符又叫全文查找逻辑算符,检索式中词与词之间的逻辑关系有时需用位置算符来组配。

1) NEAR:检索表达式为:A NEAR B。

检索语义:检出文献中,要求 A、B 两个词语必须同时出现在同一句中。为缩小两检索词之间的距离,使检索文献更加切题,还可用数字限定 A、B 两词之间允许间隔的词语数量。

2) WITH:检索表达式为:A WITH B

检索语义为 A、B 两词必须同时出现在同一字段。

(3) 加权检索:对每个检索词赋予一个数值,这个数值就是"权"。权值的大小,表示被检文献的切题程度。例如,MEDLINE 检索系统,它不赋予检索词权值,而是在文献标引时,对不同的检索词作加权标志,系统中的 MJME(主要主题词)就是具有加权标志的词,MeSH(主题词)就是无加权标志的词。

(4) 截词检索:大多数检索系统都提供有截词检索功能。为预防漏检,提高查全率,常需要采用截词检索技术。检索方式有右截断、左截断、左右同时截断和中间截断等。例如,MEDLINE 系统用"*"。右截断即前方一致,目的是查找某一词干右面不同的词尾形式,从而提高查全率。

(5) 限制检索:是利用限制符号对检索字段进行限定,简化了布尔检索中的逻辑或功能。使用位置检索,只能限制检索词之间的相对位置,不能完全确定检索词在数据库记录中出现的字段位置,特别在使用自由词进行全文检索时,需要利用字段限制查找范围。

常用的字段代码有标题(TI)、文摘(AB)、作者(AU)、语种(LA)、刊名(JN)、文献类型(DT)、年代(PY)等。

限定符号有:IN、=、>、<、>=、<=、- 等。

注意:限制符在不同的检索系统中可能会有不同的表达形式和使用规则。

**(二) 人工检索**

1. 概念  人工检索(handsearching)是为最大限度收集已发表的临床试验研究而对医学杂志、会议论文集等进行手工检索的一项工作。国际 Cochrane 协作网内各专业小组负责查找并维持本专业相关的潜在研究,检索结果统一提交美国新英格兰 Cochrane 中心协调,通过 Cochrane 图书馆临床对照试验资料库向全世界发行。尽管人工检索耗时、耗力,但可以弥补计算机检索的不足,对于发现潜在相关的原始研究,特别是对于查找灰色文献具有重要价值。Cochrane 评价要求在制定检索策略时,必须考虑如何纳入未发表的研究等其他可能相关的研究来源。

2. 人工检索范围  包括研究问题相关杂志、正在进行的临床试验、医学研究临床试验目录和未发表的灰色文献(会议文献、学位论文)等。

3. 人工检索纳入标准　在文题、摘要和方法学部分可能会出现以下字样:随机分配、平行对照试验、交叉试验、自身对照试验、多中心试验等。现简要介绍随机对照试验的常见类型。

(1) 随机对照试验(randomized controlled trial,RCT)是采用随机分配的方法,将符合要求的研究对象分别分配到试验组或对照组,两组在一致的条件或环境里,同步接受相应试验措施,并用客观的效应指标,对试验结果进行测量和评价的试验设计。随机对照试验主要用于临床治疗性或预防性研究,以探讨某一新药或新的治疗措施与传统、有效治疗或安慰剂的比较效果,是否可以提高对疾病治疗和预防效果,是目前公认的临床治疗性试验的金标准方法,常见的随机方法有简单随机、分层随机和区组随机等。

(2) 半随机对照试验(quasi-randomized controlled trial,qRCT):与随机对照试验设计相似,区别在于试验对象分配形式不同,是按半随机方式,如按照患者入院顺序、住院号、出生年月、星期等分配到试验组或对照组,接受各自试验措施,进行观察研究。半随机方法容易破盲,不能保证受试对象真正被随机分配。

(3) 非等量随机对照试验 (unequal randomized controlled trial):通常情况下随机对照试验的试验组和对照组样本量应相等或相近。在患者来源少、经费缺乏的情况下,选择按照 2∶1 或 3∶2 的样本比例,随机地将试验对象分配到试验组和对照组,称为非等量随机对照试验。但由于两组样本量不等,检验效能可能随之降低。

(4) 群组随机对照试验(cluster randomized controlled trial):临床研究中有时不宜采取个体随机方式,而是以一个家庭、班级、社区或小组作为随机分配单位。例如,比较糖尿病食谱的预防效果应以家庭为单位较为可行,针灸治疗近视需要以班级为实施单位较可行。

4. 人工检索排除标准

(1) 与健康无关的随机对照试验研究。

(2) 研究对象是模拟对象、尸体、从患者身上取出的细胞、拔除的牙齿等。

(3) 根据临床原因或者患者特点进行分配的试验(性别、年龄、疾病严重程度或不同病因),或入组者自己选择干预措施。

(4) 受试者是随机选择等。

## 二、检索步骤

### (一) 明确检索问题和需求,将问题转化为 PICOS 模式

开始检索的关键是对信息进行需求分析,将一个有意义的临床或社会问题,转化成为可以回答的问题,此决定着检索结果的质量。若要全面准确抓住检索关键需求,首先应明确检索目的和要求,分析出能描述所需要信息的外部和内容特征标志,将问题转化为 PICOS 模式(表 4-5)。

表 4-5　将问题需求转化为 PICOS 模式

| 研究对象<br>Participants | 干预措施<br>Intervention | 比较措施<br>Comparison | 结局指标<br>Outcome | 研究类型<br>Study |
|---|---|---|---|---|
| 年龄、性别、种族、所患疾病种类,如青少年近视 | 治疗手段或暴露因素,如针灸 | 对照措施,如已知有效常规措施、药物或安慰剂对照等 | 主要结局指标;次要结局指标;适当测量时间 | RCT,CCT 等 |

表 4-5 表示，将检索问题转化为五部分：研究对象(participants/population)、干预措施(intervention)、对照/比较措施(comparison)、结局指标(outcome)和研究类型(study)。实际检索过程中，同时满足上述全部五项内容情况很少。如果相关临床试验较少，可以只使用其中两三个方面的主题词和关键词进行检索。如"针灸治疗青少年和儿童近视的系统评价"，根据 PICOS 原则，分解为 P：青少年 + 近视；I：针灸，只选择了疾病和干预措施检索词及广泛的同义词进行检索，对照、结果和研究设计在检索时并未考虑在内。

**(二) 明确检索来源**

为全面查找所有相关临床研究，凡是可能收录了与研究问题相关的原始研究数据库均应考虑在内，不限定语种和时间。系统评价检索来源主要包括：① 综合性文献数据库资源(如 MEDLINE、EMBASE)、Cochrane 对照试验中心数据库(Cochrane Central register of controlled trials，CENTRAL)；②专业数据库，如专业小组资料库、中医药库等；③查找其他相关资源，包括在研临床试验库；人工检索相关杂志、灰色文献和已发表研究参考文献；检索美国科学引文索引数据库(science citation index，SCI)或与研究通讯作者联系等。

**(三) 确定检索词**

检索词确定与研究主题和被检数据库的收录标引情况有关。原则上包括：①选择规范检索词，优先选择与问题相关的主题词及其同义词、相近词；②同一概念的几种表达方式对于词根相同者可用截词符解决，并考虑其上下位概念词；③选择外文文献习惯用语；④选用动植物药名的中文、英文和拉丁文；⑤不选用禁用词、动词和形容词，尽量少用不能表达研究实质的高频词。

**(四) 编制检索策略，预检索并修正检索策略**

检索策略(search strategy)就是为科学、准确、全面系统表达检索要求，利用布尔逻辑算符、位置算符、截词符、限制符等制定的检索提问式。将检索词进行组配，确定检索词之间的概念关系或位置关系，准确表达检索需求内容。优化检索策略有助于快速、准确及全面地获得检索结果，提高信息查全率和查准率。

检索策略制定的原则是全面和可重复性。检索制定步骤通常为：确定相关检索源，尽可能全面检索，不限数据库语种和时间；主要采取主题词与自由词检索相结合方式，充分利用布尔逻辑算符、位置算符、截词符、限制符等将检索词进行组配。检索策略制定过程，常需要经过预检索，根据初步检出结果的数量与检索目的匹配情况进行调整、修正检索词或限定范围，从而优化检索策略。此外，检索策略应随着证据搜寻方法的演进、不同的数据库功能作相应调整和更新。制定前可参阅 Cochrane 相关评价检索策略，或与相关 Cochrane 评价小组或图书信息检索专家联系，寻求相关帮助和建议。尽管研究问题可能确定了人群、地点和结果，实际检索由于这些内容可能并未能很好地被标引在数据库标题或文章摘要中，可能没有对照词汇，故没有必要检索系统评价问题 PICOS 的每个方面。如"针灸治疗近视系统评价"，检索策略只包括研究目标疾病(近视)和干预措施(针灸)两大部分内容。

**(五) 实施检索、结果导出及管理**

根据制定好的检索策略，对相应数据库进行检索。对检出结果的处理，首先应浏览记录标题和摘要，删除肯定不相关记录，再导出可能相关或肯定相关的记录。当检索文献量较大时，为提高文献管理效率，一般需要借助文献管理软件，对题录或文摘信息进行浏览、去重、筛选和排序等，系统评价制作要求筛选和复印检索结果中所有肯定相关或可能相关的原始研究文献,以备进一步全文筛选评价,确定文献是否最终被纳入和排除。参见本章第四节。

### (六) 获取原始研究

获取原始文献原则是由近及远,主要是利用检索获得文献线索,常用方式有:利用计算机检索系统中提供的全文或全文信息链接,或网上申请订购、联机传递或脱机邮寄获得原文;利用馆际互借系统申请原文传递;与原作者联系,通过作者提供原文。

## 三、检索策略制定举例

现以发表在 Cochrane 图书馆的系统评价研究方案"针灸治疗青少年和儿童近视"为例介绍如下:

### (一) 电子检索范围:

该评价计划检索 9 个数据库,分别为:① Cochrane Central Register of Controlled Trials (CENTRAL) (The Cochrane Library,Issue 4 2009); ② MEDLINE (January 1950 to January 2010); ③EMBASE (January 1980 to January 2010);④The Allied and Complementary Medicine Database (AMED) (January 1985 to January 2010); ⑤ Latin American and Caribbean Literature on Health Sciences (LILACS) (January 1982 to January 2010);⑥ The National Center for Complementary and Alternative Medicine (NCCAM) (January 2010); ⑦中 国 生 物 医 学 文 献 数 据 库 (the Chinese Biological Medicine Database,CBM) (1978 to January 2010);⑧ CNKI (1994 to January 2010);⑨ VIP (1989 to January 2010)。同时,应交代有无语言和时间限制。注意:检索策略一般较长,具体的检索策略最好放在附录中。

以下仅列出其中 CENTRAL、MEDLINE、EMBASE 和中国生物医学文献数据库 (CBM) 四个主要数据库的检索策略 (表 4-6~表 4-9)。

#### 表 4-6  CENTRAL 检索策略

#1 MeSH descriptor Myopia (主题词)

#2 myop*

#3 sight* AND (short or near*) (同义词)

#4 (#1 OR #2 OR #3)

#5 MeSH descriptor Acupuncture (主题词)

#6 MeSH descriptor Acupuncture Therapy (主题词)

#7 MeSH descriptor Acupuncture Points (主题词)

#8 MeSH descriptor Acupuncture,Ear (主题词)

#9 MeSH descriptor Electroacupuncture (主题词)

#10 MeSH descriptor Electric Stimulation Therapy (主题词)

#11 MeSH descriptor Acupressure (主题词)

#12 MeSH descriptor Moxibustion (主题词)

#13 acupuncture* or electroacupuncture* (同义词)

#14 acupressure* or moxibustion (同义词)

#15 (#5 OR #6 OR #7 OR #8 OR #9 OR #10 OR #11 OR #12 OR #13 OR #14)

#16 (#4 AND #15)

表 4-7　MEDLINE 检索策略

| | |
|---|---|
| 1. randomized controlled trial.pt. | 16. or/13-15 |
| 2. (randomized or randomised).ab,ti. | 17. exp acupuncture/ |
| 3. placebo.ab,ti. | 18. exp acupuncture therapy/ |
| 4. dt.fs. | 19. exp acupuncture points/ |
| 5. randomly.ab,ti. | 20. exp acupuncture ear/ |
| 6. trial.ab,ti. | 21. exp electroacupuncture/ |
| 7. groups.ab,ti. | 22. exp electric stimulation therapy/ |
| 8. or/1-7 | 23. exp acupressure/ |
| 9. exp animals/ | 24. exp moxibustion/ |
| 10. exp humans/ | 25. (acupuncture $ or electroacupuncture $).tw. |
| 11. 9 not (9 and 10) | 26. (acupressure $ or moxibustion).tw. |
| 12. 8 not 11 | 27. or/17-26 |
| 13. exp myopia/ | 28. 16 and 27 |
| 14. myop $ .tw. | 29. 12 and 28 |
| 15. ((short or near)adj3 sight $).tw. | |

表 4-8　EMBASE 检索策略

| | |
|---|---|
| 1. exp randomized controlled trial/ | 24. 23 not 11 |
| 2. exp randomization/ | 25. exp comparative study/ |
| 3. exp double blind procedure/ | 26. exp evaluation/ |
| 4. exp single blind procedure/ | 27. exp prospective study/ |
| 5. random $ .tw. | 28. (control $ or prospective $ or volunteer $).tw. |
| 6. or/1-5 | 29. or/25-28 |
| 7. (animal or animal experiment).sh. | 30. 29 not 10 |
| 8. human.sh. | 31. 30 not (11 or 23) |
| 9. 7 and 8 | 32. 11 or 24 or 31 |
| 10. 7 not 9 | 33. exp myopia/ |
| 11. 6 not 10 | 34. exp high myopia/ |
| 12. exp clinical trial/ | 35. myop $ .tw. |
| 13. (clin $ adj3 trial $).tw. | 36. ((short or near)adj3 sight $).tw. |
| 14. ((singl $ or doubl $ or trebl $ or tripl $) adj3 (blind $ or mask $)).tw. | 37. or/33-36 |
| 15. exp placebo/ | 38. exp acupuncture/ |
| 16. placebo $ .tw. | 39. exp electroacupuncture/ |
| 17. random $ .tw. | 40. exp acupressure/ |
| 18. exp experimental design/ | 41. exp moxibustion/ |
| 19. exp crossover procedure/ | 42. (acupuncture $ or electroacupuncture $).tw. |
| 20. exp control group/ | 43. (acupressure $ or moxibustion).tw. |
| 21. exp latin square design/ | 44. or/38-43 |
| 22. or/12-21 | 45. 37 and 44 |
| 23. 22 not 10 | 46. 32 and 45 |

表 4-9　CBM 检索策略

| | | | |
|---|---|---|---|
| #1 | 针刺△【扩展全部树】/全部副主题词 | #11 | 穴位注射 |
| #2 | 电针△【扩展全部树】/全部副主题词 | #12 | 耳针 |
| #3 | 耳针【扩展全部树】/全部副主题词 | #13 | 激光 |
| #4 | 穴位,耳针【扩展全部树】/全部副主题词 | #14 | #1 or #2 or #3 or #4 or #5 or #6 or #7 or #8 |
| #5 | 针灸疗法【扩展全部树】/全部副主题词 | #15 | #9 or #10 or #11 or #12 or #13 |
| #6 | 针刺疗法△【扩展全部树】/全部副主题词 | #16 | #14 or #15 |
| #7 | 激光针刺【扩展全部树】/全部副主题词 | #17 | 近视 |
| #8 | 针灸 | #18 | 近视【扩展全部树】/全部副主题词 |
| #9 | 针刺 | #19 | #17 or #18 |
| #10 | 电针 | #20 | #16 and #19 |

由上述检索策略可见,由于针灸治疗青少年近视系统评价相关临床试验较少,检索策略的制定主要基于疾病(近视)和干预措施(针灸)的组配模式,即"针刺"主题词及其同义词用"OR"连接,"近视"主题词及同义词也用"OR"连接,再用"AND"将二者组合起来进行检索。若系统评价问题相关的原始研究较多,就应对检索范围作进一步限制。如可使用 Cochrane 协作网推荐的随机对照试验高敏感检索策略来限定研究设计类型,使检索结果专指性更强。

**(二)其他来源的检索**

制作系统评价应尽可能查全,检索来源选择非常重要,除上述常用的数据库外,还应包括对其他来源的检索,如相关研究的参考文献清单、SCI 科学引文数据库、会议论文等。考虑不同系统评价需求,即使作者并不打算主动进行人工检索,也应在计划书中事先予以说明。

## 四、随机对照试验高敏感性检索策略

为了尽可能查找到所有相关评价题目的随机对照试验,Cochrane 协作网推荐使用专门针对 MEDLINE 随机对照试验和临床对照试验高敏感度检索策略(2008 版),检索途径分别为 PubMed(表 4-10)和 OVID(表 4-11)。而 CENTRAL 由于收录的主要是与 Cochrane 评价相关临床试验,因而不必使用试验过滤器。

**(一)PubMed 高敏感性检索策略(表 4-10)**

表 4-10　PubMed 检索高敏感性 RCT/CCT 策略

| | | | |
|---|---|---|---|
| #1 | randomized controlled trial［pt］ | #7 | trial［tiab］ |
| #2 | controlled clinical trial［pt］ | #8 | groups［tiab］ |
| #3 | randomized［tiab］ | #9 | #1 or #2 or #3 or #4 or #5 or #6 or #7 or #8 |
| #4 | placebo［tiab］ | #10 | animals［mh］not(humans［mh］and animals［mh］) |
| #5 | drug therapy［sh］ | #11 | #9 not #10 |
| #6 | randomly［tiab］ | | |

注:PubMed 检索字段说明

［pt］　发表类型

［tiab］　词语出现在标题或摘要

［sh］　副标题

［mh］　医学主题词("扩展")

［mesh:noexp］　医学主题词("不扩展")

［ti］　词语出现在标题

## （二）OVID 高敏感性检索策略（表 4-11）

**表 4-11　OVID 检索 RCT/CCT 高敏感性策略**

| | |
|---|---|
| #1 randomized controlled trial.pt. | #7 trial.ab. |
| #2 controlled clinical trial.pt. | #8 groups.ab. |
| #3 randomized.ab. | #9 1 or 2 or 3 or 4 or 5 or 6 or 7 or 8 |
| #4 placebo.ab. | #10 animals.sh. not（humans.sh. and animals.sh.） |
| #5 drug therapy.fs. | #11 9 not 10 |
| #6 randomly.ab. | |

注：Ovid 检索字段说明

pt. 出版类型

ab. 摘要

fs. 表示一个"浮动"副标题

sh. 医学主题词

ti. 标题

## 五、检索要点

系统评价检索原则是全面、客观和可重复，追求检索敏感性，避免检索太多不同的概念，但同一概念的检索词应尽可能广泛，并注意使用主题词与自由词相结合方式进行检索，采用 Cochrane 推荐的高敏感检索策略来查找 MEDLINE 或 EMBASE 的随机对照试验，促使检索结果尽可能系统和全面。尽管此举可能会降低检索特异性，但它是系统评价有别于传统综述的重要特征。

制定检索策略有效的方法是根据检索问题明确相关数据库来源和适当检索词，尽量简化关键词或核心词，同一概念词尽可能广泛，并列出检索清单，常需包括以下内容：检索来源名称、检索时间（检索起止日期）、文献语种和针对不同数据库的检索策略。

实际操作中，检索顺序一般是先核心检索主要数据库，再扩展检索其他相关数据库，最后进行人工检索和对其他来源来找寻。同时，先进行疾病和干预措施检索，根据检出结果，再组合检索研究设计方案。

若系统评价已在 Cochrane 系统评价专业小组注册，就应充分与专业小组合作，在专业组研究检索协调员的帮助下制定检索策略。若没有注册，最好从熟悉的图书馆或信息专家寻求帮助，或与有过系统评价检索或制作经验的人员合作，获得支持。此外，也可借助 Cochrane 系统评价手册相关内容，查阅学习已发表的 Cochrane 相关系统评价检索策略，从中获得启发。

# 第三节　常用中英文数据库介绍

系统评价制作需要从全世界范围内查找所有设计良好的相关研究，恰当地选择证据来源对提高检索效率非常重要。一般来说，为制作系统评价的数据库选择至少应包括以下四个：Cochrane 图书馆中的 CENTRAL、相关评价专业数据库、MEDLINE 和 EMBASE 和中国生物医学文献数据库。这些数据库的主要优点在于使用了标准化的电子索引检索标题或摘要，设有对照和分配词汇。此外,为尽可能找全所有潜在相关的研究,有必要对其他来源进行补充检索,包括引文数据库、临床试验在研数据库、灰色文献和相关研究的参考文献等。

## 一、常用英文数据库

### (一) Cochrane 图书馆

Cochrane 图书馆(the Cochrane library,CL)是 Cochrane 协作网的主要产品,国际公认高质量、可靠的循证医学决策数据库源,是循证医学研究和学习的首选资源库。2009 年 SCI 影响因子已从 2008 年的 5.182 提高至 5.653,在 SCI 收录的 132 种医学、全科和内科系列相关杂志中排名第 11 位。为提高发表频率,帮助读者和编辑队伍更加迅速地获取最新证据,Cochrane 系统评价数据库从 2010 年 1 月起改为按月发行。

1. 主要内容 Cochrane 图书馆主要收录了六个相关数据库资源,现摘要介绍如下:

(1) Cochrane 系统评价资料库(Cochrane Database of Systematic Reviews,CDSR;Cochrane Reviews):主要针对卫生保健疾病相关干预措施或其他问题效果,通过全面系统地寻找、评估和综合分析相关研究而得出综合结论。CDSR 以高度结构化和系统化格式制作,有别于其他类型综述或评价,便于浏览查找相关信息,是临床治疗和决策者的宝贵资源选择。CDSR 收录了 Cochrane 52 个专业组注册的系统评价研究进展结果,包括系统评价全文(complete reviews)和计划书(protocols)两个主要部分。CDSR 从 2008 年第 4 期开始收录包括诊断试验准确性的系统评价。2010 年 4 月 Cochrane 图书馆主要收录了 6153 篇系统评价,其中全文 4217 篇,计划书 1936 篇(表 4-12)。Cochrane 协作网(www.cochrane.org)上可免费查阅已发表的系统评价全文摘要。

表 4-12　Cochrane 图书馆主要内容

| 序号 | 数据库 | 记录 |
|---|---|---|
| 1 | Cochrane 系统评价数据库 | 6153 |
| | (1) 全文(Complete Reviews) | 4217 |
| | (2) 计划书(Protocols) | 1936 |
| 2 | 疗效评价文摘库 | 12 594 |
| 3 | Cochrane 临床对照试验中心注册库 | 622 449 |
| 4 | Cochrane 方法学注册数据库 | 13 164 |
| 5 | 卫生技术评估数据库 | 8273 |
| 6 | 英国国家卫生服务部卫生经济学评价数据库 | 28 551 |
| 7 | Cochrane 协作网相关信息 | 82 |
| | (1) Cochrane 协作网 | 1 |
| | (2) Cochrane 编辑单元 | 1 |
| | (3) Cochrane 系统评价专业小组 | 52 |
| | (4) 领域 | 14 |
| | (5) 方法学组 | 14 |
| | (6) 中心 | 13 |

(2) 疗效评价文摘库(Database of Abstracts of Reviews of Effects DARE;Other Reviews):是由英国约克大学评价与传播中心制作,唯一经过质量评估的系统评价摘要资料库,包括

Cochrane 协作网以外成员发表的普通系统评价摘要,是对 Cochrane 系统评价的补充。每篇摘要包括评论概要及其质量的严格评述,收集了超过 3000 条的评价摘要,包括诊断试验、公共卫生、健康促进、药学、外科和精神等卫生保健广泛领域。

(3) Cochrane 临床对照试验中心数据库(Cochrane Central Register of Controlled Trials,CENTRAL;Clinical Trials):收录了可能纳入 Cochrane 系统评价的临床对照试验文献数据资源,每篇文献包括篇名和来源,多数只是文章摘要,不含全文。CENTRAL 主要来自MEDLINE、EMBASE、Cochrane 评价专业组维持更新的专业数据库和各 Cochrane 中心负责查找提交的人工检索结果,随 Cochrane 图书馆定期更新。注意:制作 Cochrane 系统评价必须检索此数据库。

(4) Cochrane 方法学注册数据库(Cochrane Methodology Register,CMR;Methods Studies):由英国 Cochrane 中心代表的 Cochrane 评价方法学组制作,收集了评价方法学和临床对照试验方法学研究的相关文献,文献来自 MEDLINE 数据库检索或人工查找的期刊文章、图书和会议论文等。

(5) 卫生技术评估数据库(Health Technology Assessment Database,HTA;Technology Assessments):为改善卫生保健质量和成本效益,由英国约克大学评价与传播中心制作并收集全球已完成或在研的卫生技术评估报告,涵盖包括医疗、预防、康复、药物、仪器、社会、伦理研究和卫生经济学研究等领域。

(6) 英国国家卫生服务部卫生经济学评价数据库(NHS Economic Evaluation Database,NHS EED;Economic Evaluations):由英国约克大学评价与传播中心制作的卫生保健经济性评估的文献摘要。由于卫生保健资源有限,有必要评估循证决策卫生保健措施的成本效果,但成本效果信息很难查找、评估和解释,所以,NHSEED 旨在帮助决策者从全球范围内收集查找系统性的经济学评价,进行质量评估和鉴定。

2. Cochrane 图书馆主要检索功能　Cochrane 图书馆主要检索功能包括:快速检索(search)、高级检索(advanced search)、主题词检索(MeSH search)、检索史(search history)和检索结果保存(saved searches)。

3. Cochrane 图书馆检索

(1) 进入:可通过网上注册(www.thecochranelibrary.com)或 DVD 光盘进入检索界面。本节仅对 DVD 光盘作简要介绍(图 4-2)。

Cochrane 图书馆提供的浏览方式有:主题(topic)、系统评价进展状态:如本期最新系统评价(new reviews)或更新系统评价(updated reviews)、系统评价题目首字母顺序(A~Z)或查阅系统评价小组(review group)等浏览方面查阅相关信息。

(2) 快速检索(search):在检索框输入检索词,选择限制字段,默认字段是 title,abstract 或keywords,点击"go"即可。浏览初步检索结果,若对结果不满意,可通过调整检索词或利用高级检索功能进行再次检索。

(3) 高级检索(advanced search):提供了多种方式进行精确检索,可利用下拉框检索字段,配合布尔逻辑操作符(AND,OR,NOT)实现检索;利用多种记录类型(new,new search,conclusions changed,major change,comment,withdrawn),或检索年代来限定检索范围。有关Cochrane 图书馆高级检索相关检索技巧参见表 4-13。

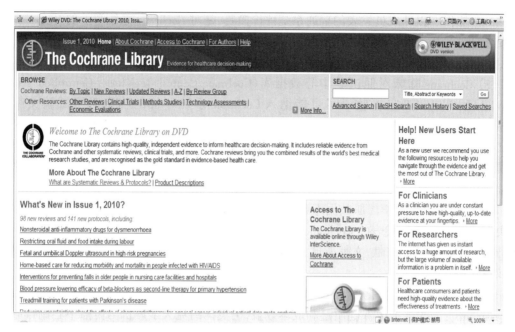

图 4-2　Cochrane 图书馆检索首页

表 4-13　Cochrane 图书馆高级检索特点

| 功能 | 描　述 | 举　例 |
|---|---|---|
| 限制检索字段 | 全文（search all text）、标题（record title）、摘要（abstract）、关键词（keywords）、标题/摘要/关键词（title/abstract/keywords）、表格（tables）、出版类型（publication type）、文献出处（source）、数字资源唯一识别号（DOI） | acupunctrue in TI |
| 布尔逻辑操作符 | 使用 AND,OR,NOT 可进行组合检索,复杂检索式可直接在检索框内用括号分开 | myopia AND（acupuncture OR acupressure OR electroacupuncture） |
| 通配符与截词符 | 星号(*)可作为通配符,代替一个或多个字符串;"?"代替一个字母 | carcino* 等同于 carcinogen、carcinoma;near?sight 等同于 near-sight |
| 邻近检索符 NEAR,NEXT | 使用"NEAR/数字"进行邻近检索,数字表示两词相邻位置,默认数字为6,不分先后顺序;"NEXT/数字"表示检索依次相邻的单词 | endocrine NEAR/5 therapy;palliative NEXT/2 care |
| 精确检索 | 可用引号或 NEXT | ""［lung cancer］=［"lung cancer"］等同于［lung NEXT cancer］ |
| 自动匹配 | 可自行匹配细微的拼写差异或单复数,对大小写并不敏感 | Tumor,tumour,tumors |
| 空格 | 多个检索词之间默认用 AND 操作符连接 | 字符串 brain stem 将匹配包含两词的任何顺序或邻近位置 |
| 破折号 | "——"作为空格,等同于引号或词语间 NEXT 操作符号 | "high risk" therapy 等同于 high NEXT risk therapy |
| 逗号 | 逗号",表示 OR | gene,therapy 等同于 gene OR therapy |

（4）主题词检索（MeSH Search）：Cochrane 图书馆内设有三个主题词检索选项，分别为 Thesaurus、Definition 和 Go To MeSH Trees。"Thesaurus"可帮助选择适当的主题词；"Definition"提供了主题词的清晰定义；"Go To MeSH Trees"显示并提供以树形结构排列的主题词链接相关词语，点击"View Results"可以打开检索结果。

主题词检索过程如下：

1）点击主页右上角"MeSH Search"进入主题词检索界面，在检索框"Enter MeSH term"输入检索词，点击"Thesaurus"查看该词是否为主题词，若是，点击"Go To MeSH Trees"显示主题词树形结构，点击"Definition"查看该主题词相关定义。注意：如果查询主题词输入的是词组，除了某些有特殊药理作用的主题词组，通常默认的是第一个单词。

2）选择检索词，只需在树形结构上下位词中选择适当的主题词即可，选择"Search this term only"表示只检索所选择的主题词（呈红色），若选择"Explode"选项会自动扩大检索结果。若主题词树形结构不止一个，可选择是否包括所有树形结构，或只点击所需要的主题词进行检索；也可利用"Add qualifier restriction"功能提供的下拉屏进行限制检索。

3）点击"View results"查看检索结果。若对检索结果不满意，可通过主题词检索查找适当的主题词，或修改检索史中的检索策略实现。

（5）检索史（search history）：可以将当前所有执行的检索记录保存在检索史中，供随时查看、修改、删除和编辑等。

（6）检索结果输出

1）浏览：所有页面顶部均有显示浏览和检索功能，除了 CENTRAL 和 CMR 按年代排序，其他检索结果均按照相关性排序。注意：如果改变父检索式，子检索会自动重新运算。某些情况下浏览器可能会阻止此操作，此时只需刷新浏览器，即可查看已更新的检索史。

2）保存：检索结果引文可以多种提供形式保存。文档保存，首先需点击检索结果框旁适当的标题，或选择所有文档"Select All"，然后点击导出所选项引文"Export Selected Citations"；或点击当前数据库所有引文"Export All Citations"，按照提示完成引文或摘要导出。也可选择一个系统评价，点击"Print"打印该评价，按另存可以"HTML"格式保存。

3）检索策略保存（save search strategy）：点击"save search strategy"实现检索策略保存，保存的检索可随时根据需要运行。当前检索策略也可以"XML"文件形式保存：在检索史页底部点击"save to disk"打开对话框，选定文件夹和文件名即可。

注意：查看结果的返回，只能回到同级或当前检索层的上一级。如果进入检索结果所链接的文章后，按"back"从当前文档到检索结果屏，再到检索史屏。而不能从检索结果屏点击高级检索链接后回到检索结果屏（低层次）。这种情况下需要点击检索历史屏，才能获取相关检索结果。而且，Cochrane 图书馆中不能检索系统评价的参考文献。若欲了解 Cochrane 图书馆和协作网更多信息，可登录网站查阅相关信息 www.cochrane.org。

**（二）MEDLINE**

MEDLINE 检索可通过检索 PubMed 和 OVID 两条途径实现。

1. PubMed

（1）简介：PubMed 是美国国家医学图书馆下属的国家生物技术信息中心开发的因特网生物医学信息检索系统，是国际公认、首选生物医学文献免费检索系统，包括 MEDLINE、In Process Citations 和 Publisher Supplied Citations 三部分。

（2）收录范围和内容：PubMed 收录了从 1950 年以来 37 种语言、5200 种杂志、1700 多万条文献记录,涵盖了美国和其他 80 多个国家发表的生物医学期刊,并提供了部分文献的全文链接及相关资源站点链接,其中 6195 种期刊提供了网络版全文,内容涉及医学、牙科、护理学、卫生学等生物医学各个领域。PubMed 还提供了免费获取 MEDLINE 以及最近更新、尚未被 MEDLINE 收录的杂志引文。更多相关信息请上网查阅（pubmed.com,或 pubmed.org,或 pubmed.net,或 pubmed.gov,网址可任选其一）。

（3）检索字段：PubMed 常用检索字段与运算符功能描述和举例见表 4-14。

表 4-14　PubMed 常用字段 / 运算符功能描述

| 字段 / 运算符功能 | 描　　述 | 举　　例 |
|---|---|---|
| 限制字段 | 检索词必须和字段名同时使用 | myopia in TI |
| 非限制字段 | 检索词后不加字段限定符号及字段名,即默认对所有非限制字段进行检索 | Acupuncture |
| 逻辑运算符 | AND、OR、NOT,只能在自由词检索状态（search）进行,运算符优先顺序为:（ )>NOT> NEAR >WITH >AND >OR | chemotherapy and（thymoma OR thymic and cancer） |
| 位置运算符 | with、near,检索式:A with B 表示检索词 A 和 B 同时出现在同一记录或字段内;A near B 表示检索词 A 和 B 不仅出现在同一字段,还同时出现在同一句子中 | drug with abuse；drug near abuse |
| 通配符? | 可替代任何一个字符或英文字母 | near?sight 等同于 near-sight 或 near sight |
| 截词符 * | 可代替检索词中任意多个字母、单词,对词组无效,检索词最多不超过 600 个 | canc*,cancer |
| 精确检索 | 双引号"" 可实现不可分割词组的检索 | "lung cancer" |
| 范围运算符 | In,=,>,<,>=,<=,– in 只用于限定字段 | PY>1980 review in pt |

此外,PubMed 数据库有主题词和副主题词两种,副主题词是对主题词概念的进一步限定和划分,使主题词 / 副主题词的组配更加专指。

（4）主要检索功能：PubMed 主要检索功能包括：基本检索、高级检索、检索策略修改、检索结果显示、保存和链接等。检索方法包括：自由词检索（search）、主题词检索（MeSH database）、限定检索（limits）和索引词表检索（index）。

1）自由词检索：在主检索界面状态下,输入检索词后,点击 "search",即自由词检索。数据库的自由词来源于所有记录基本字段的单词、词组、数字、字符组合等,默认状态下进行所有非限定字段检索。

自由词检索实现方式：在检索屏状态、命中结果显示区或索引屏状态下,直接输入检索词即可。自由词使用原则：①当不了解主题词检索,或不知道适当的主题词时,可先用自由词检索,从检索结果的主题词字段获取适当的主题词后再检索。②当使用主题词不能检索出满意文献时,采用自由词可以扩大检索结果,但自由词检索查找准确率不高,而且容易漏检。③有一些观念和物质没有相应主题词,只能用自由词检索,包括新出现的科技术语、新发现的物质或疾病名称、某些特定概念如年龄、体重和中医药名词等。

2）高级检索：在主检索界面状态下，点击"Advanced Search"进入高级检索。可参照屏幕下方的检索指引（Search Builder Instructions）提示内容操作，选择字段"field"，输入检索词后，点击索引"Index"按钮，在索引词表中选择适当检索词，再点击"AND"、"OR"、"NOT"按钮，添加词条到检索框，重复前述操作，点击检索（Search），即可进行目标问题的检索；或点击"Preview"查看检索史中的检索结果。

3）主题词检索：主题词（MeSH）是反映文献内容特征、并且经过规范化了的词或词组，由轮排索引、主题词信息和副主题词表组成。副主题词是对主题词进行限定规范的词。在"More Resources"下点击"MeSH Database"进入主题词检索。

4）临床问题：PubMed 中的临床问题（Clinical Queries）内置了检索策略模型——"研究方法过滤器"（Research methodology filters），由加拿大流行病和生物统计学家 Haynes RB 等提出，用户不需要掌握复杂的检索策略，通过该方法检索过滤器，可较容易查找所需的临床研究。

（5）检索结果处理：①显示设置（Display Settings）：有不同的结果显示格式：Summary，Summary（text），Abstract，Abstract（text），MEDLINE，XML，PMID List；每页显示数 5~200 条，默认显示是 20 条 / 页。②排序（Sort）方式可按最近增加、出版日期、第一作者、最后作者、杂志和标题等，点击应用"Apply"即可实现排序。③点击发送"Send to"，自动弹出目的对话框（Choose Destination）选项，检索结果保存方式有：文件（File）、粘贴板（Clipboard）、收集（Collections）、发送邮件（E-mail）等。注意：选择邮件发送时，需要首先选择格式（format），把 HTML 格式改成文本格式（text）后再发送。

2. OVID 检索平台

（1）简介：OVID 检索平台由世界著名数据库提供商 OVID 公司推出，目前已包涵生物、医学等多领域上百个数据库，如临床各科专著及教科书、循证医学、MEDLINE、EMBASE 以及医学期刊全文数据库等。后者集中了上千种重要医学期刊，最早可回溯至 1993 年，网址：gateway.ovid.com。OVID 检索平台的特点是：图形界面直观易学，可进行多库同时检索，所有数据库使用同一检索程序相互链接。操作功能包括基本检索、引文查找、检索工具、字段检索、高级检索和多字段检索等。

（2）OVID 检索方法

1）基本检索（basic search）：为默认模式，直接在检索框内输入检索词、词组，点击"Search"即可进行检索。此外，也可点开检索框下"Limits"选项，可对文献类型（Abstracts、English Language、Full Text、Review Articles、Humans、Core Clinical Journals（AIM）、Latest Update）发表时间（Publication Year）、循证医学评价（EBM Reviews）进行限定检索。

2）字段检索：OVID 提供了 53 个检索字段，可对其中一个或多个字段进行组合检索。内设常用字段有：摘要（ab：abstract），作者（au：authors），发表日期（dp：date of publication），期（ip：issue/part），期刊名称（jn：journal name），关键词（kw：keyword heading），发表类型（pt：publication type），标题（ti：title）和发表年代（yr：year of publication）等。

3）高级检索（advance search）：默认检索途径有：关键词（keyword）、作者（author）、篇名（title）和刊名（journal）四条，在检索框内输入检索词或词组，点击"Search"即可进行检索。此处也可利用 limits 功能进行限定检索。

（3）OVID 检索结果处理

1）浏览（view）：可按标题（title）、引文（citation）和摘要（abstract）进行浏览。每页最多显示 100 条，默认显示每页 10 条。

2）结果导出（export）：OVID 提供了打印、E-mail、保存结果和检索式等多种输出方式。OVID 数据库选择和检索结果导出选项如图 4-3 和图 4-4。

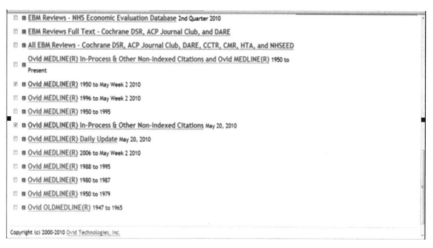

**图 4-3　OVID 数据库选择示意图**

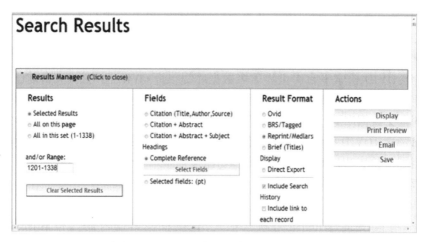

**图 4-4　OVID 检索结果导出选项示意图**

注意：OVID 系统每次导出条数有限制，如限制数为 200 条，当超过 200 条时就需要多次导出，实现步骤如下：首先需返回检索页面，点击顶部的"Main Search Page"，然后点击检索式中"Display"显示全部记录，再在检索结果导出选择范围框（Select Range）对拟导出的结果条目数进行修正，如输入"201-400"，点击"Save"和"Continue"，即可导出接下来 200 条记录，将检索结果保存到指定位置，如此反复，直到文献全部导出。

**（三）EMBASE**

1. EMBASE 简介　EMBASE（Excerpt Medica Database）是由荷兰 Elsevier Science 出版公司建立的数据库，有光盘数据库、联机数据库及网络数据库形式。收录了自 1974 年以来 30 种语言4800种期刊文献记录1200万多条,80%文献含有文摘,内容涉及药学、临床医学、基础医学、预防医学、法医学和生物医学工程等,其中药物相关文献量占40%左右。EMBASE网络数据库特点:①有跨库检索功能,可同步检索 EMBASE 和 MEDLINE 数据库。②部分文献提供全文链接。③有较成熟的主题词表(EMTREE),收录了规范化主题词约4.8万个、同义词20万个及副主题词等。④检出记录提供主题词再检索和著者链接。网址:www.embase.com。

2. EMBASE 检索功能 主要包括:基本检索(search)、主题词检索(emtree)、期刊检索(journals)和著者检索(authors)四种。检索方式有:快速检索(quick search)、高级检索(advanced search)、药物检索(drug search)、疾病检索(disease search)和论文检索(article search)等。若检索词为某一疾病,可选择疾病检索或高级检索。若为某一药物,可选择药物检索或高级检索。也可使用逻辑算符、截词符、位置符、短语检索等,对检索结果作进一步限制。

3. EMBASE 检索方法

(1) 快速检索:为默认模式,直接在检索框内输入检索词、词组或检索式进行检索。

(2) 高级检索:利用检索字段来限制检索范围并进行组合检索。检索字段包括:术语检索(map to preferred terminology (with spell check))、自由词检索(also search as free text)、被检索词及其所有下位词扩展检索(include sub-terms/derivatives (explosion search))、关键字为重点内容的检索(search terms must be of major focus in articles found)、同义词检索(search also for synonyms, explosion on preferred terminology)、进行其他限定、年代、人类、学科、出版物类型、语种、性别、年龄与动物研究类型等。

(3) 主题词检索:利用 EMTREE 主题词表中的主题词进行检索,可使检索专指性更强。"Find Term"可以查找与被检术语主题相关的记录,并按树状结构显示。"Browse by Facet"可显示数据库内设术语及及其相关下位词。

4. 检索结果处理

(1) 浏览(view):可按文献相关性(relevance)、出版年代(publication year)和入库时间(entry date)进行排序。显示格式有:题录格式(citation only)、摘要格式(citation and abstract)、简短记录格式(short record)和详细记录格式(full record)。

(2) 结果导出(export):EMBASE 提供了多种导出格式,包括 EndNote、ProCite、RefManager、CSV-Field by Row/ by Column 或 Plain Text。选择与自己文献管理软件相匹配的格式(如 EndNote)导出检索结果。同时,EMBASE 库具有打印、订购、添加至剪贴板、对杂志、出版类型和发表年代进行精炼检索等。

**(四) 其他来源数据库**

1. 临床试验在研数据库 为充分收集所有潜在相关的临床试验研究,避免发表偏倚和选择性报告影响,有必要检索在研临床试验数据库。

(1) 世界卫生组织国际临床试验注册平台(WHO International Clinical Trials Registry Platform, WHO ICTRP):为促使卫生保健决策中所有相关研究的完整可及,提高研究的透明性,最大限度确保证据的真实性与科学性。WHO ICTRP 主要功能包括:制定临床试验注册范围和注册内容标准;建立全球临床试验注册中心网络与协作;制定试验结果报告的国际规范和标准;帮助发展中国家开展试验注册;为临床试验分配统一注册号;收集全球各试验注册中心注册的试验记录,建立一站式检索入口。目前,WHO ICTRP 协作网下包括中国临床试验注册中心在内共有10个一级临床试验注册机构(Primary Registries)(表4-15),以及3

个伙伴注册机构。更多信息请查阅该试验注册平台网站相关介绍:www.who.int/ictrp。

表 4-15　WHO 国际临床试验注册平台一级注册机构网址

| 序号 | 一级注册机构 | 网　址 |
|---|---|---|
| 1 | Australian New Zealand Clinical Trials Registry（ANZCTR） | www.anzctr.org.au/ |
| 2 | Chinese Clinical Trial Register（ChiCTR） | www.chictr.org/ |
| 3 | Clinical Trials Registry-India（CTRI） | www.ctri.in/Clinicaltrials/index.jsp |
| 4 | German Clinical Trials Register（DRKS） | www.germanctr.de/ |
| 5 | Iranian Registry of Clinical Trials（IRCT） | www.irct.ir/ |
| 6 | ISRCTN.org | www.isrctn.org/ |
| 7 | Japan Primary Registries Network（JPRN） | rctportal.niph.go.jp/ |
| 8 | The Netherlands National Trial Register（NTR） | www.trialregister.nl/trialreg/index.asp |
| 9 | Pan African Clinical Trial Registry（PACTR） | www.pactr.org/ |
| 10 | Sri Lanka Clinical Trials Registry（SLCTR） | www.slctr.lk/ |

（2）中国临床试验注册中心（Chinese Clinical Trial Register,ChiCTR）:是由四川大学华西医院和中国循证医学中心共同支持和组建,是国内唯一与 WHO 临床试验注册平台接轨的试验中心,主要提供临床试验注册和相关技术培训与服务,包括临床研究设计咨询和注册临床试验的伦理审查等。更多信息请查阅网站:www.chictr.org。

（3）临床试验数据库（ClinicalTrials.gov Database）:是由美国国家卫生研究院卫生与人类服务部通过国家医学图书馆形成,为患者、家庭成员和公众提供当前临床研究相关信息,包括美国和全球许多国家正在进行的临床试验总结信息,提供更新的当地联邦和私人支持的临床试验,涵盖疾病范围较宽。数据库每日更新,目前收录了全球 172 个国家进行的 88 064 个临床试验。网址:clinicaltrial.gov。

2. 美国科学引文索引数据库

（1）概况:美国科学引文索引数据库（Science Citation Index,SCI）,由美国科学情报研究所 1961 建立,是全球 60 多个国家或地区、80 多种文字、自然科学领域 150 多个学科、7600 余种期刊引文检索工具,其中 SCI 核心期刊 3700 多种。网址:isiknowledge.com 。

（2）检索功能与方法:首先进入“Web of Sciences”检索界面,检索功能包括:一般检索（search）、被引参考文献检索（cited reference search）、结构检索（structure search）和高级检索（advance search）。

1）一般检索（search）:系统默认三个字段,超过三个字段,可点击“添加另一个字段（add another field）”实现。任选一个字段输入检索词进行组合检索。检索对大小写不敏感,多个词语检索间的空格默认为 AND,若要精确检索须加用引号。

2）高级检索:使用字段标志、检索式组配或二者组配检索。允许使用布尔逻辑运算符、通配符、括号和位置运算符（SAME）检索。常用字段标志有:TS= 主题,TI= 标题,AU= 作者,GP= 团体作者,ED= 编者,SO= 出版物名称,PY= 出版年,CF= 会议,AD= 地址,OG= 组织,SG= 下属组织,SA= 街道地址,CI= 城市,PS= 省 / 州,CU= 国家 / 地区,ZP= 邮政编码,FO= 基金资助机构,FG= 授权号,FT= 基金资助信息。

布尔逻辑运算符及其运算次序规则为：SAME>NOT>AND>OR。

（3）结果处理

1）浏览：检索结果显示在页面底部的"检索历史"中。可对检索史进行组配检索和保存。在"检索历史"表中，单击"结果"栏中的链接，查看检索结果。每页最多显示50条记录，可以图表方式对检索结果进行分析。

2）保存：SCI提供了多种结果的保存格式（EndNote、RefMan、Procite或保存到其他参考文献软件），并支持打印和发送电子邮件等。

3. Capmbell图书馆（The Capmbell Library） 是Capmbell协作网的主要产品，是循证教育、司法正义、社会学等相关的系统评价研究首选资源库，并在不断更新。Campbell协作网（Campbell collaboration，C2)2000年在美国成立，是一个致力于生产和传播社会学相关干预措施效果的系统评价的国际研究网络，通过循证决策，高质量的公共与私人服务，促进社会积极转变。组织机构由指导委员会、五个专业组（教育、犯罪与司法、社会福利、方法学和用户）以及秘书处组成。Campbell协作网与Cochrane协作网在方法学与产出上有相似之处，均关注系统评价证据的制作与传播。但不同的是，Campbell系统评价制作应用领域超越了医学，更多关注社会、教育、精神、司法正义、社会福利等方面决策证据的生产与传播。至2010年5月Campbell图书馆已发表系统评价全文58篇，计划书93篇，注册题目115个，涵盖领域包括：社会与人类科学(162)、教育(60)、科学(53)、政治、法律和经济(36)信息与交流(5)和文化(2)等。其中的专业数据库C2 SPECTR(geb9101.gse.upenn.edu)收录了教育、社会工作和福利、犯罪正义相关随机对照试验达万余条，更多信息请查阅C2网站：www.campbellcollaboration.org或附录3-5提供的相关资源信息。

4. 其他常用英文资源网址（表4-16，附录3-5）

**表4-16　其他常用英文信息资源网址**

| 资源类别 | 资源名称 | 网址 |
|---|---|---|
| 国家图书文献数据库 | 医学图书馆网 | www.bireme.br/bvs/i/ibd.htm |
| | AMICUS-加拿大国家图书馆 | amicus.nic-bnc.ca/aaweb/amilogine.htm |
| | 澳大利亚国家图书馆目录 | ww.nla.gov.au/catalogue |
| | 大英图书馆 | www.bl.uk |
| | 美国国立医学图书馆LOCATOR | locatorplus.gov |
| | 国家技术信息服务目录 | www.ntis.gov |
| | 加拿大科学与技术信息 | cat.cisti.nrc.ca/ |
| | 克罗地亚中央医学图书馆 | smk.mef.hr/cml.htm |
| | 古巴医学杂志全文文摘（INFORMED） | www.informed.cu |
| | 中国学术期刊出版物中心服务网 | www.library.pitt.edu/gateway/ |
| | 非洲杂志在线 | www.inasp.ino/ajol/index.htm |
| | 俄美医学图书馆联盟（MEDLIBET） | www.pinpen.com/preview/medlibnet5.htm |
| 全文杂志 | BioMed Central | www.biomedcentral.com/browse/journals |
| | Public Library of Science（PLoS） | www.plos.org/journals/ |
| | PubMed Central（PMC） | www.pubmedcentral.nih.gov/ |
| | Free Medical Journals | freemedicaljournals.com/ |
| | HighWire Press | highwire.stanford.edu/lists/freeart.dtl |

| 资源类别 | 资 源 名 称 | 网 址 |
|---|---|---|
| 灰色文献 | The American Society of Clinical Oncology（ASCO） | www.asco.org/ASCO/Meetings |
| 经济学与社会学研究 | 卫生经济学评价数据库欧洲协作网 | www.euronheed.org |
| | 国际药物经济学评价与结局研究协会网 | www.ispor.org |
| | 英国伦敦大学社会学研究循证决策与实践信息中心（EPPI） | eppi.ioe.ac.uk/cms |
| | 美国心理学会信息 PsycINFO | www.apa.org/psycinfo/products/psycinfo.html |
| 健康促进 | BiblioMap-EPPI-Centre database of health promotion research | eppi.ioe.ac.uk /webdatabases/Intro.aspx?ID=7 |
| | Database of Promoting Health Effectiveness Reviews（DoPHER） | eppi.ioe.ac.uk/webdatabases/Intro.aspx?ID=2 |
| 生殖健康 | POPLINE（reproductive health） | db.jhuccp.org/ics-wpd/popweb |
| 护理与卫生联盟 | OTseeker（systematic reviews and appraised randomized trials in occupational therapy） | www.otseeker.com/ |
| | Physiotherapy Evidence Database（PEDro）（systematic reviews and appraised randomized trials in physiotherapy） | www.pedro.fhs.usyd.edu.au/ |
| | CINAHL- 医学、卫生与护理文献索引 | www.cinahl.com/ |
| 搜索引擎 | Google Scholar | scholar.google.com/advanced_scholar_search?hl=en&lr= |
| | Intute | www.intute.ac.uk |
| | Turning Research into Practice（TRIP）database（evidence-based healthcare resource） | www.tripdatabase.com |
| | SUMsearch | Sumsearch.uthscsa.edu |

## 二、常用中文数据库

### （一）中国生物医学文献数据库

1. 概况　中国生物医学文献数据库（Chinese Biological Medical Database，CBM）由中国医学科学院医学信息研究所开发研制的综合性医学文献数据库，检索功能完备，有光盘和网络版形式。其中，网络版是由中国医学科学院医学信息研究所与维普资讯有限公司共同合作推出，收录 1978 年以来 1800 多种医学期刊 540 余万篇文献，涉及基础医学、临床医学、预防医学、药学、口腔医学、中医学及中药学等生物医学的各个领域。年增文献 40 余万篇，数据每月更新。CBM 文献题录根据美国国立医学图书馆最新版《医学主题词表》、《中国中医药学主题词表》以及《中国图书馆分类法·医学专业分类表》进行主题标引和分类标引。

2. 主要检索功能　CBMWEB 检索入口多，检索方式灵活，可获得良好查全率和查准率。智能主题、多内容限定、主题词表辅助、主题与副主题词扩展、著者机构限定、定题检索、引文及被引文献检索、多知识点链接、检出结果统计分析等功能，使检索过程更快、更高效。一站式全文链接与全文传递服务系统能为用户提供更简捷的全文保障等。网址：sinomed.imicams.ac.cn/index.jsp。

3. CBM 检索途径和方法

(1) 基本检索：①进入基本检索界面，界面中"缺省"字段是题目、主题词、关键词、文摘、刊名内容的组合。②在检索式输入框中输入检索词或检索式，进行检索。注意：若检索词带有括号、连字符等符号时，用半角引号标出检索词。检索词可使用通配符、逻辑运算符等，选择是否进行精确检索。可对文献年代范围、文献类型、年龄组及性别等进行限定检索。③若在已有检索结果范围内进行二次检索，键入新检索词，选中"二次检索"前面的复选框，点击"检索"按钮即可。

(2) 主题词检索：启动检索系统，点击"主题检索"按钮进入。在"检索入口"后的下拉菜单选择中文主题词或英文主题词，输入相应检索词，可选用主题词的同义词、相关词、上、下位词。再点击"查找"按钮，显示包含该检索词的主题词轮排表。从中浏览选择相应主题词，并从主题词注释表中了解主题词注释信息和树形结构，选择是否进行扩展检索、加权检索及副主题词扩展检索等，点击"主题检索"按钮即可。有关 CBM 主题词功能描述见表 4-17。

表 4-17　CBM 主题词功能描述

| 主题词功能 | 描　　　述 |
| --- | --- |
| 加权检索 | 表示仅对加星号(*)主题词进行检索 |
| 非加权检索 | 表示对加星号(*)主题词和无星号主题词均进行检索 |
| 不扩展副主题词 | 仅限于当前副主题词检索 |
| 扩展副主题词 | 是对当前副主题词及其所有下位副主题词进行检索 |
| 全部副主题词 | 表示检索主题词与所有副主题词组配的文献 |
| 无副主题词 | 表示主题词不组配任何副主题词 |

4. 结果处理

(1) 显示：可设置显示格式（如题录及详细格式）和排序方式（如年代和相关度），每页可最多显示 100 条。

(2) 保存：点击"输出范围"，可以保存全部记录、当前页记录或指定记录号，以文本或文件格式保存，每次保存题录最多不超过 500 条。

(3) 检索策略存储与下载：在基本检索窗口选择"文档"下拉菜单系统"检索策略存储"选项，弹出对话框，可存储检索式供调用再次检索或修改检索策略。

(二) 中国期刊全文数据库

1. 概况　中国知识基础设施（China National Knowledge Infrastructure，CNKI），由清华大学、清华同方发起并建设中国期刊全文数据库，收录 1994 年至今国内近 8000 种期刊杂志，300 所大学研究院所博士、硕士论文，1000 种学术会议论文集，1000 种重要报纸文章，实时数据更新。产品形式有 WEB 版（网上包库）、镜像站版、光盘版、流量计费。每个题录文件中最多保存 50 条记录，网址：www.cnki.net。

2. 主要检索功能与检索字段　主要功能包括：简单检索、标准检索、高级检索、专业检索、引文检索、学者检索、科研基金检索、句子检索和文献出版来源检索等。常用检索字段包括：SU= 主题、TI= 题名、KY= 关键词、AB= 摘要、FT= 全文、AU= 作者、FI= 第一作者、AF= 作者单位、JN= 期刊名称、RF= 参考文献、RT= 更新时间、PT= 发表时间、YE= 期刊年、FU= 基金、CLC= 中图分类号、SN=ISSN、CN=CN 号、CF= 被引频次、I=SCI 收录刊、EI=EI 收录刊、HX= 核心期刊。

3. CNKI 检索途径和方法　进入检索系统,首先选择查询范围"医药卫生",内设精确检索和模糊检索方法。精确检索是指结果完全等同、包含与检索字(词)完全相同的词语;模糊检索是指检索结果包含检索字(词)或检索词中的词素。

(1) 简单检索:直接在检索框内输入关键词,快速搜索文献。

(2) 标准检索:首先输入检索范围控制条件,如发表时间(最近一年)、文献出版来源等;再输入目录文献内容特征信息,如题名、主题、关键词等,点击"检索文献",得到结果。最后对检索结果,按文献所属学科进行分组,根据发表时间进行排序,筛选得到所需文献。

(3) 高级检索:步骤同标准检索。可对时间、题名、主题、关键词、作者、单位和文献来源等进行相应限定检索,在相应检索框内输入检索词,点击"检索文献"即可得到结果。

(4) 专业检索:输入(KY = "近视"or TI= "近视")and(KY=("针刺"+"针灸")or TI=("针刺"+"针灸")or SU=("针刺"+"针灸")or TI= "压"or TI= "穴"),点击检索文献,得到结果。

4. 结果处理

(1) 显示:文献浏览可按发表时间、相关度、被引频次和下载频次进行排序,结果显示可以按摘要和列表显示,每页最多可显示 50 条。

(2) 保存:选定满意记录,点击"存盘",CNKI 提供了九种保存格式:简单、详细、引文、自定义、RefWork、EndNote、NoteExpress、查新和同方知网 pdl。如选择"EndNote"格式,选择输出到本地文件,点击保存即可。同理,回到检索结果页,先按清除,取消标记记录,再点击下页和全选,51~100 条记录标注,再点击存盘,选择"EndNote"格式和"输出到本地文件",如此反复,直到所有记录均导入到本地磁盘。

**(三) 维普数据库**

1. 概况　维普数据库(VIP)中文科技期刊数据库是科技部西南信息研究所重庆维普有限公司(VIP)研制的一种综合性科技期刊全文数据库。收录自 1989 年以来约 12 000 种中文杂志刊载的 1500 余万篇文献,收录范围覆盖自然科学、工程技术、农业科学、医药卫生、经济管理、教育科学、图书情报及社会科学领域,网址:www.cqvip.com 。

2. 主要功能　有快速检索、传统检索、高级检索、分类检索和期刊导航。检索规则严格按照从上到下顺序进行,提供有扩展功能,可查看同义词、同名 / 合著作者、分类表、相关机构或期刊导航情况。

3. 检索方法　在主页点击高级检索按钮进入检索界面,检索方式有向导式检索和直接输入式检索两种。在检索框内输入检索词,选择检索项、逻辑、匹配度、扩展检索条件(时间、专业、期刊范围),点击"检索"即可。

4. 结果处理

(1) 显示:检索结果可以概要、文摘、全记录方式显示,每页最多显示 50 条。

(2) 保存:点击"下载"按钮,选择下载内容格式(概要显示、文摘显示、全记录显示、引文标准格式显示、ENDNOTE 格式、NoteExpress 格式、自定义输出等),即可将检索结果保存备用。

**(四) 万方数据资源系统**

1. 概况　万方数据资源系统是基于因特网的大型中文网络信息资源系统,是一个以科技信息为主,收录理、工、农、医、哲学、人文、社会科学、经济管理、文化教育等 100 多个类目、6000 余种核心期刊综合信息系统,涵盖中国医学院医科硕、博士学位论文、生物、医学学术会议论文和中国医药专利全文等。系统提供有刊名检索、经典检索、专业检索和高级检索方式、浏览和保存格式（导出列表、参考文献、文本、XML、NoteExpress、Refworks 和 EndNote）。网址：www.wanfangdata.com.cn。

2. 检索方法　首先，选择检索范围（学术论文、期刊、学位、会议、专利、标准、成果、法规等），点击学术论文医药卫生检索界面，然后选择检索框旁高级检索按钮进入，可在标题、摘要、关键词等相应检索框内输入检索词，点击"检索"即可。此外，在检索结果页面提供了二次检索功能，可以通过标题、作者、关键词、论文类型、发表年份、有无全文等条件再次检索。

3. 结果处理

（1）显示：检索结果可以概要、文摘、全记录方式显示，每页最多显示 30 条。

（2）导出：在检索页面底部点击"导出"按钮，根据导出列表选择适当导出格式（参考文献、文本、XML、NoteExpress、EndNote 等），即可实现"复制"或"导出"功能。

# 第四节　常用文献管理软件简介

## 一、文献管理软件使用必要性

传统收集和整理文献资料需要花费很多时间和精力，文献管理主要是利用 Word 或 Excel 表格查找相应文献存储名，对应电子文献阅读器打开文献阅读和做笔记。当电子文献积累到一定数量时进行二次检索就很困难，特别是当来自多个数据库的检索结果有重叠时，借助专业的文献管理工具，即文献管理软件，可以达到事半功倍的效果。

## 二、文献管理软件简介

文献管理软件（Reference Management Software，RMS），是记录、管理各种途径获得的引文格式文献，具有高效去重、整理、排序、导入、导出和自动生成参考文献列表等功能，支持文献检索、阅读和引用，实现文献索引和文献内容一体化管理等。目前，常用文献管理软件有 EndNote、Reference Manager、ProCite、NoteExpress 和医学文献王等。文献管理软件多需要付费购买，现摘要介绍其中常用的三种文献管理软件。

1. EndNote　文献管理软件首选最新版 EndNote，界面简单，搜索查询方便。主要功能有：通过在线检索，高效建立个人图书馆；具有良好数据库管理功能，定制文稿、剔除重复文献、合并文献库，轻松维护；可在 Word 轻松写入参考文献，并随刊自动调整格式；提供来自各领域顶级刊物论文模板等功能。EndNote 网址：www.endnote.com。

2. 医学文献王　由北京金叶天翔科技有限公司开发的医学文献管理软件，支持网上检索、本地检索、专业化文献管理和自动化嵌入参考文献。主要特点：①直接检索 PubMed：用户可直接对 PubMed 数据库进行检索和下载。② PubMed 自动更新：通过建立自动更新任务，实现长期跟踪。③自动生成参考文献和引用编号：安装该软件后，程序会自动在 Word 中嵌入《医学文献王》工具条，在 Word 当前光标所在位置，插入选中的参考文献，自动生成学术期刊要求的参考文献格式；附带数百种国内外医学杂志的参考文献格式，参考文献格式可根据需要调整；对文章中引用进行增加、删除、修改及位置调整之后，将自动进行新的序号编排。④管理包括 PubMed、OVID、CBM 等 59 种不同来源文献资料以及文献管理软件

EndNote，Reference Manager 的支持格式 RIS。

3. NoteExpress 中文支持良好，操作简便，支持电子文献数据批量导入，可对电子文献做标记、支持在线检索、下载，管理文献资料和论文。主要特点：①关键性能较好，导入文献资料速度快；②文献资料与笔记功能协调一致，可管理参考文献资料和硬盘文章；③可直接在软件中检索 PubMed，ISI，CNKI、VIP 等；④只需在数据库中保存一条记录，同一参考文献信息或笔记可属于多个目录；⑤支持多数参考文献导入格式和自编文献格式；⑥支持多语言格式化输出；⑦有标记文献阅读状态、显示题录所在文件夹等多项设计。网址：www.scinote.com 。

### 三、参考文献导入文献管理软件要点

由于文献管理软件只能识别特定格式的文件，能否顺利地将检出参考文献导入相应文献管理软件，关键在于选择正确的导出格式。如大部分文献管理软件能识别 MEDLINE 格式，故在检索 PubMed 后进行结果导出时应在显示（Display）下拉菜单中更改默认显示格式'Summary' 为 'MEDLINE'。若想导出 OVID 检出结果，需要注意：不同的选择格式对应不同的文献管理软件。例如，导出结果时若选择 'OVID' 只能导入 NoteExpress 软件，而选择'Reprint/Medlars' 才能导入文献到 EndNote 管理软件。当导入中文文献到管理软件 EndNote时，CNKI 和新版 CBM 须使用 Text translation 选择格式 Unicoode（UTF-8），其他数据库则须使用 Chinese Simplified（GB18030），才能正确导入文献到 EndNote 中。注意 CBM 与 PubMed 均需在导出结果之前选择显示格式。各数据库与常用文献管理软件对应过滤器列表见表4-18。

表 4-18　各数据库与常用文献管理软件对应过滤器

| 数据库 | EndNote | 医学文献王 | NoteExpress |
| --- | --- | --- | --- |
| PubMed | PubMed（NLM） | PubMed（NLM） | PubMed |
| OVID（MEDLINE） | Reprint/Medlars | OVID MEDLINE | OVID |
| EMBASEcom | RIS format（EndNote） | RIS format | — |
| CNKI | EndNote Import | Refworks | NoteExpress |
| VIP | EndNote Import | VIP | NoteExpress |
| CBM | — | CBMdisc | — |

注：—是没有预设过滤器，需要利用软件自定义过滤器。

表 4-18 并不支持中文数据库格式，可利用 EndNote 软件自定义过滤器功能，也可将记录先导入 NoteExpress，再导出转化成能被 EndNote 识别的格式。

### 四、利用 EndNote 进行文献管理

考虑到 EndNote 能兼容中英文文献，现主要介绍该软件如何实现文献查重和筛选功能。

1. 文献查重　首先把检索结果导入一个库文件，在菜单栏选择 "References" 中的 "Find Duplicates" 即显示查重结果，即最后导入数据库的记录与之前导入的有重复时（图 4-5），可将重复结果直接删除或选择移到指定目的处。

2. 文献筛查　就是根据纳入排除标准、文献标题和摘要，对文献进行逐一筛查，判断哪些文献应该纳入或排除。可利用 "Notes" 字段记录筛查结果，因其内容常为空，且靠近摘要字段，便于筛选文献时作记录。

**图 4-5** EndNote 软件进行文献查重结果示意图

如果需要统一编辑"Notes"字段内容,比如清空"Notes"中所有内容,首先需选定拟操作区,如按"Ctrl+A"选定全部字段;其次点击菜单栏"Tools"中"Change and Move Fields"即打开相应操作窗(图4-6)。注意:此时首先需要修改拟编辑字段,即在"In"提供的下拉框中选择"Notes",然后在"Change"中选择"Replace whole field",可用"空格"替换字段相应内容。若选择"Clear file",是清除"Notes"字段内所有内容。读者在操作前,一定要仔细检查是否对选项作出了正确选择。之后,即可根据系统评价纳入排除标准,依据题目和摘要信息,逐

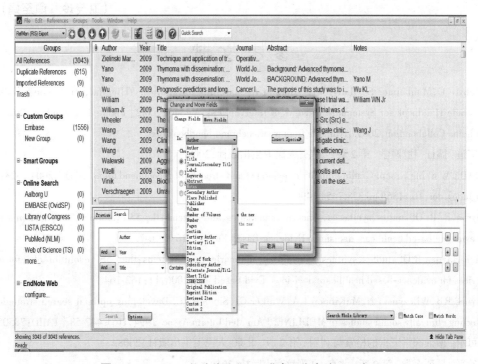

**图 4-6** EndNote 软件修改"Notes"字段内容选项示意图

条进行筛选,并在 Notes 字段标出"纳入"、"排除"和"待定"标志。若要查看已经筛查了的结果,可利用"Edit"菜单"Preferences"中设置希望显示的字段(Display Fields),如 Notes。然后利用工具栏中的排序(Sort Library)功能,就可以把已筛查过的文献排列在一起(图 4-7)。

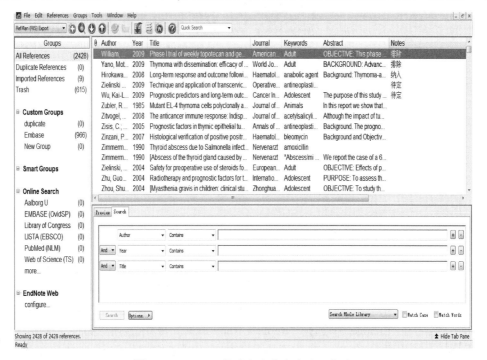

图 4-7　EndNote 软件文献筛查结果示意图

(卫茂玲　谭至娟)

# 参 考 文 献

1. Lefebvre C, Manheimer E, Glanville J. Chapter 6：Searching for studies. //Higgins JPT, Green S (editors). Cochrane Handbook for Systematic Reviews of Interventions. Version 5.0.2 [ updated September 2009 ]. The Cochrane Collaboration, 2009. Available from www.cochrane-handbook.org.

2. 史宗道 . 循证口腔医学 . 第 2 版 . 北京：人民卫生出版社, 2008.

3. GRADE Working Group. Grading quality of evidence and strength of recommendations .BMJ　2004 ; 328：1490 (19 June), doi：10.1136/bmj.328.7454.1490

4. Haynes, R. B. Of studies, syntheses, synopses, summaries, and systems：the 5S evolution of information services for evidence-based healthcare decisions. Evidence-Based Nursing, 10 (1), 6-7.

5. Brian Haynes R.Of studies, syntheses, synopses, summaries, and systems：the "5S" evolution of information services for evidence-based healthcare decisions. Evid Based Med 2006, 11：162-164.

6. Haynes RB, Wilczynski N, McKibbon KA, Walker CJ, Sinclair JC. Developing optimal search strategies for detecting clinically sound studies in MEDLINE. J Am Med Inform Assoc. 1994, 1 (6)：447-58. [ PMID：7850570 ].

7. 邓可刚 . 循证医学证据的检索与利用 . 第 2 版 . 北京：人民卫生出版社, 2008.

8. 李幼平 . 循证医学 . 第 2 版 . 北京：高等教育出版社, 2010.

# 第五章　临床研究选择和纳入

## 第一节　临床研究选择和纳入的重要性

系统评价,尤其是 Cochrane 系统评价,与普通综述有着本质的差别。其有别于普通综述的一个重要特点就是系统评价预先设定好了一个严格的文献纳入和排除标准,并有详细的文献选择过程,以此来评估所有可能合格的文献是否满足系统评价的选择标准,从而决定该文献是否被纳入。普通综述在纳入文献时,没有一个具体的纳入标准,综述中所涉及的文献,其研究和观察的人群有可能彼此并不相似和相同;在纳入文献时,普通综述没有详细而明确的文献选择过程,其文献研究的类型可能并不一致,文献质量良莠不齐,部分文献研究有可能是重复发表或被重复引用,夸大了研究结果的差异,导致了研究结果的不可靠,文章论证强度的低下。而系统评价通过详细而严格的选择流程和纳入标准的制订,克服了普通综述这一缺点,使结果的可靠性和论证强度都大大增加。也由此可见,一个系统评价的完成过程中,临床试验的选择和纳入是其核心环节之一,该环节使用的方法必须透明并尽可能减少偏倚和人为的错误。

## 第二节　临床研究选择和纳入标准流程

既然一个 Cochrane 系统评价中,临床试验的选择和纳入是如此的重要,那么,选择和纳入临床试验研究的步骤是怎样的呢? 表 5-1 就是一个 Cochrane 系统评价选择和纳入文献研究的标准流程。而在每一个系统评价的计划书中都应该详细描述该系统评价中临床试验选择和纳入的具体流程。在系统评价全文中,附上文献选择和纳入流程图(flow chart)会更好地帮助读者快速又直观地了解该系统评价最终纳入和排除文献相关情况。

表 5-1　临床研究选择和纳入标准流程

1. 在文献检索之后,应该通过"参考文献管理系统"等文献管理软件来管理检索结果,建立数据库,去除明显的同一研究的重复发表;
2. 初筛——仔细阅读文献的题目和摘要,排除明显不相关的文献研究;
3. 查找可能符合纳入标准的相关文献全文;
4. 将同一研究的不同结果报道整合在一起;
5. 全文筛选——仔细阅读文献研究的全文,讨论该文献是否满足系统评价原始文献纳入标准;

6. 文献研究的相关信息不全或不清楚时,需要进一步获取相关信息。有时可以从文章中合理地推出所需要的信息。如果不能推导出,就可能需要联系文献的作者以获得进一步的信息;

7. 最后就文献是否纳入做出最终结论。

# 第三节　临床研究选择和纳入基本步骤

系统评价制作过程中,在进行临床试验的选择和纳入时,包括三个基本步骤:初筛(the first sift-prescreening)、全文筛选(the second sift-selection)和获取更多信息(getting hold of extra information)。

## 一、初筛

初筛是通过仔细阅读所检索到的全部文献研究的题目和摘要来完成的。在初筛阶段,通过阅读文献的题目和摘要,来判断该研究与系统评价的研究问题之间是相关或是不相关,节省了寻找成百上千篇全文文献的时间。初筛标准较全文筛选的标准简单并且易于操作,常常只包含了文献研究类型、所关注的研究对象临床特点和所关心的干预措施这三个方面。在初筛阶段,进行初筛的作者应该将执行标准放得较为宽松,因为文献一旦被排除,就没有机会再次讨论以及再次被纳入,所以,除非非常肯定该文献与研究课题不相关,否则文献应该被留下,进入全文筛选阶段。对于排除的文献,需要给出排除的理由。

## 二、全文筛选

在初筛完成之后,对于初筛选出的可能合格的文献进一步获取全文。仔细阅读和评估文献全文的方法学部分,提取文献中的相关信息,以确定文献是否符合系统评价的纳入标准,并决定该文献是否纳入,这就是全文筛选过程。一般说来,为了简化选择过程,提高系统评价的可信度以及提供对每个文献研究的决策记录,需要设计全文筛选表格(具体举例见本章第六节图 5-2、图 5-3 和图 5-4)来协助完成全文筛选。那么,全文筛选时,根据什么标准来纳入临床试验研究? 纳入标准的设定和基本构成是什么? 包含哪些内容? 这些内容的标准分别是什么呢?

Cochrane 系统评价中,纳入标准综合了所提出临床问题的各个方面以及回答这些临床问题的研究类型。临床问题中的研究对象,干预措施和对照措施常常直接转入系统评价的纳入标准之中。关于防治性研究系统评价中,临床试验研究的选择纳入标准主要包含了四个方面:①研究的设计类型(types of studies);②研究对象(types of participants);③干预措施和对照措施(types of interventions);④结局指标(types of outcomes measures)。除此之外,选择纳入标准还可能涉及文献的发表类型和形式,文献的语种等。研究结果通常并不作为纳入标准中的一部分,因为标准的 Cochrane 系统评价一般说来是寻找针对某一研究人群的某一干预措施的所有研究,而不在乎这些研究的结果如何。然而,偶尔有些评价也将某些特定的研究结果作为纳入标准之一。比如,在同一人群中因为不同的研究目的而观察同一干预措施(例如:激素替代治疗或者阿司匹林的服用),或者系统评价本身就是评估在不同情况下使用的同一干预措施的不良反应。

下面我们就 Cochrane 系统评价中,临床试验研究纳入标准应该包括的相关内容逐一进行详细描述。

### (一) 研究对象

系统评价中所包含的研究对象(participants)的类型需要足够的宽,以包含尽可能多样的研究,同时也应该给予充分的限制以保证整合研究时,可以获得有临床意义的答案。经常从两个方面来考虑研究对象的类型:第一,应该用一个清晰的外在标准来明确疾病或者受关注的疾病状况是否存在(即诊断标准必须明确),同时也应该避免设定的标准强制性地排除了某些不应该被排除的研究。比如,如果制定的纳入标准中涉及的疾病诊断标准是最新的金标准,那么在更早一点的研究中,该金标准并没有被使用;在许多国家、地区或机构,昂贵或者最新的诊断试验也可能不能被获得。所以,如果设定最新的诊断标准为纳入标准的一部分,就会遇到这种情况,而导致很多不应该被排除的研究被排除。第二,应该界定一个较为宽泛的研究人群和研究机构。必须在研究对象的描述中包括研究人群的一些特征,诸如:年龄、性别、种族、教育程度以及某些疾病状况是否存在。同时系统评价有可能只关注某一机构的情况,比如社区、医院、护理机构或者门诊等,如有必要,也须描述清楚。对纳入标准中研究对象和研究机构的限制应该具有一定的合理性。在 Cochrane 系统评价中应该详细解释因为观察对象的特点不符合纳入标准而被排除的原因。比如:有一个系统评价关注的是40~50 岁女性乳房 X 线检查的有效性,其生物学合理性、以前发表过的系统评价和存在的争议等使该系统评价有充足的理由存在。但是,另一方面,如果没有任何生物学和社会学的合理性,只关注某些特定的亚组(比如年龄、性别或者宗教信仰),这种系统评价的临床实用范围就较窄了。有时,并不确定在不同亚组之间效应是否有重要的差异,最好是包括所有可能的相关亚组,然后在分析时检验亚组效应差异的重要性和合理性。这些都应该在系统评价的计划书中提前设计好。研究对象类型及要点总结见表 5-2。

**表 5-2 研究对象类型及特点**

当纳入标准中包括研究对象时,需要考虑以下几方面:

- ☞ 疾病的诊断标准是什么?
- ☞ 研究对象最重要的特征是什么?
- ☞ 是否包括相关的人口学特征?
- ☞ 研究机构是哪种类型?
- ☞ 谁来做出诊断?
- ☞ 是否应该从系统评价中排除某些类型的对象?(因为这些对象有可能以不同的方式对干预措施发生反应)
- ☞ 怎样处理仅仅包含了研究对象的某一亚组的研究?

### (二) 干预措施

纳入标准中的第二个关键要素是详细说明系统评价所关注的干预措施(interventions)和与干预措施进行比较的对照措施(control)。尤为重要的是,一定要表述清楚,干预措施是与一些阴性对照措施进行比较(比如:安慰剂、不治疗或者标准治疗),还是和阳性对照措施进行比较(比如:同一干预措施的不同剂量,不同的药物或者不同种类的治疗措施)。当干预措施是药物时,药物的一些相关因素诸如:药物的剂型、给药途径、剂量、疗程和给药次数都应该考虑在纳入标准中。对于一些复杂的干预措施(比如患者教育或者行为干预),干预措施的重要特点需要提前阐述清楚。其次,谁来实施干预措施,参与实施干预措施的人员是否经过训练等都有可能需要写进纳入标准中。应该考虑在干预措施中是否存在某些很大的变异以至于可能会对研究对象和研究结果产生实质性的不同效应,如果这样,就必须对干预措施进行某些限制。干预措施的类型及要点总结见表5-3。

**表5-3　干预措施的类型及特点**

当纳入标准中包括干预措施时,需要考虑以下几方面:

☞ 什么是系统评价关注的干预措施和对照措施?

☞ 干预措施存在变异?（比如:剂量,给药方式,给药者,给药次数和给药疗程的不同）

☞ 是否包括了干预措施的所有变异?（比如:是否存在一个临界剂量,低于此剂量,干预措施可能在临床上并不适当）

☞ 仅仅包括了一部分干预措施的研究如何处理?

☞ 不仅包括了感兴趣的干预措施,还联合使用了另一种干预措施的研究如何处理?

**(三) 结局指标**

纳入标准中的第三个关键要素是详细说明系统评价所关注的结局指标(outcome measures)。首先列出需要观察的重要相关结局指标,然后按结局指标优先顺序排列。

1. 列出相关结局指标　对于系统评价而言,研究结果一般不作为临床试验研究是否纳入的决定因素。一般而言,Cochrane 系统评价应该包括所有对临床医师、患者、大众、管理人员和政策制定者有意义的结局指标。如果文献研究中的结局指标对于临床决策者是没有意义的,就不应该包括纳入在系统评价中。而另一方面,有意义并被系统评价纳入的结局指标却不一定出现在原始文献研究中。比如:对于晚期癌症患者考虑是否化疗时,生活质量是一个重要的并有可能是最为重要的指标,但是鲜有研究报道此结果,而多数临床研究仅仅报道了患者是否存活。在系统评价中包括所有重要的结局指标有助于发现原始研究中的缺陷并鼓励研究者在未来的研究中关注并弥补此缺陷。

系统评价中应该包括所有重要的结局指标,而微小的差异或者不重要的数据或结果会潜在地误导读者,应该避免。另外,中间结局指标(间接或替代结局指标),诸如实验室检查结果或者影像学检查结果,因为它们可能不一定准确地预测临床重要结果,也具有潜在的误导性,应该尽量避免作为主要结局指标,或者应该慎重地进行解释。中间结局指标可能提供了干预措施如何起效的信息而没有提供干预措施是否有效的信息。常见的情况是,干预措施改善了中间结局指标,而对于临床相关的终点指标,却没有改善或者存在有害效应。有时,也有一些干预措施对于中间结局指标没有效果,却改善了临床相关的终点指标。

结局指标可以包含存活事件(死亡率)、临床事件(比如:卒中或者心肌梗死的发生)、患者报告的结果(比如:症状或生活质量的改变)、副作用、负担(比如:对照护者的需要,对生活模式的限制等)和经济学指标(比如:花费或对于资源的使用等)。在系统评价中要事先表明哪些指标被用作评估副作用和哪些指标被用作评估益处。如果考虑结果的合并,也需要事先明确。

评价者还要考虑结局指标的测量方式。结局指标可以是连续性变量,以数量的方式被测量(如血压、血糖、血脂水平变化等);也可以是分类性变量,以数值的方式被测量(如发生心血管事件的次数等)。结局指标可以是一些客观指标(比如:血压,脑卒中的次数等);也可以是医师、患者或者照护者来衡量的一些主观指标(比如:疼痛缓解程度、残疾量表等)。

结局指标的选择有时较为困难。相关结局指标可以来源于评价者的临床经历、证据使用者和顾问组的建议或者来源于文献研究。需要首先明确这些结局指标是否已经被发表过,有助于我们明确这些指标是否可以使用。了解关注同一临床问题的不同系统评价,其结局指标是否一致,可以使本系统评价中选择结局指标的过程更为容易些。对于系统评价的作者而言,当他们在自己的评价中考虑结局指标的类型和结果测定的方式以及时间时,参考相关系统评价的结局测定是非常有帮助的。此外,一些地区正在逐步约定随机试验中使用相对一致的结局测量方式,这对于此后的系统评价将非常有帮助。不应该基于任何已经预料到的或者被观察到的效应强度来选择结局指标,也不能因为这些指标可能已经出现在被评价的文献研究中而选择它们。

2. 将结局指标按优先次序进行区分 一旦系统评价中已经罗列出了相关结局指标,作者就应该将这些结局指标进行优先次序进行区分。一般来说,结局指标是与所评价临床问题相关的,对于临床决策非常重要的结果,应该将其数目控制在 7 个以内。主要结局指标是从结局指标中选取的,其数目应该不超过 3 个并且最好不包括中间结局指标,应该包括至少一个有益的结果和一个有害的结果(比如分别评价干预措施的益处和副作用)。次要结局指标是结局指标中除了主要结局指标以外的一些结果。同时也可以包括一些额外的结果,比如:实验室结果和其他一些中间指标,虽然它们在信息决策时不如主要结局指标那么重要,但是它们对于揭示干预措施的作用和决定干预措施的完整性时有帮助。

3. 不良反应 Cochrane 系统评价不仅关注干预措施的益处,同时也关注其不良反应(adverse effects)。系统评价的作者应该仔细考虑怎样在系统评价中包含一些关于不良反应的数据,并且至少要有一项不良反应的评估被纳入主要研究结局指标中。

4. 经济学指标

Cochrane 系统评价有时需要为政策决策者提供证据。而政策决策者需要考虑干预措施的经济学因素(economic data),比如是否该干预措施的应用可以导致资源的更有效利用。经济学数据,诸如资源的使用率,成本或成本 - 效益比等,就可能被包含在系统评价的结局指标之中。

结局指标类型及要点总结见表 5-4。

**表 5-4 结局指标类型及特点**

| |
| --- |
| 当纳入标准中包括结局指标时,需要考虑以下几方面: |
| ☞ 结局指标是对医疗决策和病人非常重要的结果 |
| ☞ 主要结局指标是结局指标中的两项或三项 |
| ☞ 次要结局指标是剩下的结局指标和额外的对于解释干预措施的效应有用的结局指标 |
| ☞ 结果必须覆盖潜在的以及确实的副作用 |
| ☞ 考虑所有潜在与政策决定相关的结果,包括经济学指标 |
| ☞ 考虑结局测定的类型和测定的时间 |

**(四) 研究类型**

某些研究设计(design)比另外一些研究设计更适合回答某些问题。因此,在纳入标准的设计中,系统评价的作者还需要考虑什么样的研究设计能提供更可靠的数据来回答系统评价所关注的问题。

因为 Cochrane 系统评价关注的临床问题常常是关于防治性医疗措施的效果,所以,随机对照试验是回答此类问题的主要研究类型。随机是在不同干预组之间,防止已知和未知混杂因素引起研究对象的基线特征出现系统性偏差的唯一方法。对于临床干预措施而言,谁接受干预措施,谁不接受干预措施受很多因素包括许多预后因素的影响。一般而言,非随机研究与随机研究相比,其观察到的医疗干预的阳性结果更多,受偏倚的影响更大,而且偏倚的程度甚至方向都是很难估计和预测的。因此,许多 Cochrane 系统评价只纳入随机试验,其纳入随机试验的方法也并不适用于纳入其他类型的研究。而如果纳入随机研究以外的其他类型的研究,系统评价本身可能需要一些额外的努力来保持系统评价持续更新,也由此可能增加了系统评价的结果被发表偏倚影响的危险。

有时,尽管系统评价只限于纳入随机试验,研究设计的某些特殊的方面也应该被考虑。比如:是否需要纳入簇状随机试验和交叉试验,是否使用了安慰剂,对于结果的评估是否使用了盲法,随访的最短时间是多少等。还需要衡量严格的研究设计和不严格的研究设计之间的不同,前者可能纳入了低度偏倚的研究文献,但是通常研究样本量较小;后者可能纳入了偏倚较高的文献,但是样本量更大。

### 三、获取更多信息

有时,我们可以发现,即使获得了研究文献的全文,仍然没有我们所需要的信息。比如,可能文献并没有表明该研究是怎样进行随机分配的;也可能文献没有写清楚参与者的类型如何;有时,甚至发现文献没有提供我们所需要的结局指标。当文献研究的相关信息不全或不清楚时,需要进一步获取相关信息。有时可以从文章中合理地推断出所需要的信息。比如,有研究表明其纳入的是 60 岁以上的妇女,此时,可以假设所有纳入的女性都是绝经后妇女,而不需要就此问题去询问作者。如果不能推导出相关信息,就需要寻找进一步的资料。一个方法是去检索同一研究的其他相关报道,其有可能包含了更多的信息;另一个方法是联系文献的作者以获得进一步的信息。

## 第四节　临床研究选择和纳入基本原则

在制作系统评价全文时,临床试验研究的选择和纳入是一个主观判断过程,难免会发生偏倚和人为的错误。尤其是有时需要对上百,甚至上万篇检索出的文献研究进行筛选,决定是否纳入时,如何保证文献选择和纳入的准确可靠,尽可能减少偏倚和人为错误,同时又节省时间呢? 掌握文献研究选择和纳入的基本原则就非常重要。以下就系统评价中,对文献选择和纳入的基本原则进行讨论。

**(一) 选择标准的排序应该先重要、再次要**

选择标准包含了对文献研究的很多方面的评估,有时只要有一项重要标准不满足,就足以将该文献排除于系统评价之外。因此,在实际操作中,设计文献筛选表格时(主要指全文筛选表格),系统评价纳入标准的项目应该按照项目的重要性进行排序。一旦有一项标准不能满足,就可将该文献研究排除,不需要再进行此后的评估。例如2004年加拿大 McMaster 大学循证实践中心制作的有关"药物治疗痴呆"的证据报告,选择标准中有一条是非英文发表的研究文献不纳入,将该选择标准排在最前面,凡是非英文发表的文献就很快被排除了,就不必再评价文献中研究对象、干预措施以及结局指标是否符合选择标准。

### (二) 不能根据研究结果来决定是否纳入文献

之前已经提及,决定文献研究是否纳入是基于文献研究的设计(方法学部分)。有一些系统评价的作者常常是在关注了文献研究本身的研究结果之后,再根据结果来决定文献是否被纳入。这种做法会给系统评价带来极大的偏倚,应该避免。

### (三) 如果要改变系统评价所提出的临床问题

在开始系统评价之前就应该在计划书中提出临床问题,但是这些问题不应该成为阻止探讨一些意外问题的障碍。系统评价是分析已经存在的证据,这些证据受限于以前所选择的研究人群、研究机构、干预措施、结果测定和研究设计。对于一个系统评价,如果没有与所关注问题相关的临床研究,就不能对该评价构成一个可以回答的问题。此时,就需要从证据的角度来调整系统评价所提出的问题。虽然当充分的证据被获得之后,系统评价需要对临床问题进行某些变动和重新界定,但是必须关注由此可能产生的偏倚。前面已经提及由结果数据所产生的临床问题可能导致错误结论的发生。因此由修改系统评价的问题而导致的计划书的任何变化都应该记录在案。并需要用敏感性分析来评价系统评价的结果所发生变化的影响。

### (四) 临床问题的范围

系统评价提出的临床问题可以是个范围比较广的问题,也可能是个范围比较窄的问题。比如:临床问题可以是:抗血小板药物是否可以有效地阻止人类的所有血栓性疾病,这是一个范围广的问题。另一方面,系统评价也可以关注某一个特定的抗血小板药物,比如阿司匹林,是否可以有效地降低有卒中史的老年人的再次卒中,这就是一个范围更窄的问题。系统评价所关注的临床问题的范围取决于多种因素,包括问题本身的生物学和流行病学信息、对该问题的回答的有效性和潜在的综合性以及可获得的资源等。范围广的问题和范围窄的问题各有优缺点。范围广的系统评价的有效性有时被批判为"混合了苹果和橘子",特别是当生物学和社会学证据都提示一个干预措施以不同的方式起作用,或者不同的临床状况是和干预的不同效应相联系时。

实际操作中,Cochrane 系统评价可以从一个范围广的临床问题开始,当证据积累到一定程度,原始评价变得困难时,可以将该系统评价划分为范围更小的评价。系统评价作者在与他们的 Cochrane 协作组协商时,必须了解该组是否有将范围广的系统评价划分为范围窄的系统评价的先例,这样做是否适当,有无现成的方法等。如果产生了重大变化,比如将一个广泛的系统评价拆分为一系列范围更小的评价时,需要针对新问题重新发表新的计划书。

## 第五节　临床研究选择和纳入注意事项

### (一) 文献选择和纳入是一个主观判断过程

决定一个文献研究是否纳入是系统评价的关键环节,在这个环节中需要系统评价者的主观判断,而人都会犯错误,人都会有偏倚,因此该环节也是最容易出错的环节。由此纳入和选择研究的一个重要注意事项就是试图减小错误和偏倚。其中一个办法就是让一个以上的人来分别进行初筛和全文筛选,独立地做出决定,然后将其结论进行比较。一旦两个评价者的结论不一致,通过讨论来解决分歧。如果讨论仍然不能解决分歧,让第三方来进行判断和仲裁。这样可以有效地避免犯错误和缩小偏倚。如果是因为文献中的信息不足而导致分歧不能解决,需要将此文献划入等待评价范畴,等有足够的额外信息补充后,再决定文献是否纳入。有时,如果评价员之间的差异过大,需要重新审视已经制定的纳入标准是否合适。

**(二)评价者的临床经历和专业也会影响研究文献的纳入**

有时,系统评价的文献评价员包含了所涉及的临床专业的专家。而专家可能有一些预先形成的观念影响他们对于研究的相关性和有效性的评估。另一方面,如果对某一领域的知识完全没有了解又很难对文献研究做出判断。缩小这种偏倚的方法就是让不同背景的研究者,比如:一个专业人员和一个非专业人员,来做系统评价的文献评价员,对研究做出判断。

**(三)盲法评价**

也有建议,对系统评价的文献评价员隐瞒文章的某些细节,比如:杂志的名字、作者、作者单位等,可以减少初筛或全文筛选偏倚的发生。但事实是,这种做法耗时耗力,却没有对meta- 分析的结果产生实质性的有区别的影响,所以,除非有必要,否则不予盲法评价。

**(四)预试验**

对于多数系统评价,需要进行文献选择和纳入的预试验。即根据系统评价计划书预先制定的选择标准,设计文献筛选表格(主要指全文筛选表格)之后,选取 10~12 篇文献研究(应该包括肯定纳入的、可能纳入的和排除的文献),用此选择标准进行筛选和评估,以此讨论此选择标准是否合适。预试验可以用于重新界定和澄清纳入标准,同时也可以训练文献评价者,保证纳入标准可以同时被两个以上的评价者使用。

**(五)文献重复发表**

一旦在系统评价中纳入了重复发表的文献研究,就会重复合并研究结果进行分析,可导致给某个研究的权重更大,常夸大治疗效果,产生很大的偏倚。重复发表的文章可以存在多种形式,因此需要小心地识别。以下是一些有用的分辨重复发表文献的方法:①作者的名字(多数重复发表的文章有共同的作者,虽然作者的排序并不一致);②作者的单位相同;③同一时间和同一地点做的许多研究;④干预措施的一些细节相似(比如剂量、疗程等);⑤研究对象的人数和基线资料相似;⑥研究的时期和随访时间相同;⑦以及相似的结果表格等。

**(六)排除文献列表**

Cochrane 系统评价应该包括排除文献的列表,详细描述读者认为应该纳入却没有被纳入的文献研究。有一些文献表面上看应该被纳入,但是仔细评估后却并没有满足纳入标准;还有一些文献研究可能非常有名,被很多读者认为相关,但是实际上并没有满足所有的纳入标准。通过列出被排除的此类文献,并注明它们被排除的理由,说明系统评价者注意到了这些文献。关于排除文献的描述,一般是针对全文筛选阶段。不要求列出检索后被排除的所有文献,不要求列出明显没有满足纳入标准的文献,尤其是如果系统评价只纳入随机试验,不需要列出明显不是随机试验的文献。

### (七) 选择和纳入文献时,同时进行资料数据收集不可取

选择纳入文献时,同时进行资料数据提取,这样是不可取的。如果一篇文献研究不符合纳入标准,应该被排除,对其同时进行资料的提取是浪费时间和精力。而决定研究是否纳入时,应该尽量避免被研究的结果所影响。如果在纳入研究的阶段,过快过早地了解了文献研究的结果,很难避免文献评价者对文献是否纳入的判断被结果所影响。

### (八) 按计划书执行

上述相关事宜均需提前在计划书中写明,并在系统评价的完成过程中,完全按照计划书的构建进行。如果有变化,必须注明变化是什么并写明变化的原因。

## 第六节　临床研究选择和纳入表格模板

### (一) 文献筛选和纳入流程图模板

以 2008 年发表在 Cochrane 图书馆第 2 期的系统评价"石杉碱甲治疗阿尔茨海默病(Huperzine A for Alzheimer's Disease)"为例,图 5-1 显示系统评价制作中,文献选择和纳入的流程。

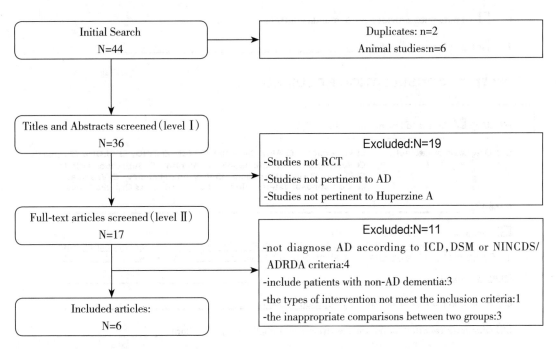

图 5-1　"石杉碱甲治疗阿尔茨海默病"系统评价文献筛选和纳入流程图

### (二) 全文筛选表格设计及模板

全文筛选表格主要包括两大部分:①文献基本信息特征:包括文献编号、第一作者、发表时间、筛选者、系统评价者、筛选日期等;②文献选择标准:即前面已详述的系统评价计划书中制定的文献纳入和排除标准,主要包括 4 个要素:研究设计类型、研究对象特点、干预措施和结局指标的测定。图 5-2 显示的是加拿大 McMaster 大学循证实践中心制作的"药物治疗痴呆"证据报告所设计的全文筛选表格。图 5-3 显示的是 Cochrane 协作组提供的"open

**TREATMENT OF DEMENTIA - FULLTEXT SCREENING FORM**

REF ID #

FIRST AUTHOR

SCREENER

EXCLUDE ☐ because:    BUT......... KEEP ANYWAY as SPECIAL ☐

1. ☐ Language other than English (specify) _____

2. ☐ Not a full article ............................................... ☐ Should check for full article

3. ☐ No Dementia subjects in population

4. ☐ Not a treatment for Dementia

5. ☐ Dementia population not randomized to treatment

6. ☐ No outcomes provided for Dementia subjects

7. ☐ Other reason (specify) _____

**\*\*\*\* ☐ \*\*\*\* CONSULTATION REQUIRED**

INCLUDE ☐ for the following interests:

☒ Diagnosis of interest:    ☐ Alzheimers  ☐ AIDS dementia ☐ MCI  ☐ CIND  ☐ CLOND ☐ Aphasia
☐ Huntington's  ☐ Parkinson's  ☐ Alcohol  ☐ Supranuclear Palsy
☐ Pick's  ☐ Hypothyroidism  ☐ Vitamin deficiency  ☐ Vascular
☐ Corticobasal deterioration  ☐ Lewy bodies  ☐ Organic Brain

(other) ☐ _____

☒ Treatments randomized
☐ Placebo  ☐ Tacrine  ☐ Donepezil/Aricept  ☐ Rivastigmine  ☐ Acetylcholine/inhibitors
☐ Galantamine  ☐ Metrifonate  ☐ Memantine ☐ Ginko Bilboa ☐ Estrogens

(specify others) _____

☒ Population analyzed  ☐ All  ☐ Subgroup (specify) _____

☒ Outcomes reported (of randomized treatment on included population)_____

_____

☒ Other _____

☐ Include by consensus
☐ Exclude by consensus

图 5-2 "药物治疗痴呆"证据报告全文筛选表格

**Amiodarone for the prevention of sudden death in people with heart disease**

**Study eligibility form**　　　　**Study ID:**

**Type of study**
Q1. Is the study described as randomised?

Yes　　　Unclear　　　No

Go to next question　　　Exclude

**Participants in the study**
Q2. Did the participants in the study have heart disease?
*NB Answer 'no' if participants had hypertrophic cardiomyopathy*

Yes　　　Unclear　　　No

Go to next question　　　Exclude

Q3. Were the participants reported to have, or be at risk of, ventricular ectopics (VE or VEA), ventricular tachycardia (VT) or ventricular fibrillation (VF)?
*NB Answer 'no' if the study reports that participants had, or were at risk of, atrial arrhythmia or had no rhythm problems*

Yes　　　Unclear　　　No

Go to next question　　　Exclude

**Interventions in the study**
Q4. Was one group given amiodarone by mouth/orally (*not intravenously*) for at least 3 months?

Yes　　　Unclear　　　No

Go to next question　　　Exclude

Q5. Did another group receive the same care, with or without placebo, but without amiodarone? *NB Answer 'no' if this group could receive an implantable defibrillator*

Yes　　　Unclear　　　No

Go to next question　　　Exclude

**Outcomes in the study**
Q6. Did the study report deaths and follow participants up for at least 3 months?

Yes　　　Unclear　　　No

Include, subject to clarification of 'unclear' points　　　Exclude

**Final decision**　　　Include　　　Unclear　　　Exclude

图 5-3　"胺碘酮预防心脏疾病患者突然死亡"系统评价全文筛选表格

learning materials" 中关于 "胺碘酮预防心脏疾病患者突然死亡" 系统评价的全文筛选表格 (amiodarone for the prevention of sudden death in people with heart disease)。 图 5-4 是 2008 年 发表在 Cochrane 图书馆第 2 期的系统评价 "石杉碱甲治疗阿尔茨海默病(Huperzine A for Alzheimer's Disease)" 所采用的全文筛选表格。

---

## Huperzine A for Alzheimer's disease

### – FULLTEXT SCREENING FORM

| REF ID | |
|---|---|
| FIRST AUTHO R | |
| PUBLICATION YEAR | |
| SCREENER | |

EXCLUDE ☐ because :

1. ☐Not AD (AD should be diagnosed according to ICD 9 or 10, or DSM III, III -R, and IV, or NINCDS/ADRDA)

2. ☐AD patients not randomized to the treatment and control groups

3. ☐Types of intervention not meet the included criteria

4. ☐No outcomes of interest provided for AD patients

5. ☐Other reason (specify) _____

CONSULTATION REQUIRED ☐

The reason for inclusion:

☐Included by consensus
☐Excluded by consensus

---

图 5-4 "石杉碱甲治疗阿尔茨海默病"系统评价全文筛选表格

(吴红梅 李 峻)

# 参 考 文 献

1. Higgins JPT,Deeks JJ. Selecting studies and collecting data//Higgins JPT,Green S. Cochrane Handbook for Systematic Reviews of Interventions Version 5.0.2 [ updated September 2009 ]. The Cochrane Collaboration, 2008. Available from www.cochrane-handbook.org.

2. Alderson P,Green S. Cochrane Collaboration open learning material for reviewers Version1.1 [ November 2002 ]. The Cochrane Collaboration 2002.

3. Littell JH,Corcoran J,Pillai V. Systematic reviews and meta-analysis(pocket guides to social work research methods). New York:Oxford University Press,Inc. 2008.

4. Li J,Wu HM,Zhou RL, et al. Huperzine A for Alzheimer's Disease. Cochrane Database of Systematic Reviews 2008,Issue 2. Art. No.:CD005592. DOI:10.1002/14651858.CD005592.pub2.

5. Santaguida PS,Raina P,Booker L,et al. Pharmacological Treatment of Dementia. Evidence Report/Technology Assessment No. 97 (Prepared by McMaster University Evidence-based Practice Center under Contract No. 290-02-0020). AHRQ Publication No. 04-E018-2. Rockville,MD:Agency for Healthcare Research and Quality. April 2004.

# 第六章 纳入研究的偏倚评价

"Garbage in, garbage out.",其意思是说如果系统评价纳入的原始研究质量低,而系统评价未对原始研究方法学质量进行正确评价,系统评价的结果和结论就可能是错误的。因此对原始研究进行正确的质量评价对保证系统评价得出正确的结论至关重要。

系统评价是对原始研究的二次综合分析和评价,受纳入研究质量、系统评价的方法及评价者本人的专业知识、认识水平和观点的制约。一方面,系统评价能够通过对多个有争议或相互矛盾的原始临床研究采用严格、系统的方法进行评价、分析和合成,解决纷争或提出建议,对临床实践、医疗决策和今后的研究导向具有重要的指导意义;另一方面,如果纳入研究质量不高以致影响研究结果和进行系统评价或 meta- 分析的方法不恰当,也可能提供不正确的信息,造成误导。因此,评价纳入研究的质量对客观判断系统评价结果和结论的真实性、可靠性至关重要。

## 第一节 基本概念

对文献质量问题有许多不同的观点和看法。评价任何研究质量时需要考虑研究设计方案是否适合研究目的、研究的偏倚风险和其他与研究质量相关的因素如干预措施实施情况、结局指标选择、统计方法、报告质量和适用性等。

### 一、真实性

系统评价结果的真实性(validity)取决于纳入研究的数据和结果的真实程度。任何一个研究结果的解释,必须考虑研究的设计、实施和分析(内部真实性),以及研究对象、干预措施、结果测量方法(外部真实性),而这些特征与系统评价所研究的问题密切相关。

1. 内部真实性(internal validity) 指单个研究结果接近真值的程度,即受各种偏倚因素如选择偏倚、实施偏倚、失访偏倚和测量偏倚的影响情况。

2. 外部真实性(external validity,generalizability,applicability) 指研究结果是否可以应用于研究对象以外的其他人群,即结果的适用价值与推广应用的条件,主要与研究对象的特征、研究措施的实施和结果的选择标准密切相关。

单个研究的设计和实施质量影响研究结果的真实性。评价单个研究的质量是指评估研究在设计、实施和分析过程中防止或减少系统误差(或偏倚)和随机误差的程度,包括两方面:①内部真实性;②外部真实性。

## 二、偏倚

偏倚(bias)又称为系统误差(systematic error),指研究结果系统偏离真值的倾向。无偏倚的研究结果具有良好的内在真实性。偏倚对研究结果(效应值)影响的方向(低估或夸大)和大小是可变的,需要根据不同研究或同一研究不同结局指标具体分析。不同临床问题的研究和不同研究设计方案,受偏倚影响情况也不尽相同。

## 三、精确性

精确性(precision)又称为可靠性(reliability)和重复性(reproducibility),指反复测量结果的一致程度,与样本量的大小或测量的次数有关。样本量越大,或测量次数越多,其平均值越趋向于真实值,可靠性也就越好。可靠性受随机误差的制约,减小随机误差,就可以提高结果的可靠性。

## 四、研究质量与偏倚风险关系

研究质量的评价(assessment of quality)是评估单个研究在设计、实施和分析过程中,防止或减少偏倚或系统误差的情况,也称为"方法学质量评价(assessment of methodological quality)"。长期以来,研究质量评价和偏倚风险评价被认为是等同的,但 Cochrane 系统评价手册认为偏倚和质量有区别。例如,某研究不可能对研究对象、干预措施的实施者或结果评价者采用盲法,由此认为此研究是"低质量"是不恰当的,其质量已经达到了可能的最高水平,但并不是说该研究没有偏倚。另外,某些与研究质量相关的指标并不直接导致偏倚风险,如样本量估算、伦理审查和报告质量等。

## 五、质量评价和偏倚风险评价工具类型

质量评价和偏倚风险评价工具的内容主要根据研究设计、实施、结果分析整个过程中可能出现偏倚的各个方面而确定,主要有三种类型(表 6-1)。

表 6-1　质量评价和偏倚风险评价工具类型

- 单个质量评价条目(individual quality components or items)
  由单个条目组成,与临床研究的方法学有关,并可能是影响研究结果的偏倚因素,如分配方案的隐藏、盲法和随访结果及失访病例的处理方法等。
- 质量评价一览表或清单(checklist)
  由多个评价研究质量和偏倚风险的条目组成,但每个条目不给予评分。
- 质量评价量表(scale)
  由多个评价研究质量和偏倚风险的条目组成,每个条目给予评分,能定量地估计整个研究的质量。所有的评分系统均带有主观性。每个条目可以给予相同的评分或根据其重要性给予不同的评分。

评价文献质量和偏倚风险的方法较多,可采用单个条目、清单或一览表和量表评分。1995 年 Moher 等鉴定出 9 种清单和 60 余种量表用于评价随机对照试验质量,分别有 3~57 个条目,需要花 10~45 分钟完成。这些质量评价工具的所有项目几乎都是根据有关临床试验的教科书所建议的或"普遍接受"的标准而制定。许多工具将研究的设计和实施的真实性与报告文章的质量混为一谈。更有甚者,评分是根据作者报告的内容(例如受试者是怎样

分配入组),而不是根据实施的方法是否恰当。许多项目与真实性并无直接关系,例如,是否计算了检验效能(该项目更多与结果的精确性有关)或者是否有明确的纳入和排除标准(该项目更多与适用性,而不是真实性有关)。

由于这些评价方法易受文献报告质量的影响,包括一些与内部真实性无关的信息,且量表评分受主观因素制约。因此,Cochrane 手册 5.0 未推荐使用任何一种清单或量表,要求采用由 Cochrane 协作网的方法学家、编辑和系统评价员共同制订的新的"偏倚风险评估"工具(the Cochrane collaboration's tool for assessing risk of bias)。

针对不同临床问题如治疗、病因、诊断和预后的系统评价,虽然进行系统评价的基本路线相似,但其纳入研究的设计类型和实施方法并不相同。因此,纳入研究质量评价工具和方法也有明显差别。

# 第二节　随机对照试验系统评价纳入研究的偏倚风险评价

随机对照试验是试验性研究中评估治疗措施疗效的最佳设计方案,也称为"金方案或标准方案",其论证强度最高。有许多评价随机对照试验的量表和清单,但多数质量评价工具均未按照建立新量表的规范步骤进行设计,也未进行信度和效度的检验。唯一进行过信度和效度检验的量表是由 Jadad 等设计的,并被广泛应用,但其量表强调的是报告的质量,如是否描述为随机对照试验、是否描述采用盲法、是否描述了研究对象失访和退出的情况,而不是强调试验设计和实施的方法学质量,且项目的定义不够明确,如何为随机和盲法的恰当实施等。

由于 Cochrane 系统评价质量高,有全世界顶级方法学家、统计学专家和临床专家共同制订的统一的系统评价员手册,方法完善和规范。因此,此处将介绍 Cochrane 系统评价的"偏倚风险评估"工具。

## 一、偏倚来源

偏倚是导致研究结果偏离真值的现象,存在于临床试验从选择和分配研究对象、实施干预措施、随访研究对象、测量和报告研究结果的每个阶段(图 6-1)。因此,偏倚主要分为五种:

1. 选择性偏倚(selection bias)　发生在选择和分配研究对象时,因随机方法不完善造成组间基线不可比,可夸大或缩小干预措施的疗效。采用真正的随机方法并对随机分配方案进行完善的隐藏可避免这类偏倚的影响。

2. 实施偏倚(performance bias)　发生在干预措施的实施过程中,指除比较的措施外,向试验组和对照组研究对象提供的其他措施不一样。标化治疗方案和对研究对象及实施研究措施者采用盲法可避免实施偏倚。

3. 随访偏倚(attrition bias)　指在试验随访过程中,试验组或对照组因退出、失访、违背治疗方案的人数或情况不一样造成的系统差异。尽量获得失访者的信息和对失访人员采用恰当的统计学方法处理,如意向处理分析(intention to treat analysis)可减少其影响。

4. 测量偏倚(measurement bias/detection bias/ascertainment bias)　测量试验组和对照组结果的方法不一致所造成的系统差异,特别是主观判断研究结果时。采用统一、标准化测量方法和对研究对象及结果测量者实施盲法可避免其影响。

5. 报告偏倚(reporting bias)　指文章中报告的结果与已测定但未报告的结果间存在的

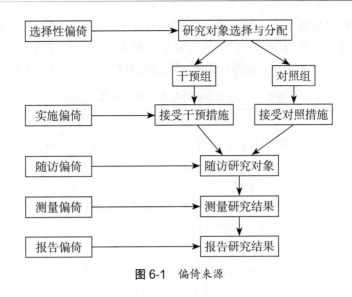

图 6-1 偏倚来源

系统差异。

## 二、偏倚风险评估工具

对随机对照试验评价,Cochrane 协作网推荐采用由方法学家、编辑和系统评价员共同制订的新的"偏倚风险评估"工具(表 6-2),包括 6 个方面:①随机分配方法;②分配方案隐藏;③对研究对象、治疗方案实施者、研究结果测量者采用盲法;④结果数据的完整性;⑤选择性报告研究结果;⑥其他偏倚来源。针对每一项研究结果,对上述 6 条作出"是"(低度偏倚)、"否"(高度偏倚)和"不清楚"(缺乏相关信息或偏倚情况不确定)的判断(表 6-3)①②⑤用于评估每一篇纳入研究的偏倚风险,其余 3 条则需针对每一篇纳入研究中的不同研究结果

表 6-2　Cochrane 协作网的偏倚风险评价工具

| 评价条目 | 评价内容描述 | 作者判断 |
| --- | --- | --- |
| ①随机分配方法 | 详细描述产生随机分配序列的方法,有助于评估组间可比性 | 随机分配序列的产生是否正确? |
| ②分配方案隐藏 | 详细描述隐藏随机分配序列的方法,以助于判断干预措施分配情况是否可预知 | 分配方案隐藏是否完善? |
| ③盲法(研究对象、治疗方案实施者、研究结果测量者,针对每一研究结果评估) | 描述对受试者或试验人员实施盲法的方法,以防止他们知道受试者接受的干预措施。提供判断盲法是否成功的相关信息 | 盲法是否完善? |
| ④结果数据的完整性(针对每一研究结果评估) | 报告每个主要结局指标的数据完整性,包括失访和退出的数据。明确是否报告失访/退出、每组人数(与随机入组的总人数相比)、失访/退出原因,是否采用 ITT 分析 | 结果数据是否完整? |
| ⑤选择性报告研究结果 | 描述选择性报告结果的可能性(由系统评价作者判断)及情况 | 研究报告是否提示无选择性报告结果? |
| ⑥其他偏倚来源 | 除以上 5 个方面,是否存在其他引起偏倚的因素?若事先在计划书中提到某个问题或因素,应在全文中作答 | 研究是否存在引起高度偏倚风险的其他因素? |

进行评估,强调同一研究中不同结果受偏倚影响程度不同。偏倚风险评价结果不仅采用文字和表格描述,还要求采用图示,更形象、直观反映偏倚情况。此评估工具对每一条的判断均有明确标准,减少了评估者主观因素影响,保证评估结果有更好的可靠性。

表 6-3　Cochrane 协作网偏倚风险评价标准

| 评价条目 | 评价结果 | 评 价 标 准 |
|---|---|---|
| ①随机分配方法 | 正确 | 采用随机数字表、计算机产生随机数字、抛硬币、掷骰子或抽签等方法 |
| | 不正确 | 1. 按患者生日、住院日或住院号等的末尾数字的奇数或偶数;<br>2. 交替分配方法;<br>3. 或者根据医生、患者、实验检查结果或干预措施的可获得性分配患者入组 |
| | 不清楚 | 1. 根据干预措施的可获得性<br>2. 文中信息不详,难以判断正确与否 |
| ②分配方案隐藏 | 完善 | 1. 中心随机,包括采用电话、网络和药房控制的随机<br>2. 按顺序编号或编码的相同容器<br>3. 按顺序编码、密封、不透光的信封 |
| | 不完善 | 1. 公开随机分配序列如列出随机数字<br>2. 未密封、透光或未按顺序编号的信封<br>3. 交替分配<br>4. 根据住院号、生日等末尾数字的奇数或偶数 |
| | 不清楚 | 1. 未提及分配方案隐藏<br>2. 提供的信息不能判断是否完善,如使用信封,但未描述是否按顺序编码、密封、不透光 |
| ③盲法 | 正确 | 1. 没有采用盲法,但结果判断和测量不会受影响<br>2. 对患者和主要研究人员采用盲法,且盲法不会被破坏<br>3. 对结果测量者采用盲法,未对患者和主要研究人员采用盲法,但不会导致偏倚 |
| | 不正确 | 1. 未采用盲法或盲法不完善,结果判断或测量会受影响<br>2. 对患者和主要研究人员采用盲法,但盲法可能被破坏<br>3. 对患者和主要研究人员均未采用盲法,可能导致偏倚 |
| | 不清楚 | 1. 信息不全,难以判断是否正确<br>2. 文中未提及盲法 |
| ④结果数据的完整性 | 完整 | 1. 无缺失数据;缺失数据不影响结果分析(生存分析中缺失值);<br>2. 组间缺失的人数和原因相似;<br>3. 缺失数据不足以对效应值产生重要影响;缺失数据采用恰当方法赋值 |
| | 不完整 | 1. 组间缺失的人数和原因不平衡;<br>2. 缺失数据足以对效应值产生重要影响;<br>3. 采用"as-treated"分析,但改变随机入组时干预措施的人数较多;<br>4. 不恰当应用简单赋值 |
| | 不清楚 | 1. 信息不全,难以判断数据是否完整(缺失人数或原因未报告);<br>2. 文中未提及数据完整性问题 |

续表

| 评价条目 | 评价结果 | 评 价 标 准 |
|---|---|---|
| ⑤选择性报告研究结果 | 无选择性报告结果 | 1. 有研究方案,且系统评价关心的方案中预先指定的结果指标(主要和次要结果)均有报告;<br>2. 没有研究方案,但所有期望的结局指标,包括在发表文献中预先指定的指标均有报告 |
| | 有选择性报告结果 | 1. 未报告所有预先指定的主要结局指标;<br>2. 报告的一个或多个主要结局指标采用预先未指定的测量和分析方法;<br>3. 报告的一个或多个主要结局指标未预先指定;<br>4. 系统评价关心的一个或多个结局指标报告不完善,以致不能纳入行 meta-分析;<br>5. 未报告重要的结局指标 |
| | 不清楚 | 信息不全,难以判断是否存在选择性报告结果 |
| ⑥其他偏倚来源 | 无 | 纳入研究无其他偏倚来源 |
| | 有 | 至少存在一种重要偏倚风险:<br>1. 与使用的研究设计方案相关的偏倚<br>2. 提前终止研究(数据原因或正规终止原则)<br>3. 明显基线不平衡<br>4. 声称有欺骗行为<br>5. 其他问题 |
| | 不清楚 | 1. 信息不全,难以判断是否存在重要偏倚<br>2. 发现的问题是否导致偏倚,理由或依据不足 |

### 三、偏倚风险评价结果的总结

某些偏倚对同一研究中所有结局指标的影响是一样的,如随机分配序列的产生和分配方案隐藏,而另一些偏倚对不同结局指标影响不同,如盲法和结果数据的完整性。非常客观的结局指标如死亡,对结果测量者采用盲法意义不大,而非常主观的结局指标如疼痛,对受试对象和结果测量者采用盲法则十分重要,可避免测量偏倚的影响。Cochrane 协作网推荐的偏倚风险评价工具强调针对纳入研究中每一结局指标按照评价条目分别评估,再对系统评价纳入的每一研究和所有纳入研究的每一结局总的偏倚情况应进行总结(表 6-4)。

表 6-4 总结同一研究和所有纳入研究的每个结局指标偏倚风险的标准

| 偏倚风险 | 解 释 | 同一研究某结局指标 | 所有纳入研究的某结局指标 |
|---|---|---|---|
| 低偏倚风险 | 存在的偏倚不可能严重影响研究结果 | 所有条目评估结果均为低偏倚风险 | 大多数研究该结局指标的偏倚风险均低 |
| 偏倚风险不确定 | 存在的偏倚使研究结果不可信 | 一个或多个条目评估结果为不清楚 | 大多数研究该结局指标的偏倚风险低或不清楚 |
| 高偏倚风险 | 存在的偏倚严重减弱研究结果的可信度 | 一个或多个条目评估结果为高偏倚风险 | 高偏倚风险的信息比例足以影响研究结果解释 |

## 第三节　非随机研究系统评价纳入研究的偏倚风险评价

与随机对照试验相比,非随机研究更易受偏倚风险影响,如未采用随机分配方法分配研究对象进入不同研究组,则组间基线可比性差,影响研究结果的因素在组间分布不平衡,导致结果难以解释。例如,研究高尿酸血症与高血压发生的关系,如果研究对象的年龄、性别、基础血压水平、血脂水平、体重指数、肾功能等在高尿酸组与正常尿酸组间分布情况不平衡,当高尿酸组高血压发生率高于正常血压组时,很难解释是因为高尿酸的作用,还是其他与高血压发生有关的危险因素的作用。因此,如果纳入非随机研究进行系统评价,评估偏倚对研究结果的影响以明确结果的真实性更重要。

非随机研究的设计方案有多种如非随机对照试验、队列研究和病例对照研究等,受偏倚影响情况也有差别,因此尚无一种通用的非随机研究偏倚评价工具。Deeks 等系统收集了评价非随机研究的工具 193 种,鉴定出 6 种适用于系统评价的工具,但并不是每种非随机研究方案均适合。其中两种工具最有用,分别是 "Downs and Black instrument" 和 "Newcastle-Ottawa Scale(NOS)"。前者包括 29 个条目,需要具有相当的流行病学知识并且费时,某些条目难以用于病例对照研究。后者已被 Cochrane 协作网的非随机研究方法学组用于培训中,只包括 8 个条目,简单易用,分别针对病例对照研究和队列研究。NOS 包括研究对象选择 4 个条目(4 分),组间可比性 1 个条目(2 分)和结果测量 3 个条目(3 分),总分共计 9 分(www.ohri.ca/programs/clinical_epidemiology/oxford.htm)(表 6-5,表 6-6)。

**表 6-5　队列研究的 NOS 评价标准**

| 栏　　目 | 条　　目 | 评 价 标 准 |
|---|---|---|
| 研究对象选择 | 1. 暴露组的代表性 | ①真正代表人群中暴露组的特征 *;②一定程度上代表了人群中暴露组的特征 *;③选择某类人群如护士,自愿者;④未描述暴露组的来源情况 |
| | 2. 非暴露组的代表性 | ①与暴露组来自同一人群 *;②来自不同的人群;③未描述非暴露组的来源情况 |
| | 3. 暴露因素确定 | ①固定的档案记录(如外科手术记录)*;②采用结构式访谈 *;③研究对象自己写的报告;④未描述 |
| | 4. 肯定研究起始时尚无要观察的结局指标 | ①肯定 *;②不肯定 |
| 组间可比性 | 设计和统计分析时考虑暴露组和未暴露组的可比性 | ①研究控制了最重要的混杂因素 *;②研究控制了任何其他的混杂因素 * |
| 结果测量 | 结局指标的评价 | ①盲法独立评价 *;②有档案记录 *;③自己报告;④未描述 |
| | 随访时间足够长 | ①是(评价前规定恰当的随访时间)*;②否 |
| | 暴露组和未暴露组随访的完整性 | ①随访完整 *;②有少量研究对象失访但不至于引入偏倚(规定失访率或描述)*;③有失访(规定失访率),未描述;④未描述 |

* 达到此标准,则此条目给 1 分。

表 6-6 病例对照研究的 NOS 评价标准

| 栏 目 | 条 目 | 评 价 标 准 |
|---|---|---|
| 研究对象选择 | 1. 病例确定是否恰当? | ①恰当,有独立的确定方法或人员 *;②恰当,如基于档案记录(如 ICD 码)或自己报告;③未描述 |
| | 2. 病例的代表性 | ①连续或有代表性的系列病例 *;②有潜在选择偏倚或未描述 |
| | 3. 对照的选择 | ①与病例同一人群的对照 *;②与病例同一人群的住院人员为对照;③未描述 |
| | 4. 对照的确定 | ①无目标疾病史 *;②未描述 |
| 组间可比性 | 设计和统计分析时考虑病例和对照的可比性 | ① 研究控制了最重要的混杂因素 *;② 研究控制了任何其他的混杂因素 * |
| 暴露因素测量 | 1. 暴露因素的确定 | ① 固定的档案记录(如外科手术记录)*;②采用结构式访谈且不知访谈者的情况(是病例或对照)*;③采用访谈但未实施盲法(即知道病例或对照情况);④未描述 |
| | 2. 采用相同方法确定病例和对照组暴露因素 | ①是 *;②否 |
| | 3. 无应答率 | ①病例和对照组无应答率相同 *;②描述了无应答者情况;③病例和对照组无应答率不同且未描述 |

\* 达到此标准,则此条目给 1 分。

## 第四节　诊断性试验系统评价纳入研究的偏倚风险评价

　　诊断性试验系统评价逐渐增多,尚缺乏规范化手册。Cochrane 协作网的诊断性试验系统评价方法学组正在制订统一手册,部分章节已可在网上查阅(网址:srdta.cochrane.org)。

　　有关诊断试验质量评价的工具也较多。 2005 年 Whiting 等系统评价了诊断试验的质量评价工具,鉴定出 90 种清单或量表,但均不是通用工具,涉及的条目数和内容各不相同。Cochrane 协作网的诊断试验系统评价方法学组推荐采用 QUADAS 清单评价诊断试验的方法学质量。QUADAS 清单是基于已有的影响诊断试验结果真实性、重要性和适用性的研究证据,采用严格的专家共识方法所制订的通用评价工具,2003 年发表后于 2006 年再次修订。QUADAS 清单共 14 个条目,针对诊断试验的偏倚风险、可靠性和报告质量。Cochrane 协作网诊断试验系统评价方法学组采用其中 11 个条目(表 6-7),对每个条目作出"是"(低度偏倚或适用性好)、"否"(高度偏倚或适用性差)和"不清楚"(缺乏相关信息或偏倚情况不确定)的判断,判断应结合研究目的确定。

表 6-7 Cochrane 协作网推荐的诊断试验系统评价纳入研究评价条目(来自 QUADAS)

| 条 目 | 评 估 内 容 |
|---|---|
| 1. 研究对象代表性 | 纳入研究对象是否能代表医院接受该试验的患者情况? |
| 2. 金标准的合理性 | 金标准是否能准确区分目标疾病? |
| 3. 试验的间隔时间 | 金标准和诊断试验检测的间隔时间是否足够短,以避免病情明显变化? |

| 条　目 | 评 估 内 容 |
|---|---|
| 4. 部分证实偏倚 | 是否所有研究对象或随机选择的研究对象均接受了金标准检查？ |
| 5. 不同证实偏倚 | 是否所有研究对象无论诊断试验结果如何,都接受了相同的金标准检测？ |
| 6. 嵌入偏倚 | 金标准试验是否独立于诊断性试验(即诊断试验不包含在金标准中)？ |
| 7. 金标准盲法评估 | 金标准的结果解释是否在不知晓诊断性试验结果的情况下进行的？ |
| 8. 诊断试验盲法评估 | 诊断试验结果解释是否在不知晓金标准试验结果的情况下进行的？ |
| 9. 临床信息 | 解释试验结果时可参考的临床信息是否与临床应用中相同？ |
| 10. 不确定结果 | 是否报道了难以解释/中间试验结果？ |
| 11. 失访情况 | 对退出研究的病例是否进行解释？ |

# 第五节　纳入研究偏倚风险评价的注意事项

评价研究文献质量时必须做出几个基本决定。首先考虑评价者的人数。是一个还是多个人参与评价？评价者是评价同样的文章以增加可信度,还是评价不同的文章以减轻工作量？同时还要考虑评价者的背景知识,是否需要评价者先前参加过培训或具有科研设计或评价的经验。

为了避免评价文献质量者的偏倚,可以考虑一篇文章多人或盲法评价,也可采用专业与非专业人员相结合来共同选择和评价的办法,对选择和评价文献中存在的意见分歧可通过共同讨论或请第三人的方法进行解决。此外,应进行预试验,以摸索经验,标化和统一选择、评价方法。

由多个评价者进行系统评价就像双面硬币一样。一方面可限制偏倚,减少错误,提高可信度,但另一方面,多于一个评价者可导致评价者之间的意见不一致。当数位评价者参与评价时,事先应该明确识别和解决意见分歧的程序和原则。一般来说,如果涉及靠主观解释的资料和对解释结果很重要的信息如数据资料时,建议至少两位评价者进行评价。

无论评价者人数有多少,有必要对一批文章进行预试验以检测评价标准,保证评价标准应用的一致性。建议预试验时用 3~6 篇具有不同程度偏倚的文章。

是否需要对评价者特别进行科研方法学及(或)评价的专业知识方面的培训呢？虽然熟悉专业知识的专家因固有的观念会影响他们的评价,但他们在评价试验的真实性时比非专业人士更能达成共识。同仅有方法学知识的专家相比,专业人士可提供不同的宝贵意见。因此,有必要在评价时选择具有专业知识的专家和非专业人士,并保证他们能充分理解有关的方法学问题。

评价者还必须决定,是否需要对评价者采用盲法,即不让他们知道作者姓名、单位、杂志名称和试验的结果。有些研究证明,盲法评价研究报告比非盲法可产生较低但更一致的评分,然而,盲法评价非常耗时、增加大量工作和经费,因此评价者必须权衡盲法评价的利弊。

研究文献质量的评价方法应该在系统评价计划书中明确,数据收集表格应该包括评价工具的条目或评分方法。

## 第六节 研究文献的质量评价在系统评价中的作用

在进行系统评价的整个过程中,研究文献的质量评价可应用在多个方面(表 6-8)。

**表 6-8 研究质量评价在系统评价中的应用**

- 作为纳入单个临床研究的阈值
- 作为解释不同试验间结果差异的依据
- 敏感性分析
- 作为进行 meta- 分析时,给单个临床研究不同权重的依据
- 指导系统评价结果的解释,帮助确定结论的强度,为今后研究提出合理建议

### 一、作为选择单个临床研究的标准

根据单个临床研究设计方案的合理性评价研究质量,是保证系统评价质量的基本要求。选择研究文献的标准可根据研究的设计方案和研究质量的高低,如在治疗性研究中只纳入论证强度最高的随机对照试验,或者根据单个治疗性研究符合研究质量评价标准的条目情况,确定选择研究文献的阈值或者分界点(threshold 或者 cut-off level)(图 6-2)。

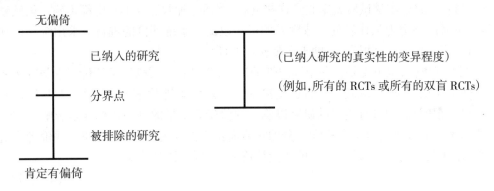

**图 6-2 单个临床研究的选择标准**

如果评价者升高纳入研究的分界点,则纳入研究的真实性变异程度就较小。根据研究质量的评价结果,可将所有纳入的单个研究进行分类。但分界点太高,纳入研究的真实性变异程度虽然很小,却可能不切合临床实际。

### 二、将研究质量评价结果用于解释不同研究间的差异

有几种方法可检验研究质量的评价结果是否可以解释不同研究的差异程度。

1. 将纳入系统评价的每个研究的结果根据研究质量的高低进行排序,并作图表示。

2. 亚组分析和敏感性分析:分析研究质量达到某一阈值的所有研究,阈值最好在撰写计划书时就确定。这种方法可不考虑不同研究间是否存在异质性,目的在于观察纳入不同质量的研究文献时,系统评价的结果是否会发生变化,结论是否一致。

3. 将所有纳入的研究根据研究质量的高低排序后,逐步纳入系统评价中进行分析(cumulative meta-analysis,累积 meta- 分析),观察随着研究质量低的试验的纳入,系统评价的

结果和结论有何变化。

4. 根据研究质量的评价结果,采用统计方法给予单个临床研究不同的权重值,或者用"meta regression（meta 回归）"的方法探讨研究质量的评价结果与系统评价综合效应之间的关系。一般来说,采用统计方法合成所有研究的结果时,是根据单个临床研究结果的方差的倒数来给予每一研究权重值。也就是说,研究结果越精确（可信区间越窄）将给予更多的权重值。也可以根据研究质量的高低给予单个研究权重值,因此质量越高的研究将对系统评价的综合结果产生越大的影响。对此种方法持反对意见者认为,到底该如何根据研究质量的差异赋予不同的权重值,或者如何采用定量方法将现有的"质量"量表的评价结果与偏倚程度联系在一起,尚缺乏经验基础。

可根据条目的完善程度,或者根据"用户定义"的质量评价标准,对单个研究进行排序。尽管尚未对各研究亚组间差异的统计学意义进行检验,但根据研究质量的评价结果可进行亚组分析。RevMan 既不能根据研究质量的高低给予每个临床研究权重值,也不能进行 meta 回归分析。

### 三、评价研究文献质量的局限性

评价研究文献的质量有两个主要困难。首先是试验报告的不完善。我们可以假定,如果某些资料未报告,则该试验就未收集这些资料,然而这种假定并不一定都正确。虽然较困难,但评价者应该努力从作者处获取额外的资料以助于系统评价的进行。采用统一标准如CONSORT 声明撰写研究报告,有助于文献质量的评价。

第二个局限性,也可说是第一个局限性的后果,就是缺乏文献质量评价标准与临床研究结果之间关系的证据。如前所述,有证据提示分配方案隐藏不完善和未进行双盲法常夸大治疗效果。很明显,须进行更多的研究以确定评价研究质量的哪一条标准是影响研究结果的重要因素。而改进文章中方法学部分的报告有助于此研究的进行。同时,评价者应避免使用"质量量表"和过度依赖于详细的质量评价方法,可能耗时并误导。

（李　静）

# 参 考 文 献

1. Wells G, Shea A, O'Connell D, etal. The Newcastle-Ottawa Scale (NOS) for assessing the quality of nonrandomised studies in meta-analyses. URL: http://www.ohri.ca/programs/clinical_epidemiology/oxford.htm.

2. Reitsma JB, Rutjes AWS, Whiting P, et al. Chapter 9: Assessing methodological quality//Deeks JJ, Bossuyt PM, Gatsonis C (editors), Cochrane Handbook for Systematic Reviews of Diagnostic Test Accuracy Version 1.0.0. The Cochrane Collaboration, 2009. Available from: http://srdta.cochrane.org/.

# 第七章　数据提取

数据提取(data extraction)是系统评价撰写过程中的重要步骤。系统评价的结果和结论是基于纳入原始研究的数据,因此,为保证系统评价的真实性和可靠性,原始研究文献的数据提取应尽可能准确,避免偏倚或人为错误。

为说明数据提取的过程,首先需了解何谓数据(data)。数据是对客观事物的符号表示,是用于表示客观事物的未经加工的原始素材,如图形符号、数字、字母、文字等。在撰写系统评价时,数据不仅指统计数字,而是研究人员、研究时间、研究方法、研究对象、研究机构、研究背景、干预措施、结局指标、研究结果、出版机构等众多信息的集合。

数据提取是指从原始研究的全文或者研究者提供的资料中收集相关数据的过程,这一过程不仅是从原始文献中摘抄信息,还涉及数据处理或换算(如:将标准误换算为标准差)和数据分析(如:对原始文献的方法学质量进行评价,见第六章)。

## 第一节　数据来源及提取基本原则

撰写系统评价计划书时就应明确需要收集哪些数据,并针对数据提取制定详细的操作流程。所提取的数据将作为数据分析和合成的直接依据,也为撰写系统评价的结果、讨论及参考文献等部分提供数据支持。因此,数据提取应该尽可能全面、准确,避免偏倚、错误和重复劳动。当通过文献选择和纳入步骤确定了该系统评价最终的纳入原始研究,进行数据提取之前,首先,我们需要知道数据的来源及提取的基本原则是什么?

### 一、数据来源

#### (一)发表的文献

发表的文献是获取数据最主要的来源。文献可以发表在期刊、书籍、论文集、会议摘要和网站。不同来源的文献,其内容的可靠性不一,例如:发表于专业期刊网站的文献其可靠性高于发表于普通健康宣教网站的文献。此外,不同来源的文献,内容的详尽程度也不尽相同,专业期刊文献的详尽程度通常高于会议摘要。如果纳入文献来源于会议摘要,可能还需要联系研究者以获取更多的信息。

#### (二)联系研究者获取信息

在数据提取的过程中,评价员经常会发现很多文献并不能提供必要的全部信息(研究的细节或统计学数据）。此时需要联系研究者以获取更多的信息。联系作者时既可以采用提问的方式，也可以将数据提取表中未能提取数据的部分传递给研究者以获取更精确的信息，如有必要，还可以尝试索要单个患者的原始信息。

### （三）单个患者数据

联系研究者获取单个患者的数据（individual patient data，IPD）是提取数据的"金标准"，其准确程度和完整性远高于从文献中获得的统计数据。采用 IPD 可以重新进行数据分析，也可将几个研究的 IPD 整合进行 meta- 分析，利用 IPD 撰写的系统评价也叫"单个患者系统评价"（见第十二章第 4 节）。

## 二、数据提取基本原则

为确保数据提取的完整性和可靠性，尽量减少偏倚或错误的发生，提高数据提取的效率，在数据提取的过程中应遵循一些基本原则：

### （一）客观

从原始研究中提取出的数据是评估原始研究质量和数据分析的基石。在数据提取的过程中应该遵循客观的原则，忠实于原始数据，避免评价员的主观判断影响研究结果的真实性和准确性。有时原始研究可能并未提供 meta- 分析需要的统计指标，此时需要进行数据换算，但也应该先记录原始数据，然后再按照相应的方法换算数据。在提取原始研究的方法学相关信息时，可能需要评价员主观判断研究的方法学质量（如：是否采用随机分配的方法），此时为了尽可能客观地反映原始研究，要求引用原始文献中的句子作为评价的依据，以便于复核。

### （二）提前进行人员培训

在开始数据提取前，应该对参与数据提取的评价员进行培训。培训内容根据评价员的来源不同侧重点可能不同，但通常应该包括以下内容：数据提取的基本过程，数据提取表的主要内容，相关软件的使用，并考察不同评价员对特定表述方式理解的一致性。训练有素的评价员可以高效地完成数据的提取工作。

在数据提取的过程中，评价员可能会出现"编码者漂移现象（coder drift）"（对资料的编码会随着时间的推移而改变），这提示评价员可能需要重新培训，并对前面已经提取的内容重新编码。

### （三）预试验

在开始数据提取前，选择几篇具有代表性的研究进行预试验（pretest），可以发现数据提取表的缺陷。常见的缺陷包括：遗漏某些重要项目、项目设置过多、代码设置有歧义、选择项设置不完善。

预试验还可以发现不同背景研究人员对同一问题理解上的分歧。如果第一次预试验后对表格修改过多，则有必要采用修改后的表格再次进行预试验。

预试验可以完善数据提取表的架构，提高评价员理解问题的一致性，但并不意味着预试验以后就可以不修改数据提取表。实际上，在数据提取过程中往往会发现表格新的缺陷。数据提取的过程，也是表格不断完善的过程。

### （四）多人提取数据

数据提取的过程中发生错误的几率较高，曾有研究者统计了 34 篇已发表的系统评价，从中发现 20 处数据提取错误。另有研究表明由两人独立提取数据与单人先后两次提取数据比较,前者发生错误的几率更小。因此,进行数据提取的评价员最好在两人以上,这样可以通过核对数据减少人为的错误或潜在的偏倚。由于数据提取过程涉及的内容广泛,需要多学科背景知识,建议提取数据的评价员最好来自不同的专业(如:一个统计学家或方法学家,一个临床专家),这样有助于减少发生偏倚的可能。在开始数据提取前应该培训所有的评价员,评价其提取数据的一致性。

### (五) 恰当处理分歧

当数据提取由多人独立完成时,经常会出现意见分歧。在撰写系统评价计划书时就应明确出现分歧时如何解决。最常见的分歧是由于一方的疏忽或错误导致的,这很容易通过协商讨论解决。如果协商讨论不能达成一致,则需要通过第三方(通常是系统评价员中经验最丰富的成员)仲裁解决。在极少数情况下,还需要联系原始研究的作者以获取更多的信息来解决分歧。若通过上述方法仍不能解决分歧,则应该在系统评价报告时将分歧和产生分歧的原因注明。

在提取数据的过程中,应该定期核对不同人员提取的数据,以便及时发现分歧,而不是等到数据提取完毕后再进行核对。如数据提取过程中发现分歧过多,应检查选项或编码是否设计合理,是否具有歧义,必要时修改数据提取表的相关内容。

数据提取过程中的任何分歧和解决方案都应该在数据提取表中用醒目的标记注明,通常将一份数据提取表作为"原始档案",而在另一份数据提取表标注分歧和最终意见。

### (六) 盲法

尽管有研究表明,在数据提取过程中(尤其是提取方法学相关的信息时)采用盲法,即隐藏纳入研究的题目、作者、作者单位、杂志名称、研究结果等信息,而代之以编码,可以提高提取数据的可靠性。但这一结果并未得到大样本研究的支持,而且有时盲法难以实现。对于是否需要在数据提取时采用盲法,目前尚无定论。

## 第二节 数据提取基本步骤

撰写系统评价计划书时就应明确需要收集哪些数据,并针对数据提取制定详细的操作流程。所提取的数据将作为数据分析和合成的直接依据,也为撰写系统评价的结果、讨论等部分提供数据支持。因此,数据提取应该尽可能全面、准确,避免偏倚、错误和重复劳动。当我们掌握了数据提取的一些基本原则,那么该如何应用基本原则,有序地进行具体的数据提取呢? 接下来本节将主要介绍数据提取的基本步骤:

1. 明确需要纳入的数据类型 开始数据提取前,应该根据研究目的,纳入研究文献的数量,参与研究人员的多少,研究时间和研究经费的多寡明确数据提取过程中需要纳入哪些数据类型(某些信息在数据提取过程中必不可少,详见本章第三节)。

2. 明确数据提取人员 在开始数据提取前(撰写计划书时)就应该明确由哪些人员来进行数据提取工作。为避免提取过程中的错误,提高数据提取质量,通常需要两人及以上分别进行数据提取工作。进行数据提取的人员最好包括对研究领域熟悉的临床专家和熟悉系统评价方法的统计学家,以便更好地处理数据提取过程中可能出现的各种复杂的问题。

3. 设计数据提取表 由于数据提取的核心过程,就是填写数据提取表格的过程。因而,数据提取表格的设计是数据提取步骤中的关键环节(详见本章第三节)。

4. 对数据提取表进行预试验,并对数据提取表进行修改和完善 最初设计完成的数据提取表往往存在或多或少的缺陷,此时需要从拟纳入的参考文献中选择几篇有代表性的文章,进行预试验,以发现数据提取表的潜在问题,并加以修改和完善。

5. 开始数据提取 采用经预试验后修改完善的数据提取表对原始文献的数据进行提取,这个过程不仅是简单的信息摘抄,有时还需要设计数据的换算和合并(详见本章第四节)。

6. 数据核查、修改 由两人及以上的评价员分别提取数据后,还应对提取后的数据进行核对检查,对存在分歧的地方核对原始文献进行修改。

7. 处理意见分歧 有时,数据提取的分歧并非由于评价员的粗心或错误所致。而是由于对原始文献的理解存在分歧。对这种情况通常有两种解决方案:评价员协商解决或者提请第三方(通常是系统评价撰写人员中经验更丰富的专家)进行仲裁。

总之,在撰写系统评价(或计划书)时,应该在方法学部分就如何提取数据进行扼要的阐述,通常需要包括以下内容:①收集数据的种类;②是否由多人提取数据;③评价员的专业背景;④数据提取表是否进行编码或设置选择项;⑤是否提前进行人员培训并进行预试验;⑥数据提取过程中的分歧如何解决。

# 第三节　数据提取表的设计

数据提取是通过填写数据提取表(data collection form)实现的。数据提取表是联系原始研究和系统评价结果的纽带,也是数据提取工作的核心,它有三个重要功能:第一,全面直观地展示原始研究的重要信息,是评价纳入研究质量的依据;第二,是整个评价过程中的众多决策(或决策变动)的历史记录。第三,是进行数据分析的原始数据库。

开始设计数据提取表之前,系统评价员首先需要明确纳入哪些必要的数据。纳入的数据过多会浪费大量的时间和人力物力,而且原始研究可能不能提供相关信息;但如果设计时欲纳入的数据过少,或缺失了某些关键信息,数据提取过程中评价员不得不附表重新提取数据,也会增加工作量。

## 一、数据提取表的基本内容

数据提取表的设计尚无统一标准。数据提取表可以设计为包含所有需要信息的一张表格,也可以由一系列表格构成,每个表格只评估某个方面的内容。例如:设计专门的表格评估纳入研究的质量,而另一个表格收集原始研究的结果。

不同的系统评价需要提取的数据也不尽相同,因此每个系统评价的数据提取表都应该充分反映研究问题的特征,具有唯一性。但数据提取表需要的基本信息是一致的,评价员没必要针对每个系统评价从头开始设计表格,只需要在一个表格的基础上修改(如 Cochrane 各专业小组数据提取表格模板),使之反映新的系统评价的特点即可。设计数据提取表时通常应该纳入以下信息:

### (一)纳入研究的基本信息

数据提取表应包括纳入研究的基本信息,以便于数据提取后进行检查核对,以及数据分析时引用。这些基本信息包括:纳入研究的编号、引用题录、通讯作者和联系方式等。

　　纳入研究的编号通常由评价员制定,编号既可以是数字,也可以是第一作者的姓和发表年份的组合。Cochrane 系统评价纳入研究的编号采用的就是第一作者的姓和发表年份的组合,例如,Chen 2010,Cochrane 2007 等。在撰写系统评价的过程中,每个研究的编号将作为数据提取、分析、整合、报告的依据,所以应该统一并固定。编号可以由评价员手工编制,也可以由文献管理软件(如:EndNote 或 reference manager)自动生成。有的系统评价为了提高数据提取的可靠性和准确性,还可以在数据提取阶段采用盲法,此时,编号将作为识别研究的唯一标志,其他信息(如题目、作者等)将对进行数据提取的评价员保密。

　　此外,这部分通常还包括评价员的姓名或编号,以及数据提取的日期和修改日期,以方便必要时复查核对。在表头的下方最好预留出较多的空白,以便数据提取过程中书写备注,这些备注对于撰写系统评价非常有用。

## (二) 研究方法和可能存在的偏倚

　　不同的研究方法可能产生不同的偏倚,从而影响研究结果的准确性。系统评价与传统综述的重要区别之一就是对纳入研究的方法学质量进行严格的评价。在数据提取阶段,需要提取研究方法的详细信息,以便于将来对偏倚风险评估和原始研究质量进行评价。对于不同类型的原始研究,需要评价的方法学特征不同。就干预性研究的系统评价而言,这部分通常需要收集以下信息:具体分组方法、分组方法是否隐藏、是否采用盲法、是否存在结局数据不完整、是否存在对结局指标选择性报告的可能(参见第六章)。此外,还要记录中途退出者(drop-outs)及交叉试验者(cross-over)的数量;以及是否存在沾染、干扰或其他潜在的混杂因素。

　　这部分信息应放在数据提取表靠前的位置,因为如果方法学存在严重缺陷,则该文献可能被排除,其后的数据提取工作就没必要再进行。而且这样设计也方便数据分析员查看。当然,设计数据提取表时也可以将"是否存在结局数据不完整"以及"是否存在对结局指标选择性报告"两个条目放到结果部分,以方便评价员填写。

　　对每个条目而言,设计数据提取表时,不仅应包含条目名称,还应简要描述如何做出相应的判断;填写数据提取表时,不仅要填写评判结果,还需要引用原始文献中的语句作为评判的依据(见第六章)。

## (三) 研究对象特征

　　提取数据还应包括研究对象特征的详细信息,这些信息将会被用来判断研究之间临床异质性,从而作为数据是否能进行合并或是否进行亚组分析的重要依据。在撰写 Cochrane 系统评价时,这部分信息还为填写"characteristics of included studies"表格提供素材。此外,这些信息还将方便系统评价的读者判断研究人群与自己的病例是否具有相似性,以便判断是否可以将系统评价的结果应用于临床病例。

　　通常,所有可能影响干预效果的信息都应被收集到数据提取表。不同的系统评价,需要收集的信息可能不尽相同。例如,撰写与卫生经济学相关的系统评价,则需要提取研究对象的经济学信息,而在撰写其他类型的系统评价时通常不需要提取这些信息。又如,评价员认为所研究的治疗措施在不同种族的患者之间疗效会有很大差异,就应该提取研究对象的种族学特征;反之,如果评价员认为所研究治疗措施的疗效在不同种族之间没有差异,而且种族学特征也无助于临床医生使用这些证据的话,就不用去收集它。

　　研究对象最重要的信息是年龄和性别,几乎所有的系统评价都需要这些信息。年龄通常以均数加减标准差表示,也可以使用中位数或者年龄范围表示,而性别通常采用百分比表示。

用于定义研究对象的诊断标准也非常重要,常是临床异质性的来源,应该加以描述。因为不同原始研究采用的诊断标准不一定相同,清楚标明每个研究所采用的纳入标准也可以提高系统评价的透明度和准确性,也为是否进行亚组分析提供依据。例如,在关于药物治疗充血性心力衰竭的系统评价中,每个原始研究中对于心力衰竭及其严重程度的定义可能不尽相同,设计数据提取表时应该包括充血性心力衰竭的诊断和分级标准。

疾病的严重程度也是需要提取的重要信息,这可以直接影响干预措施的疗效。例如:在关于降压药的系统评价中,研究对象的基线血压值就是重要的信息。

此外,有时可能还需要收集其他信息,如:种族、社会人口学特征(如在老年痴呆相关的系统评价中,需要提取研究对象的受教育程度),以及重要合并症的情况(如在慢性阻塞性肺部疾病相关的系统评价中,研究对象是否吸烟或合并哮喘就是重要的临床信息,需要收集到资料提取表中)。

研究地点也可能影响干预措施的效果或者系统评价的临床适用性。医学研究的地点可以是:急诊、重症监护室、大学医院、社区医院、养老院或照护所等等。在不同地点进行的研究,患者接受到的医疗服务质量也不尽相同,进而影响干预措施的效果。研究地点不同还可能导致纳入研究对象的文化背景存在差异,而在某些研究(如老年痴呆)中文化背景也可能影响干预措施的疗效。因此,通常也应该在数据提取表中反映这些相应的信息。

**(四) 干预措施**

试验组和对照组接受的所有干预措施的细节都应收集到数据提取表。这些信息应该尽可能详细,以便读者在必要时可以重复该研究。

最常见的干预措施是药物,通常需要收集以下信息:药物名称,给药途径(如口服或静脉)、剂量、开始给药时间、疗程等。而对于心理治疗、物理治疗、行为治疗、患者教育等更为复杂的干预措施而言,在提取数据时还需要收集干预措施的具体内容、实施人员、实施时间等信息。

如果可能的话,当干预措施复杂时还需要评估和提取干预措施完整性(integrity of interventions)的相关信息。因为干预措施是否被研究者忠实地执行直接影响到研究的结果。当研究发现干预措施效果不佳时,这种评估可以帮助我们判断究竟是干预措施本身的问题还是干预措施的实施问题。

此外,评估干预措施的完整性还可以帮助读者判断某干预措施在临床实践中的可行性。评估干预措施的完整性应该是在原始研究的过程中进行的,评估的方法既可以是定量的,也可以是定性的。评估的结果既可以和研究结果同时发表,也可以分开发表。

遗憾的是,目前发表的文献中完整提供相关信息的原始研究还很少。但系统评价员在纳入干预措施较复杂的原始研究文献时,应该注意寻找相关信息,并将其收集到数据提取表,以便在分析数据时进一步考察干预措施的完整性是否对研究结果产生影响。

**(五) 结局指标**

结局指标看似简单明了,实际上更难设计。研究报告常包含多个结局(如死亡率,发病率,生存质量等),也可能采用多种测量方法来报告同一结局,还可能包括亚组分析以及不同时间点测得的结局。为了避免潜在的错误,应先按原始研究报告的格式收集数据,然后,如需要再进行数据换算(见本章第四节)。

在提取数据前,评价员需要事先确定是提取纳入研究的所有结局指标,还是仅提取部分(在计划书中)事先设定好的结局指标。Cochrane 协作网建议采用后一种方法。但是,所有的结局指标的名称都应该收集到数据提取表中,以便下一步评估原始研究是否存在选择性报告的情况。在这部分,数据提取表包含的变量有:结局指标的定义、计量单位(或分级方法)、测定时间和测定方式(如调查表、面谈、实验室指标等)等。

不良反应(adverse effect)是一类较特殊的结局指标。在收集与不良反应相关的信息时应该注意以下问题:首先,收集不良反应相关的数据时应尽可能全面;其次,有些研究在发表的文献中并未报告不良反应,但这并不意味着不良反应不存在;最后,不同的研究对不良反应的定义不尽相同,应该将各个研究对不良反应的定义也收集到数据提取表中。

**(六) 研究结果**

通常认为这部分只需要收集事先(在计划书中)设定好的,需要分析的研究结果。但有时在提取数据的过程中会发现一些重要的而事先又未设定的结果(尤其是严重的不良反应),这些数据也可以收集到数据提取表中。由于这样做已经修改了计划书的内容,因此必须在发表的系统评价中作特别说明。

对于同一结局指标,原始研究往往报告几个不同的结果。例如:采用不同的测量尺度,按不同的亚组进行分析或者在不同时点测量的结果。选择不同的结果进行数据合并得到的综合效应结果往往相差甚远。因此,在撰写计划书时就应该尽可能详细地对拟分析的研究结果进行限定,例如:限定测量尺度、测量时点以及数据表述方式(是采用终点数值还是采用终点与基线的差值)。

不同的原始研究对结果的统计学表述方法可能不同,有些数据可以直接用于 meta- 分析,而有些数据还需要经过必要的统计学数据转换(例如,将标准误转换为标准差,详见本章第四节)。建议先将数据按原始研究报告的格式收集到数据提取表,然后再进行统计学数据转换,以便将来核查。

在收集研究结果的相关信息时,对于每个研究结果,均需收集样本量、分组情况、治疗时间、测量尺度、测量时点、数据类型(分类变量还是连续变量)、统计学数据等信息。对于不同的数据类型,结果数据的表述方式不同。以二分类变量为例,统计学数据包括试验组和对照组各自的总人数和发生目标事件的人数。值得注意的是,虽然参与研究的总人数是一定的,但不一定所有研究对象都完成了全部指标的测定,对于每个研究结果而言其样本量可能不尽相同,这点在提取数据时应特别注意。

**(七) 其他需要收集的信息**

除上述数据外,还需要收集其他一些重要的信息,如:重要的引文、资助机构、潜在利益冲突。还有一些信息反映了文章的质量,也可以考虑收集到数据提取表。例如:是否获得伦理学委员会的批准、研究设计时是否计算了需要的样本量等。

为方便撰写系统评价,还可以将原文作者的结论和讨论部分的重要内容(如:对没能得到预期结果的解释,对下一步研究的建议)也纳入数据提取表。

**二、选择项的设定和编码**

为提高效率,同时规范填写术语,避免不同评价员采用不同的表述方式而产生歧义,在设计数据提取表时可以采用设定选择项或编码的方式。

在设计选择项时,除了"是"和"否"选项时,还应该设计"不清楚(unclear)"和"未报告(not reported)"选项,以全面客观地反应数据的特征。

如果采用编码的方式,则需要在醒目的位置标注不同代码的含义,以便评价员随时查询。代码应该尽可能简单,避免产生歧义,同时在进行预试验时,应该考察不同评价员对代码的理解是否一致。如果对代码的解释过长、内容过多,还应该另外附文加以详细说明,如设计数据提取表时,同时制定"数据提取表说明书",即对数据提取表中的某些代码、缩写、提取数据方法等进一步解释明了。

设计表格时还应注意留下足够多的空白以便数据提取时书写备注。此外,别忘记设计空格供评价员填写所提取数据在原始文献中的页码,以备复核。

### 三、纸质表格和电子文档的选择

数据提取表可以是纸质表格,也可以是电子文档,两者各有优势(表7-1)。纸质表格更适合纳入研究文献较少,评价员在同一单位(协作方便)的情况;对于纳入研究文献较多,数据量较大或者需要跨区域协作的系统评价而言,采用电子文档显然更具优势。但建议制作Cochrane系统评价全文时,设计数据提取表仍以纸质表格为主。

表7-1　纸质表格和电子文档的优、缺点

| | 优　　点 | 缺　　点 |
|---|---|---|
| 纸质表格 | • 可以在任何地方提取数据,不受场地和设备制约<br>• 制作和填写都更容易,而不需要特殊的软件,也不需要对评价员进行电脑培训<br>• 不同的评价员之间可以轻易核对数据<br>• 可以方便地记录全部提取过程和修改信息<br>• 廉价 | • 纳入研究较多时,资料整理费时费力<br>• 手写输入效率低下,且容易出现错误<br>• 需要运用计算器进行数据换算<br>• 数据分析时还需要再将数据录入统计软件 |
| 电子文档 | • 数据提取与数据录入同时完成<br>• 可方便地将数据导入统计软件<br>• 当数据量较大时,可以方便地进行数据的排序和搜索<br>• 方便地进行数据换算(如:自动将标准误换算成标准差)<br>• 对不同提取者完成的数据可以进行自动核对<br>• 环保<br>• 方便协作,尤其当评价员不在同一地区时 | • 受场地和设备条件制约<br>• 需要专门技术人员 |

数据提取表的电子文档有多种形式,常用的软件或工具各有优势,但研究表明目前尚无十分完善的工具。现分述如下:

#### (一)利用Word、PDF或HTML构建电子文档

纸质表格通常也是采用Office Word软件编写,利用Word作电子文档简单方便,也可通过email等方式传播,从而实现不同地区的评价员协作提取数据。但缺点是无法利用软件进行质量控制,而且多人协作不便。利用PDF或HTML可以编制宏对录入内容进行选择或限

制,从而部分实现质量控制,但多人协作依然不便。这类软件的另一共同缺陷在于无法将数据自动转换成统计软件能够辨认的格式,在数据分析时需要重新录入,从而增加了工作量和出错的几率。但这种方法费用低廉,适合于纳入研究少、样本量小的数据。

**(二) 利用电子表格软件或数据库软件构建电子文档**

常用的电子表格软件是 Office Excel。利用 Excel 可以设计下拉菜单,限定录入数值的范围,从而部分实现质量控制的功能;可以自动实现数据换算;还可以方便地将数据导入统计分析软件。其缺点在于多人协作不便,而且行列繁多时容易误填数据。此外,还无法自动对比不同评价员收集的数据,无法自动跟踪数据。另一种电子表格软件 Google Doc(doc.google.com)与 Excel 功能相似,但可以更好地解决多人协作问题。

与电子表格软件比较,数据库软件(如:Office Access)更适合进行数据提取。Access 软件具有电子表格软件的优点,同时可以更好地实现质量控制,而且界面更友好,便于数据提取,减少出错机会。类似的软件包括 Epidata、FoxPro 等。这类软件仍无法很好地实现多人协作,而且要求设计者具有一定的计算机技能。

**(三) 利用问卷调查网站构建电子文档**

新兴的问卷调查网站也可用于构建电子文档。常用的外文网站如:SurveyMonkey(https://www.surveymonkey.com/),中文网站如:问卷星(http://www.sojump.com/),这类网站的特点是可以在线设计电子文档,提供多种选择模式,便于质量控制和多人协作,也可以将数据导出为电子表格格式,而且通常为免费或仅需支付低廉费用。缺点在于无法直接与统计软件交换数据。

**(四) 利用专门的网络系统构建电子文档**

还有一类网络系统是专为系统评价的数据提取而设计,可以很好的实现多人协作提取数据,有良好的质量控制模式,可以从文献管理软件(如:EndNote、Procite 或 Reference Manager)中导入参考文献,自动对比不同评价员录入的数据并计算一致性,也可导出成电子表格格式。这类网络系统的代表是 Trialstat SRS 和 EPPI Centre Reviewer。但这类系统的费用昂贵,平均每个系统评价需要花费 2000~25 000 美元不等。

评价员应该根据纳入研究的多少、数据复杂程度、参与提取数据的评价员人数、评价员的地理位置、评价员对提取工具的熟悉程度、设备、网络资源、费用等因素综合考虑,选择合适的工具设计电子文档。

构建电子文档前应该先设计纸质表格,并选择数个研究由至少两名评价员进行预试验,再根据预试验结果完善表格。表格结构要有逻辑性,编码尽可能一致和直观简洁。此外,选择数据库或电子表格时,应检查其生成的数据是否可以方便地导出为电子表格,或直接导入统计分析软件(如:Revman 或 SAS)。最后,不要忘记建立质控机制,以便对数据录入错误进行检测和更正。

# 第四节　数据提取过程中的特殊问题

## 一、不同类型结局指标的提取

### (一) 二分类变量的提取

二分类变量(dichotomous variable)是医学统计中一类常见的数据,其定义和 meta- 分析的具体方法见第八章。对二分类变量进行 meta- 分析时需要 4 个值,即试验组和对照组分别的样本量和发生目标事件的例数。最理想的情况是收集各组发生目标事件的例数和未发生目标事件的例数,但有时候原始文献报告的是目标事件的发生率(如:死亡率),此时需要进行换算:目标事件例数 = 各组总样本量 × 事件发生率。

特殊情况下(常见于会议文献),原始文献可能既未报告总样本量,又未报告目标事件发生率,但报告了比值比(OR)或相对危险度(RR)。如果同时报告了 95% 可信区间(confidence interval,CI)、标准误(standard error,SE)或者 P 值,也可以通过普通方差倒数法进行 meta- 分析(见第八章)。

**(二) 连续性变量的提取**

连续性变量(continuous variable)又称数值变量(numerical variable),是医学统计中另一类重要的数据类型。常见的连续性变量如血压值、身高、体重和各种实验室指标。为了对连续性变量进行 meta- 分析,需要收集以下数据:各组的均值、标准差和样本量。与二分类变量比较,连续性变量的报告更为复杂混乱。

有些研究报告中位数而非均数;有些研究报告标准误、可信区间、四分位间距,甚至最大值和最小值,而不报告标准差。常见的错误是将标准误误认为标准差,这一错误并非只发生在数据提取过程中,有时候原始文献的作者可能也犯了相同的错误而不自知。

不同研究在报告的标准上也各不相同,有些报告原始数值(raw scale),有些则报告对数值(logarithmic scale);有些报告干预后的最终值(final value),有些报告干预前后(与基线)的差值(change from baseline)。不论是最终值还是与基线的差值都可以通过 meta- 分析进行整合。因此,撰写系统评价时选择其中的任何一种皆可。值得注意的是,原始文献作者通常总是选择看起来效果更好的那种数据发表。

此外,研究过程中或多或少总会有对象因为各种原因退出研究,因此,基线样本量和试验终点的样本量不一定相同,在提取数据时需要特别注意。

特殊情况下(常见于会议文献),原始文献没有报告各组样本量、均数和标准差,但报告了均数差或标准化均数差。如果同时又报告了 95% 可信区间(CI)、标准误(SE)或者 P 值,则可以通过普通方差倒数法进行 meta- 分析(见第八章)。

**(三) 有序分类资料的数据提取**

有序分类资料(ordinal data)的各类别之间有程度的差别。如尿糖化验结果按 −、±、+、++、+++ 分类;疗效按治愈、显效、好转、无效分类。一般先按等级顺序分组,清点各组的观察单位个数,编制各等级的频数表,也称为等级资料。分析这类资料时,既可以将其转换为二分类资料、也可转换为连续性资料;或者不经转换直接分析,究竟采用哪种方式需要全部研究数据提取完成后才能确定。因此,对这类资料而言,在提取数据时最好不进行数据转换,而直接提取原始数据。

**(四) 计数资料的数据提取**

计数资料(count data)是先将观察单位按某种属性或类别分成若干组,再清点各组观察单位个数所得到的资料。前述的二分类资料也属于计数资料的一种。但有时候目标事件在随访期间于单个个体身上不止发生一次(如:哮喘患者在 2 年的随访期间可能有 5 次急性发作),此时如果只统计发生目标事件的人数占总人数的比率,可能丢失大量信息,而统计目标事件发生的频数则更为准确。

对于这种资料,根据目标事件发生率不同有两种表述方式:

1. 若目标事件发生率低,则可计算 rate ratio(RR),先分别计算试验组和对照组的事件发生频数与各组样本量和随访时间乘积的比值,然后计算两者的比值,例如:试验组 300 例 2 型糖尿病患者随访 2 年,酮症酸中毒发生频数为 8,对照组 280 例患者随访 2 年,酮症酸中毒发生频数为 12,则 RR= [ 8/(300×2)]/ [ 12/(280×2)]=0.6。

2. 若目标事件发生率高,则可看作连续性变量,先分别计算试验组和对照组的单个个体发生目标事件的均数,然后计算组间均数差。

常见的错误是将所有计数资料都当成二分类资料,这样将丢失重要的统计学信息。由于无法预知在数据分析时究竟需要将数据转换为何种形式,在提取这类数据时,最好先不进行数据转换,而按照原始文献的报告方式进行提取。有时原始文献并未给出目标事件发生的频数等相关信息,而直接报告 RR,若同时报告了对应的标准误或 95% 可信区间,也可采用普通方差倒数法进行 meta- 分析。

**(五) 时间事件结局指标的数据提取**

有时人们关注的不是某事件的发生率,而是发生某事件的时间。例如:肿瘤患者的生存时间,哮喘患者再次复发入院的时间等等。这种结局指标称为时间事件指标(time-to-event outcomes)。对于这类指标,通常需要获取个体患者数据(individual patient data,IPD),才能准确进行 meta- 分析。基于原始文献的报告数据进行 meta- 分析的方法目前还不完善。提取这类数据时,只能按照原始文献报告的指标直接提取,并积极联系作者争取获得个体患者数据。

**(六) 估计值的数据提取**

有时原始研究并未报告各个研究组的具体数据,而只报告了整个研究的估计值(estimates of effects)和对应的标准误,此时也可通过普通方差倒数法进行 meta- 分析。这种情况多见于非随机对照试验,交叉试验,整群随机试验等。若原始研究报告了估计值,以及与之对应的 $P$ 值或可信区间,还需要将 $P$ 值或可信区间换算为标准误,才能进行 meta- 分析。根据估计值的类型不同,标准误的换算公式也不相同,现分述如下:

1. 估计值为绝对值(如:均数差、标准化均数差或风险差)

(1) 已知 95% 可信区间,则 SE=(可信区间上限 – 可信区间下限)/3.92,对于 90% 和 99% 可信区间而言,分别用 3.29 和 5.15 替换公式中的 3.92。

(2) 已知 $P$ 值,则先计算出 Z 值,然后通过公式 SE= 估计值 /Z 计算标准误,其中估计值为均数差、标准化均数差或风险差。Z 值可通过查 Z 界值表获取,也可在 Excel 中键入公式 =abs(normsinv($P$/2)) 获得。例如:某研究的标准化均数差 =0.125,$P$=0.01,则 Z=abs(normsinv(0.01/2))=2.578,SE=0.125/2.578=0.048。

2. 估计值为相对值(如:RR、OR 或 HR) 以 RR 为例。已知 95% 可信区间,则 SE=[ ln(可信区间上限) –ln(可信区间下限)]/3.92,对于 90% 和 99% 可信区间而言,分别用 3.29 和 5.15 替换公式中的 3.92。

已知 $P$ 值,则先计算出 Z 值,然后通过公式 SE=ln(RR)/Z 计算标准误。Z 值可通过查 Z 界值表获取,也可在 Excel 中键入公式 =abs(normsinv($P$/2)) 获得。HR 和 OR 对应的方法与 RR 类似。

## 二、数据换算

在提取研究结果时,涉及很多统计学指标。理想的情况是,提取的数据恰好可以满足 meta- 分析的需要。但原始研究报告的结果往往不能直接用于 meta- 分析,此时则需要进行数据换算。例如:对连续性变量而言,进行 meta- 分析时需要各组的样本量、均值和标准差,而很多研究报告的是可信区间或 $P$ 值,此时就需要进行数据换算。现按照数据类型分述如下:

### (一) 利用试验组和对照组均数的标准误或可信区间换算标准差

若原始文献报告了试验组和对照组组内的标准误,则可以利用公式:$SD=SE\times\sqrt{N}$。需要强调的是,此处的 SE 是试验组或对照组组内的标准误,而不是试验组和对照组组间的标准误。

利用均数的可信区间也可以换算标准差,同样,此处的可信区间是试验组或对照组组内均数的可信区间,而不是组间的可信区间。医学统计中,绝大多数可信区间都是指 95% 的可信区间,其含义是真实值有 95% 的把握度位于可信区间的范围内,此外,常用的还有 90% 可信区间和 99% 可信区间。

若数据符合正态分布——可简单地理解为可信区间相对于均值对称分布(均值与可信区间下线的差值近似于可信区间上线与均值的差值),可使用以下公式计算标准差:

1. 若试验组和对照组的样本量足够大($\geqslant 100$),则可按照如下公式计算标准差:$SD=\sqrt{N}\times$(可信区间上限 – 可信区间下限)$/3.92$。对于 90% 可信区间而言,可将 3.92 替换为 3.29;对于 99% 可信区间而言,可将 3.29 替换为 5.15。

2. 若各组样本量较小($\leqslant 60$),则需要将上面公式中的分母 3.92 替换为 $2\times t$ 值,$t$ 值可以通过查阅 $t$ 界值表获得(自由度为样本量 -1,请参阅医学统计学相关章节)。更简单的方法是利用 Excel 计算,在电子表格中输入函数 =tinv(概率,自由度)。例如:样本量为 40 的 95% 可信区间,则输入 =tinv(1–0.95,40–1)=2.022691。如果使用上述公式计算 SD,则将分母 3.92 替换为 $2\times 2.022691=4.045382$。

3. 对于各组样本量介于 60~100 之间的研究,上述两种方法均可选用。

若数据不符合正态分布,则需要考虑进行数据转换(如:计算原始数据的对数值),若转换后的数据符合正态分布,也可考虑采用上述方法进行换算。

### (二) 利用组间均数差以及标准误、可信区间、$t$ 值或 $P$ 值计算标准差

若原始文献仅提供了组间均数差,以及与之相对应的标准误、可信区间、$t$ 值或者 $P$ 值(其中之一),也可以借此计算标准差。此时,需假设各组的标准差相同,而进行 meta- 分析时计算出的标准差也将被应用到试验组和对照组。首先,可以通过 $P$ 值计算 $t$ 值,然后通过 $t$ 值(或可信区间)计算标准误,再通过标准误计算标准差。若原始文献给出了 $t$ 值、可信区间或者标准误,则可省略相应的步骤。

1. 通过 $P$ 值计算 $t$ 值  若已知 $P$ 值和各组样本量,可通过查 $t$ 界值表获得相应的 $t$ 值。设试验组样本量为 NE,对照组样本量为 NC,则自由度为 NE+NC–2,利用自由度和 $P$ 值查 $t$ 界值表可获得相应的 $t$ 值。更为简单的方法是在 Excel 中输入函数 =tinv(概率,自由度),其中概率即为 $P$ 值。例如:某研究试验组样本量 NE=40,对照组样本量 NC=38,MD=5.22,$P=0.001$,则自由度为 40+38–2=76,$t$ 值 =tinv(0.001,76)=3.423。

但有时候原始研究并未报告确切的 $P$ 值,而是报告 $P<0.05$。此时可以用 $P$ 值的上限做

概率估算 $t$ 值。例如：$P<0.05$ 则考虑概率为 0.05；$P<0.01$ 则概率为 0.01。但如果组间差异无统计学意义，而原始文献报告 $P>0.05$（或 0.01），此时则无法计算 $t$ 值。

2. 通过 $t$ 值计算标准误　可以通过公式：SE=MD/$t$ 计算标准误。如上例：MD=5.22，$t$=3.423，则 SE=5.22/3.423=5.525。

3. 通过可信区间计算标准误　若试验组和对照组的样本量大，则可按照如下公式计算标准差：SD= $\sqrt{N}$ ×（可信区间上限 – 可信区间下限）/3.92。对于 90% 可信区间而言，可将 3.92 替换为 3.29；对于 99% 可信区间而言，可将 3.29 替换为 5.15。

若各组样本量较小，则需要将上面公式中的分母 3.92 替换为 2×$t$ 值，$t$ 值可以通过查阅 $t$ 界值表获得（自由度为 NE+NC−2）。更简单的方法是利用 Excel 电子表计算，在电子表格中输入函数：=tinv（概率，自由度）。仍以上例：试验组样本量为 40，对照组样本量为 38，95% 可信区间，则输入 t=tinv（1−0.95,76）=1.99。如果使用上述公式计算 SD，则将分母 3.92 替换为 2×1.99=3.98。

4. 通过标准误计算标准差　组间标准差的计算公式如下：SD=SE/ $\sqrt{1/NE+1/NC}$。仍以上例：SD=5.525/ $\sqrt{1/40+1/38}$ =2.48。需要强调是这里计算出的标准差，既是试验组的标准差，也是对照组的标准差。

### （三）通过中位数和四分位数间距估算均数和标准差

若数据符合正态分布，则中位数和均数十分接近，可以直接提取中位数代替均数进行 meta- 分析，但如果数据呈偏态分布，则中位数和均数相差很大，此时则不能用中位数替代均数。遗憾的是，如果原始文献采用中位数描述数据的均值，通常提示数据呈非正态分布。

四分位数间距指上四分位数和下四分位数的差值，它反映偏态分布数据的离散程度，类似于正态分布数据的标准差。若原始研究采用四分位数间距表述数据的离散程度，通常表明数据呈偏态分布。若研究的样本量很大，且数据分布接近正态分布，则四分位数间距约等于 1.35×SD。通过此公式可以计算 SD。若不满足上述条件，则无法通过四分位数间距计算 SD。

### （四）通过变动范围计算标准差

变动范围指最大值减去最小值，它通常随样本量的增加而增加，不能反映数据的离散程度。有人认为对于正态分布的数据，95% 的数值位于均数 ±2SD 的范围内，因此 SD 约等于变动范围 ×1/4。这种计算方法没有考虑到极端值存在的可能性，因此不够严谨。不推荐通过变动范围计算标准差。

## 三、从同一研究的多篇报告中提取数据

有时候一个研究可能在不同的出版物上发表了多篇报告，最常见的例子是某研究先在学术会议论文集上发表摘要，然后在期刊上发表全文。另一种情况是某研究随访一段时间后先发表一篇论文，再随访一段时间后发表另一篇论文。还有一种常见的情况是，同一研究的作者将不同的结局指标分为数篇文章进行报道。当然，在数据提取的过程中需要注意鉴别哪些内容无实质性改变，却在不同期刊重复发表的文献。

从本质上讲，系统评价是以单个研究（study）本身为评价对象（unit of interest）而不是以研究报告（reports）为评价对象，因此，需要对同一研究的多篇报告（multiple reports of the same study）进行整合。这一过程可以通过两种方法实现：①分别对不同的报告单独提取数据，

然后将数据汇总后填入数据提取表;②将不同报告的数据直接填入数据提取表。

### 四、合并亚组数据

在提取数据的过程中,有时需要将各亚组的信息进行合并。例如:某研究将成人和儿童的数据分为两个亚组进行报告,而其他研究并未按年龄进行亚组分析,此时可以将该研究的两个亚组数据进行合并。

1. 若数据为二分类变量,只需将各亚组的样本量和发生目标事件的病例数相加即可。

2. 若数据为连续性变量,则需要根据以下公式计算:

设亚组 A 的样本量为 $N_1$,均数为 $M_1$,标准差为 $SD_1$;亚组 B 的样本量为 $N_2$,均数为 $M_2$,标准差为 $SD_2$,则合并后的样本量 $N=N_1+N_2$,均数 $M=(N_1M_1+N_2M_2)/(N_1+N_2)$,标准差

$$SD=\sqrt{\frac{(N_1-1)SD_1^2+(N_2-1)SD_2^2+\frac{N_1N_2}{N_1+N_2}(M_1^2+M_2^2-2M_1M_2)}{N_1+N_2-1}}\quad。$$

若有多个亚组的数据需要合并,则可按照上述公式,先将其中两个亚组的数据进行合并,再将得到的数据与第三个亚组进行合并,以此类推。

# 第五节　数据提取表格模板

如前所述,不同的系统评价需要提取的数据不尽相同,因此每个系统评价的数据提取表都应该充分反映研究问题的特征,具有唯一性。但系统评价数据提取表包含的基本内容是一致的,即至少包括以下 5 项信息内容:①基本信息特征;②研究方法学和质量评价;③研究对象特征;④干预措施特征;⑤结局指标和结果。有时为了避免不必要的数据提取,有些作者还在数据提取表的基本信息特征之后,加入"纳入研究合格性"(study eligibility)内容,最后确认最终纳入的研究是否确实符合系统评价的选择标准,即再次证实纳入研究的合格性。

下面以 2008 年 Cochrane 肾脏系统评价小组提供给系统评价者参考的有关肾脏疾病防治性研究系统评价数据提取表格模板(纸版)为实例(表 7-2),直观解读数据提取表包含的基本内容及基本结构:

1. 基本信息特征　如 date(提取数据日期)、author(s)(系统评价作者)、review title(系统评价题目)、study details(原始研究详细信息):first author(第一作者)、year of publication(发表年份)、country of publication(发表文献的国家)、publication type(文献发表类型)等。

2. 纳入研究合格性再证实信息　即 study eligibility(研究纳入合格性),包括前述的临床研究纳入和排除标准的 4 大要素:type of study(研究设计类型)、participants(研究对象特征)、types of intervention/s(干预措施和对照)和 types of outcome/measures(结局指标测定)。根据以上要点再次评价纳入研究是否真正符合系统评价的选择标准。若评价肯定纳入,就标记"include"(纳入),若评价后应该排除,就标记"exclude"(排除),并在表中说明排除理由,即"reasons for exclusion"。

3. 原始研究特征　包括研究对象和研究干预措施与对照信息内容。研究对象信息:如 Study inclusion criteria(纳入标准)、study exclusion criteria(排除标准)、participants(sex,age,ethnicity,others)(研究对象:性别、年龄、种族等)、setting(研究场所)等;研究干预措施

与对照信息：如 study intervention(s)(干预措施)、study control(对照)、duration of follow up(随访时间)等。

4. 纳入研究偏倚风险评估 即"risk of bias assessment"，所采用的是 Cochrane 防治性研究系统评价手册中有关随机对照试验偏倚风险评价原则，所包含的条目及如何评估请参见本书第六章第二节。

5. 结局指标和结果 该数据提取表将结局指标和结果整合在一起的。此部分数据提取包含三层基本信息：①首先，要明确比较的类型是什么？（comparison）：如干预措施与安慰剂比较、干预措施 + 常规治疗与常规治疗比较、干预措施 + 常规治疗与安慰剂 + 常规治疗比较等。②其次，要明确某一特定比较类型下，所观察的结局指标是什么？（outcome）：比如观察己酮可可碱与安慰剂比较，对糖尿病肾脏疾病患者蛋白尿的作用？蛋白尿改变就是所要观察的结局指标。③最后，要明确所观察的结局指标的结果是什么？根据结局指标的测定方式，可知道该结局指标属于哪一类资料类型，基于资料类型，就很清楚结果需要提取什么样的数据。比如蛋白尿指标属于连续性资料，需要提取的数据是己酮可可碱（试验组）和安慰剂（对照组）各组蛋白尿改变的均值、标准差和样本量；如果观察的是全因死亡率指标，属于二分类资料，需要提取的数据是己酮可可碱（试验组）和安慰剂（对照组）各组的样本量和所有原因导致死亡的例数。本表格模板仅提供了二分类资料结局指标结果提取表格示范：treatment group(干预组)：observed(n)（目标事件发生例数）and total(N)（总的样本量）；control group(对照组)：observed(n)（目标事件发生例数)and total(N)（总的样本量）。

表 7-2 Cochrane 肾脏专业组系统评价数据提取表格模板(2008 年)

## data extraction form(2008)

date...........................................

author(s):.................................................................

review title.................................................................
.................................................................

### study details

| first author | |
|---|---|
| year of publication | |
| country of publication | |
| publication type | journal / abstract / other(specify) |

### study eligibility

| | inclusion criteria for review | study inclusion criteria |
|---|---|---|
| type of study | RCT or quasi-RCT | yes no unclear |
| participants | • <br> • <br> • | <br><br><br>other: |
| types of intervention(s) | • <br> • <br> • | <br><br><br>other: |
| types of outcome/measures | • <br> • <br> • | <br><br><br>other: |

include □     exclude □

reason for exclusion:

# methods:study characteristics

| | study |
|---|---|
| study inclusion criteria | |
| study exclusion criteria | |
| participants | • sex (number):M.... F.... Both....<br><br>• age:Mean (SD):...... ......median (range)............<br><br>• ethnicity:....<br><br>• other:.... |
| setting | source e.g. multicentre,university teaching hospitals: |

| study intervention(s)<br>(incl. duration) | |
| --- | --- |
| study control<br>(incl. duration) | |
| duration of follow-up | |
| compliance | |
| matching of interventions | e.g. taste,smell,appearance,colour |
| similarity between groups | e.g. numbers,dropouts,age,sex |
| notes | • request for further information<br><br>• clarification of methods<br><br>• clarification of results<br><br>• funding source |

# risk of bias assessment

Please referee to Chapter 8 -*Table 8.5.c:criteria for judging risk of bias in the 'risk of bias ' assessment tool*

| study design | parallel/crossover |
| --- | --- |
| Was the allocation sequence adequately generated? | yes-low risk of bias<br>no-high risk of bias<br>unclear -uncertain risk of bias<br><br>*[record description of sequence generation]* |
| Was allocation adequately concealed? | yes-low risk of bias<br>no-high risk of bias<br>unclear-uncertain risk of bias<br><br>*[record description of sequence generation]* |

| Was knowledge of the allocated interventions adequately prevented during the study?<br><br>*circle and record supporting statement for each assessment* | • participants-yes,no,unclear *[record supporting statement from study]*.<br><br>• investigators-yes,no,unclear *[record supporting statement from study]*.<br><br>• outcomes assessors-yes,no,not stated *[record supporting statement from study]*.<br><br>• data assessors-yes,no,unclear *[record supporting statement from study]*. |
|---|---|
| outcomes (assessment and measurement) | • outcome methods<br><br>• outcome definitions |
| intention-to-treat analysis *circle and record supporting statement for each.* | • participants:-yes,no,not stated *[supporting statement from study]*.<br><br>• investigators-yes,no,not stated *[supporting statement from study]*.<br><br>• outcome assessors-yes,no,not stated *[supporting statement from study]*.<br><br>• data analysis-yes,no,not stated *[supporting statement from study]*. |

# results

comparison:

outcome:

subcategory:

| treatment group: | | control group: | |
|---|---|---|---|
| observed (n) | total (N) | observed (n) | total (N) |
|  |  |  |  |

|  | treatment group: | control group: |
|---|---|---|
| total randomized |  |  |
| excluded* |  |  |
| observed |  |  |
| lost to follow up* |  |  |

*reasons for loss/exclusion:

subcategory:

| treatment group: | | control group: | |
|---|---|---|---|
| observed (n) | total (N) | observed (n) | total (N) |
|  |  |  |  |

|  | treatment group: | control group: |
|---|---|---|
| total randomized |  |  |
| excluded* |  |  |
| observed |  |  |
| lost to follow up* |  |  |

*reasons for loss/exclusion

（吴红梅　杨　茗）

# 参 考 文 献

1. Elamina MB, Flynna DN, Basslerb D, et al. Choice of data extraction tools for systematic reviews depends on resources and review complexity. Journal of Clinical Epidemiology, 2009, 62, 506-510.

2. Higgins JPT, Deeks JJ. Selecting studies and collecting data//Higgins JPT, Green S. Cochrane Handbook for Systematic Reviews of Interventions Version 5.0.2 [ updated September 2009 ]. The Cochrane Collaboration, 2008. Available from www.cochrane-handbook.org.

3. Alderson P, Green S. Cochrane Collaboration open learning material for reviewers Version1.1 [ November 2002 ]. The Cochrane Collaboration 2002.

4. Littell JH, Corcoran J, Pillai V. Systematic reviews and meta-analysis (pocket guides to social work research methods). New York: Oxford University Press, Inc. 2008.

5. Li J, Wu HM, Zhou RL, et al. Huperzine A for Alzheimer's disease. Cochrane Database of Systematic Reviews 2008, Issue 2. Art. No.: CD005592. DOI: 10.1002/14651858.CD005592.pub2.

6. Santaguida PS, Raina P, Booker L, et al. Pharmacological Treatment of Dementia. Evidence Report/Technology Assessment No. 97 (Prepared by McMaster University Evidence-based Practice Center under Contract No. 290-02-0020). AHRQ Publication No. 04-E018-2. Rockville, MD: Agency for Healthcare Research and Quality. April 2004.

7. http://www.cochrane-renal org.

8. Wu HM, Yuan QY, Zhou RL, et al. Pentoxifylline for diabetic kidney disease. (Protocol) Cochrane Database of Systematic Reviews 2007, Issue 4. Art. No.: CD006800. DOI: 10.1002/14651858.CD006800.

# 第八章 meta-分析和系统评价常用统计指标及方法

20世纪40年代末，英国著名的生物统计学家 Bradford Hill 在 British Medical Journal 上发表了应用随机对照试验（randomized controlled trial，RCT）探讨链霉素对肺结核病疗效的论文，很好地把数理统计理论应用于临床医学的研究中，为临床医学的研究开创了新的里程。从此，随机对照试验开始逐渐被临床医生所接受，并在英美等国家被广泛接受和采用。从20世纪60年代和70年代开始，欧美国家开展了许多大样本多中心随机对照临床试验，80年代中期，我国也开展了大样本抗高血压的临床试验。近30年来，国内外已完成了近千项大样本随机对照心血管临床试验，尤其是近年来，RCT 在筛选、评价临床治疗方法方面获得了更为广泛的应用，样本含量也从几十例增加到数百、上千，甚至数万例，研究内容涉及临床医学的各个系统疾病，许多运用 RCT 设计方案完成的研究论文出现在世界上各医学著名杂志上，为各种临床治疗效果提供了许多强有力的证据。因此，随机对照试验，尤其是大样本、多中心的随机对照试验已被视为评价临床疗效的金标准设计方法。

随着大样本多中心的随机对照试验的广泛应用，许多研究者认识此类研究需耗费大量的人力、物力和财力，其应用也因此而受到影响。著名英国流行病学家、内科医生 Archie Cochrane 1972年在其专著《疗效与效益：健康服务中的随机对照试验》中指出："由于资源终将有限，因此应该使用已被证明的、有明显效果的医疗保健措施"；"应用随机对照试验证据之所以重要，是同为它比其他任何证据更为可靠"。到了80年代，许多大样本随机对照试验结果发现，一些理论上应该有效的治疗方案实际上无效，甚至弊大于利，而另一些似乎无效的治疗方案却被证实利大于害，应该推广。1987年 Cochrane 根据妊娠和分娩长达20年以来的随机对照试验结果而撰写的系统评价（systematic reviews，SR），为临床治疗实践提供可靠依据，并对临床医学产生了广泛和深远的影响。

目前，系统评价（systematic reviews，SR）是公认的临床医学最佳证据之一，其中的医学统计学内容主要包括 meta- 分析和常用的统计学指标。

## 第一节 meta- 分析中的统计学过程

meta 一词源于希腊文，意为"more comprehensive"。meta- 分析思想起源最早可追溯于 20 世纪 20 年代。英国心理学家 G.V.Glass 1976 年首先将医学文献中对多个同类研究统计量的合并方法称为"meta-Analysis"。并且 Glass 最早在教育学研究中使用了 meta- 分析,现已广泛应用于医学健康领域,针对关于诊断、治疗、预防和病因方面的问题而进行综合评价。从 20 世纪 80 年代中期开始被引入到临床随机对照试验以及观察性的流行病学研究中。80 年代末,该方法被引入我国,中文译名有荟萃分析、二次分析、汇总分析、集成分析等,但这些译名都有不足之处,因此更多学者建议使用"meta- 分析"。

meta- 分析的定义目前尚有不同意见,《The Cochrane Library》将 meta- 分析定义为: meta-analysis is statistical technique for assembling the results of several studies in a review into a single numerical estimate. 即: meta- 分析是将系统评价中的多个研究结果合并为单个量化指标的一种统计学技术。而 David Sackett 等在《Evidence Based Medicine》一书中,将 meta- 分析定义为: A systematic review that uses quantitative methods to summarize the results. 即: 运用定量方法汇总多个研究结果的一种系统评价。

医学研究中,传统的文献综述在处理同一问题的多个研究结果时,一般不进行文献评价,也不考虑文献的质量,通常只是汇总同类研究中某类结论的多少,即平等的(等权重方法)对待多个同类研究结果而得出结论,这种等权重的文献综述方法至少存在两个问题:一是将质量不相同的多个研究人为的判为相同;二是将样本含量的大小(权重)不相等的多个研究平等的对待。因此,这种文献综述的方法很难保证研究结果的真实性和可靠性,尤其当多个正反结果的研究数量相当时,很容易让人产生困惑或误解。

meta- 分析是对多个同类研究结果进行合并汇总的分析方法,能从统计学角度达到增大样本含量,提高检验效能的目的。尤其当多个研究结果不一致或都没有统计学意义时,采用 meta- 分析可得到更加接近真实情况的综合分析结果。

当系统评价的数据资料适合使用 meta- 分析时,用 meta- 分析可以克服传统文献综述的上述两大问题,提高分析结果的可靠性;当数据资料不适合做 meta- 分析时,系统评价只能解决文献评价的问题,不能解决样本含量的问题,因此,对其分析结论应慎重。应特别注意:不按系统评价标准操作规范实施,或未经严格文献评价的研究,即使用 meta- 分析也不一定是系统评价的研究,更难说是高质量研究。

## 一、meta- 分析的基本内容

### (一) 异质性检验

meta- 分析的核心计算是将相同的多个研究的统计量合并(相加、汇总),按统计学原理,只有同质的资料才能进行统计量的合并,反之则不能。因此,在合并统计量之前需要对多个研究结果进行异质性检验,以判断多个研究是否具有同质性。异质性检验(tests for heterogeneity),又称同质性检验(tests for homogeneity),就是用于检验多个相同研究的统计量是否具有异质性的方法。若异质性检验结果为 $P>0.10$ 时,可认为多个同类研究具有同质性;当异质性检验结果为 $P \leq 0.10$,可认为多个研究结果有异质性。纳入研究的异质性大小还可用 $I^2$ 来衡量,$I^2$ 的计算公式如下:

$$I^2 = \frac{Q-(k-1)}{Q} \times 100\%$$

式中的 Q 为异质性检验的卡方值($\chi^2$),k 为纳入 meta- 分析的研究个数。在 Cochrane 协作网的系统评价专用软件 RevMan 中,$I^2$ 是可用于衡量多个研究结果间异质程度大小的指标。可用于描述由各个研究所致,而非抽样误差所引起的变异(异质性)占总变异的百分比,只要 $I^2$ 不大于 50%,其异质性可以接受。

如果异质性检验结果为 $P>0.10$ 时,可认为多个同类研究的具有同质性,可使用固定效应模型(fixed effect model)计算合并统计量。

当异质性检验为 $P \leqslant 0.10$ 时,首先应分析导致异质性的原因,如设计方案、测量方法、用药剂量、用药方法、年龄、性别、疗程长短、病情轻重、对照选择等因素是否相同。由这些原因引起的异质性可用亚组分析(subgroup analysis)进行合并统计量的计算。若经这些方法分析和处理后,多个同类研究的结果仍然有异质性时,可使用随机效应模型(random effect model)计算合并统计量。需特别注意的是,随机效应模型是针对异质性资料的统计处理方法,不能代替导致异质性的原因分析。

### (二) 合并统计量

meta- 分析需要将多个同类研究的结果合并(或汇总)成某个单一效应量(effect size)或效应尺度(effect magnitude),即用某个合并统计量反映多个同类研究的综合效应。

若需要分析的指标是二分类变量,可选择比值比 OR(odds ratio)、相对危险度 RR(relative risk) 或危险差 RD(risk difference)为合并统计量,用于描述多个研究的合并结果。在 Cochrane 系统评价中还常见到 Peto 法的 OR,该法对事件发生率较小的试验结果进行 meta-分析可能是最有效且偏倚最小的方法。RR 或 OR 均是相对测量指标,其结果解释与单个研究指标相同,而 RD 是两个率的绝对差值。

如果需要分析的指标是数值变量,可选择均数差(mean difference,MD,or weighted mean difference,WMD)或标准化均数差(standardized mean difference,SMD)为合并统计量。MD 即为两均数的差值,消除了多个研究间的绝对值大小的影响,以原有的单位真实地反映了试验效应;SMD 可简单地理解为两均数的差值再除以合并标准差的商,它不仅消除了多个研究间的绝对值大小的影响,还消除了多个研究测量单位不同的影响,尤其适用于单位不同(如采用的量表不同)或均数相差较大资料汇总分析,但标准化均数差是一个没有单位的值,因而对 SMD 分析的结果解释要慎重。

目前,随机效应模型多采用 D-L 法(DerSimonian & Laird 法)。即通过增大小样本资料的权重,减少大样本资料的权重来处理资料间的异质性,但这种处理存在着较大风险。小样本资料由于往往难以避免机遇的作用(偶然性),偏倚较大;而大样本资料往往偶然性较小,代表性好、更接近真实。因此,经随机效应模型处理的结果可能削弱了质量较好的大样本信息,增大了质量可能较差的小样本信息,故对随机效应模型的结论应当慎重解释。

此外,对于不同设计方案、测量方法、用药剂量、用药方法、疗程长短、病情轻重等原因所引致的异质性,可使用 meta 回归方法进行分析,即利用线性回归的原理,消除混杂因素的影响,排除异质性对分析结果的影响,使之能得到较为真实的合并统计量。

常用 meta- 分析方法如表 8-1 所示。

### (三) 合并统计量的检验

无论采用何种计算方法得到的合并统计量,都需要用假设检验(hypothesis test)的方法

表 8-1　常用 meta- 分析方法一览表

| 资料类型<br>(type of data) | 合并统计量<br>(summary statistic) | 模型选择<br>(model) | 计算方法<br>(method) |
|---|---|---|---|
| 二分类变量<br>(dichotomous) | OR(odds ratio) | 固定效应模型 | Peto 法 |
| | | 固定效应模型 | Mantel-Haenszel 法 |
| | | 随机效应模型 * | D-L 法 |
| | RR(relative risk) | 固定效应模型 | Mantel-Haenszel 法 |
| | | 随机效应模型 * | D-L 法 |
| | RD(risk difference) | 固定效应模型 | Mantel-Haenszel 法 |
| | | 随机效应模型 * | D-L 法 |
| 数值变量<br>(continuous) | WMD(weighted mean difference) | 固定效应模型 | 倒方差法<br>(inverse variance) |
| | | 随机效应模型 * | D-L 法 |
| | SMD(standardised mean difference) | 固定效应模型 | 倒方差法<br>(inverse variance) |
| | | 随机效应模型 * | D-L 法 |
| 个案资料<br>(individual) | OR(odds ratio) | 固定效应模型 | Peto 法 |

* 在异质性分析和处理以后,异质性检验仍出现 $P \leqslant 0.05$ 才考虑使用

检验多个同类研究的合并统计量是否具有统计学意义,常用 z(u) 检验,根据 z(u) 值得到该统计量的概率($P$)值。若 $P \leqslant 0.05$,多个研究的合并统计量有统计学意义;若 $P > 0.05$,多个研究的合并统计量没有统计学意义。

合并统计量的检验除使用 z(u) 检验外,还可以使用可信区间法,当试验效应指标为 OR 或 RR 时,其值等于 1 时试验效应无效,此时其 95% 的可信区间若包含了 1,等价于 $P > 0.05$,即无统计学意义;若其上下限不包含 1(均大于 1 或均小于 1),等价于 $P < 0.05$,即有统计学意义。当试验效应指标为 RD、MD 或 SMD 时,其值等于 0 时试验效应无效,此时其 95% 的可信区间若包含了 0,等价于 $P > 0.05$,即无统计学意义;若其上下限不包含 0(均大于 0 或均小于 0),等价于 $P < 0.05$,即有统计学意义。

**(四) 漏斗图**

漏斗图(funnel plots)最初是用每个研究的处理效应估计值为 X 轴,样本含量大小为 Y 轴的简单散点图(scatter plots)。对处理效应的估计,其精确性是随样本含量的增加而增加,小样本研究的效应估计值分布于图的底部,其分布范围较宽;大样本研究的效应估计值分布范围较窄。当无偏倚时,其图形呈对称的倒漏斗状,故称为"漏斗图"。

实际使用时应注意:做 meta- 分析的研究个数较少时不宜做漏斗图,一般推荐当 meta- 分析的研究个数在 10 个及以上才需做漏斗图。

当处理效应是相对危险度(RR)或比值比(OR)时,应该使用这些指标的对数尺度为 X 轴绘制漏斗图,以确保相同效应尺度但方向相反的量(如 0.5 与 2.0)与 1 保

持等距。统计中检验效能的高低不仅受样本含量大小的影响,还受某一事件发生数的影响。如某一研究样本量为 10 万人,发生某一事件的患者数为 10 人;而另一研究的样本量为 1000 人,发生某一事件的患者数为 100 人,尽管前者样本含量较大,但发生某一事件的患者数较少,出现有统计学意义的可能性也较小。因此,有人建议采用 OR 或 RR 对数值标准误 SE(lnRR)的倒数为漏斗图 Y 轴。在 RevMan 软件中(见后述),漏斗图采用 OR 或 RR 对数值(lnOR 或 lnRR)为横坐标,OR 或 RR 对数值标准误的倒数 1/SE(lnRR)为纵坐标绘制,再以真数标明横坐标的标尺,而以 SE(lnRR)标明纵坐标的标尺。

漏斗图主要用于观察某个系统评价或 meta- 分析结果是否存在偏倚,如发表偏倚或其他偏倚。如果资料存在偏倚,会出现不对称的漏斗图,不对称越明显,偏倚程度越大。

导致漏斗图不对称的主要原因可能有:①选择性偏倚(selection bias);②发表偏倚(publication bias);③语言偏倚(language bias);④引用偏倚(citation bias);⑤重复发表偏倚(multiple publication bias);⑥小标本研究的方法学质量差(poor methodological quality of smaller studies);⑦真实的异质性(true heterogeneity);⑧机遇(chance);⑨抄袭(artefactual)。

### (五) 敏感性分析与亚组分析

敏感性分析(sensitivity analysis)是用于评价某个 meta- 分析或系统评价结果是否稳定和可靠的分析方法。如果敏感性分析对 meta- 分析或系统评价的结果没有本质性的改变,其分析结果的可靠性大大增加。如果经敏感性分析导致了不同结论,这就意味着对 meta- 分析或系统评价的结果解释和结论方面必须要谨慎。通常敏感性分析包括以下几个方面的内容:

1. 改变研究类型(如使用不同测量方法的临界点)的纳入标准、研究对象、干预措施或终点指标。

2. 纳入或排除某些含糊不清的研究,不管它们是否符合纳入标准。

3. 使用某些结果不太确定的研究的估计值重新分析数据。

4. 对缺失数据进行合理的估计后重新分析数据。

5. 使用不同统计方法重新分析数据,如用随机效应模型代替固定效应模型,反之亦然。

6. 排除某些设计不太严格的研究,如排除非安慰剂对照的研究。

亚组分析(subgroup analysis),即根据患者可能影响预后的因素分成不同的亚组来分析其结果是否因为这些因素的存在而不同。例如,可根据年龄、性别、病情严重度等进行亚组分析。亚组分析对临床指导个体化处理有重要意义,但因为亚组的样本量常很小,容易因偶然性大而得出错误结果。因此对亚组分析结果要谨慎对待,一般看作为假说的产生。只有在后来的高质量研究中得到证明或事先确定拟分析的亚组并样本足够大时,亚组分析的结果才较可靠。Cochrane 系统评价建议,在系统评价的计划书中事先设定好待分析的重要亚组避免事后亚组分析,亚组数量不要太多。亚组分析容易导致两种危害,既否认有效处理的"假阴性"结论或得出无效甚至是有害的"假阳性"结论;也容易产生出一些令人误解的建议。

### (六) 森林图的解读

meta- 分析最常使用森林图(forest plots)展示其统计分析的内容。在森林图中,竖线为无效线,即无统计学意义的值。RR 和 OR 无效竖线的横轴尺度为 1,而 RD、MD 和 SMD 无效竖线的横轴尺度为 0。每条横线为每个研究的 95% 可信区间上下限的连线,其线条长短直观地表示了可信区间范围的大小,线条中央的小方块为统计量(如,RR、OR 或 MD 值等)的位置,其方块大小为该研究权重大小。若某个研究 95% 可信区间的线条横跨为无效竖线,即该研究无统计学意义,反之,若该横线落在无效竖线的左侧或右侧不与无效竖线相交,该研究有统计学意义,详见下述实例分析。

## 二、实例分析

### (一)分类资料 meta- 分析

为了解二甲双胍对多囊卵巢综合征的治疗作用,研究者收集了以患者排卵数为评价指标的 7 个随机对照试验的结果,其数据如表 8-2 所示。

表 8-2　二甲双胍对多囊卵巢综合征的治疗性研究 *

| K 个研究 | 二甲双胍组 | | 对照组 | | OR | OR 的 95%CI | |
| --- | --- | --- | --- | --- | --- | --- | --- |
| | 排卵数 (n) | 治疗总数 (N) | 排卵数 (n) | 治疗总数 (N) | | 下限 | 上限 |
| Fleming2002 | 37 | 45 | 30 | 47 | 2.62 | 0.99 | 6.90 |
| Jakubowicz2001 | 8 | 28 | 0 | 28 | 22.40 | 1.22 | 412.93 |
| Nestler1996 | 5 | 11 | 1 | 13 | 10.00 | 0.94 | 105.93 |
| Nestler1998 | 12 | 35 | 1 | 26 | 13.04 | 1.57 | 108.36 |
| Ng2001 | 3 | 9 | 3 | 9 | 1.00 | 0.14 | 7.10 |
| Vandermolen2001 | 1 | 12 | 1 | 15 | 1.27 | 0.07 | 22.72 |
| Yarail2002 | 6 | 16 | 1 | 16 | 9.00 | 0.94 | 86.53 |
| 合计 | 72 | 156 | 37 | 154 | | | |

注:* 选自 Jonathan M Lord,Ingrid H K Flight,Robert J Norman. Metformin in polycystic ovary syndrome: systematic review and meta-analysis. BMJ,2003;327:951

从表中可见,在 7 个研究中第 1、3、5、6 和第 7 个研究 OR 的 95%CI 都包含了 1(下限小于 1,上限大于 1),即无统计学意义,认为二甲双胍无效,而其余 2 个研究的 95%CI 的上下限都大于 1,认为二甲双胍有效。据此结果,很难得到二甲双胍对多囊卵巢综合征是否有治疗作用的结论。该数据资料在 RevMan 5.0 软件中的计算结果如图 8-1 所示。

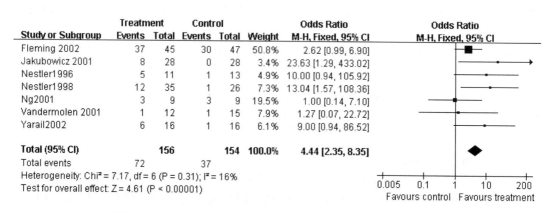

图 8-1　7 个二甲双胍治疗多囊卵巢综合征研究的 meta- 分析结果

图 8-1 显示该资料 meta- 分析的以下内容：

1. 图 8-1 左侧所示为 7 个独立研究的数据。

2. 图 8-1 所示中间为 7 个独立研究的固定效应模型（Peto fixed effect model）OR 值及 95% 可信区间（95%CI）的计算结果，如 Fleming（第 1 个）的研究，其 OR 为 2.62，95%CI 为 0.99~6.90，余类推。

3. 图 8-1 右侧所示为 7 个独立研究的森林图（forest plots），该图的竖线为无效线，即 OR=1，每条横线为该研究的 95% 可信区间上下限的连线，其线条长短直观地表示了可信区间范围的大小，线条中央的小方块为 OR 值的位置，其方块大小为该研究权重大小。若某个研究 95% 可信区间的线条横跨为无效竖线，即该研究无统计学意义，反之，若该横线落在无效竖线的左侧或右侧，该研究有统计学意义。

4. 图 8-1 中间底部所示为该 7 个研究的 meta- 分析结果：

异质性检验（test for heterogeneity）$\chi^2$ 值和 $P$ 值，该实例 $\chi^2$=7.17，$P$=0.31，$I^2$=16%

（1）合并效应量 OR$_{合并}$（Total），该例 OR$_{合并}$=4.44

（2）合并效应量 OR$_{合并}$ 的 95%CI，该例 OR$_{合并}$ 95%CI=2.35~8.35

（3）合并效应量的检验（test for overall effect）Z 值（即 u 值）和 $P$ 值，该例 Z=4.61，$P$<0.00 001

根据上述分析结果，可认为这 7 个二甲双胍治疗多囊卵巢综合征的研究资料具有同质性（异质性检验 $\chi^2$=7.17，$P$=0.31，$I^2$=16%），因此，合并效应量 OR 采用固定效应模型，OR$_{合并}$=4.44，其 95%CI=2.35~8.35，可认为二甲双胍治疗多囊卵巢综合征有效。

该研究的漏斗图如图 8-2 所示，其图型较对称，可认为该研究的偏倚较小。

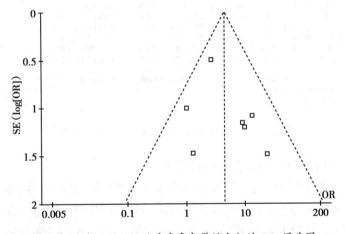

**图 8-2** 7 个二甲双胍治疗多囊卵巢综合征的 OR 漏斗图

## （二）数值资料的 meta- 分析

例 6，为研究钙补充对健康儿童骨质密度的影响，某研究者收集了以儿童的骨矿物密度为指标的 9 个研究，比较接受了钙补充的儿童与没有接受钙补充的儿童的骨矿物密度有无差别，数据如表 8-3 所示。

从表 8-3 中可见，在 9 个研究中第 8 研究的 $P$<0.05，可认为有钙补充儿童的骨矿物密度大于无钙补充的儿童，而其余 8 个研究的 $P$>0.05 不能认为有钙补充儿童的骨矿物密度大于无钙补充的儿童。据此结果，很难得到有钙补充儿童的骨矿物密度是否与无钙补充的儿童

表 8-3　两组骨矿物密度的比较 *

| 第 i 个研究 | 有钙补充组 | | | 无钙补充组 | | | P 值 |
|---|---|---|---|---|---|---|---|
| | $n_{1i}$ | $\overline{X}_{1i}$ | $S_{1i}$ | $n_{2i}$ | $\overline{X}_{2i}$ | $S_{2i}$ | |
| 1 | 44 | 1783.00 | 238.00 | 47 | 1717.00 | 302.00 | >0.05 |
| 2 | 30 | 1179.57 | 209.01 | 36 | 1151.25 | 195.57 | >0.05 |
| 3 | 49 | 860.29 | 134.19 | 51 | 860.34 | 13.69 | >0.05 |
| 4 | 88 | 685.55 | 88.00 | 90 | 681.50 | 80.55 | >0.05 |
| 5 | 65 | 2143.00 | 265.00 | 66 | 2088.00 | 235.00 | >0.05 |
| 6 | 24 | 1583.00 | 504.00 | 24 | 1512.00 | 372.00 | >0.05 |
| 7 | 54 | 1932.11 | 292.33 | 57 | 1907.53 | 328.77 | >0.05 |
| 8 | 22 | 1340.90 | 216.37 | 63 | 1186.10 | 285.32 | <0.05 |
| 9 | 73 | 2796.00 | 415.00 | 70 | 2770.00 | 407.00 | >0.05 |
| 合计 | 449 | | | 504 | | | |

注:* 选自 Tania Winzenberg,Kelly Shaw,Jayne Fryer,Graeme Jones.Effects of calcium supplementation on bone density in healthy children: meta-analysis of randomised controlled trials. BMJ,2006; 333:775

有差别。该数据资料在 RevMan 5.0 软件中的计算结果如图 8-3 所示。

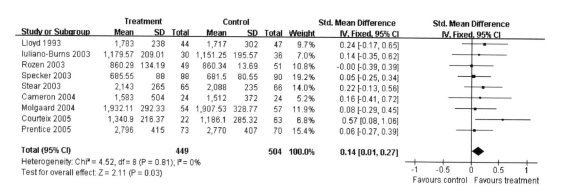

图 8-3　9 个骨矿物密度比较的 meta- 分析结果

图 8-3 显示连续性资料 meta- 分析的以下内容:

1. 图 8-3 左侧所示为 9 个独立研究的试验组和对照组的例数、均数和标准差数据。

2. 图 8-3 中间所示为 9 个独立研究的标准化均数差值(SMD)的固定效应模型加权均数差值及 95% 可信区间(95%CI)的计算结果,如 Lloyd(第 1 个)的研究,标准化均数差值(SMD)为 0.24,其 95%CI 为 –0.17~0.65,余类推。

3. 图 8-3 右侧所示为 9 个独立研究的森林图,该图的竖线为无效线,即 SMD=0,每条横线为该研究的 95% 可信区间上下限的连线,其线条长短直观地表示了可信区间范围的大小,若某个研究 95% 可信区间的线条横跨为无效竖线,即该研究无统计学意义,反之,若该横线落在无效竖线的左侧或右侧,该研究有统计学意义。

4. 图 8-3 中间底部所示为该 3 个研究的 SMD 法的 meta- 分析结果:

(1) 异质性检验(test for heterogeneity)$\chi^2$ 值和 P 值,该例 $\chi^2$=4.52,P=0.81,$I^2$=0%

(2) 标准化均数差的合并效应量(total)为 0.14

（3）标准化均数差的合并效应量的95%CI为0.01~0.27

（4）合并效应量的检验（test for overall effect）Z值（即u值）和P值，该例Z=2.11，P=0.03

根据上述分析结果，可认为这9个研究资料具有同质性（异质性检验 $\chi^2$=4.52，P=0.81，$I^2$=0%），因此，合并效应量采用固定效应模型，标准化均数差（SMD$_{合并}$）的合并效应量（total）为0.14，其95%CI为0.01~0.27，可认为有钙补充儿童的骨矿物密度高于没有钙补充儿童的骨矿物密度。

该研究的漏斗图的如图8-4所示，其图形较对称，可认为该研究的偏倚较小。

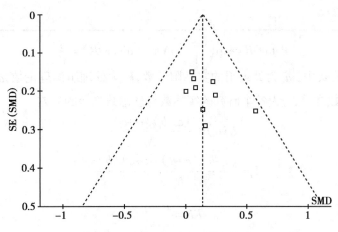

**图8-4　9个钙补充对健康儿童骨矿物密度影响的漏斗图**

## 三、常用 meta- 分析的数据及公式

若有 K 个独立研究，需要做 meta- 分析的指标为分类变量，研究者应收集每个研究同一指标的四格表数据，并汇总其数据见表8-4。

**表8-4　K个两组分类变量的数据格式**

| K 个研究 | 试验组 | | | 对照组 | | | $N_i$ |
|---|---|---|---|---|---|---|---|
| | 发生 $a_i$ | 未发生 $b_i$ | $n_{1i}$ | 发生 $c_i$ | 未发生 $d_i$ | $n_{2i}$ | |
| i=1 | $a_1$ | $b_1$ | $n_{11}$ | $c_1$ | $d_1$ | $n_{21}$ | $N_1$ |
| i=2 | $a_2$ | $b_2$ | $n_{12}$ | $c_2$ | $d_2$ | $n_{22}$ | $N_2$ |
| i=3 | $a_3$ | $b_3$ | $n_{13}$ | $c_3$ | $d_3$ | $n_{23}$ | $N_3$ |
| … | … | … | … | … | … | … | … |

若需要做 meta- 分析的指标为数值资料，研究者应收集每个研究的同一指标两组的均数、标准差和样本例数的数据，并汇总其数据见表8-5。

**（一）单个研究的统计量及方差**

比值比

$$OR_i = \frac{a_i d_i}{b_i c_i}$$

$$\mathrm{Var}(\ln OR_i) = \frac{1}{a_i} + \frac{1}{b_i} + \frac{1}{c_i} + \frac{1}{d_i}$$

表 8-5　K 个两均数比较的数据格式

| K 个研究 | 试验组 | | | 对照组 | | | $N_i$ |
|---|---|---|---|---|---|---|---|
| | 均数 | 标准差 | 例数 | 均数 | 标准差 | 例数 | |
| | $\overline{X}_{1i}$ | $S_{1i}$ | $n_{1i}$ | $\overline{X}_{2i}$ | $S_{2i}$ | $n_{2i}$ | |
| $i=1$ | $\overline{X}_{11}$ | $S_{11}$ | $n_{11}$ | $\overline{X}_{21}$ | $S_{21}$ | $n_{21}$ | $N_1$ |
| $i=2$ | $\overline{X}_{12}$ | $S_{12}$ | $n_{12}$ | $\overline{X}_{22}$ | $S_{22}$ | $n_{22}$ | $N_2$ |
| $i=3$ | $\overline{X}_{13}$ | $S_{13}$ | $n_{13}$ | $\overline{X}_{23}$ | $S_{23}$ | $n_{23}$ | $N_3$ |
| … | … | … | … | … | … | … | … |

Peto 比值比 $\qquad$ $\text{Peto } OR_i = \exp\left(\dfrac{a_i - E_i}{V_i}\right) \quad \text{Var}(\ln \text{Peto} OR_i) = \dfrac{1}{V_i}$

Peto $OR_i$ 的公式中：$a_i$ 为处理组的实际阳性数，$E_i$ 为处理组的理论数，$a_i - E_i$ 为各个研究的实际数与理论数之差，$V_i$ 为各个研究的实际数与理论数之差的方差。

式中：

$$E(a_i) = \frac{(a_i + b_i)(a_i + c_i)}{N_i}$$

$$V_i = \frac{(a_i + b_i)(c_i + d_i)(a_i + c_i)(b_i + d_i)}{N_i^2(N_i - 1)}$$

相对危险度 $\qquad$ $RR_i = \dfrac{a_i / n_{1i}}{c_i / n_{2i}}$

$$\text{Var}(\ln RR_i) = \sqrt{\frac{1}{a_i} + \frac{1}{c_i} - \frac{1}{n_{1i}} - \frac{1}{n_{1i}}}$$

率差（危险差） $\qquad$ $RD_i = \dfrac{a_i}{n_{1i}} - \dfrac{c_i}{n_{2i}} \quad \text{Var}(RD_i) = \dfrac{a_i b_i}{(n_{1i})^3} + \dfrac{c_i d_i}{(n_{2i})^3}$

均数差 $\qquad$ $MD_i = \overline{X}_{1i} - \overline{X}_{2i}$

$$\text{Var}(MD_i) = \sqrt{\frac{S_{1i}^2}{n_{1i}} + \frac{S_{2i}^2}{n_{2i}}}$$

标准化均数差 $\qquad$ $SMD_i = \dfrac{\overline{X}_{1i} - \overline{X}_{2i}}{S_{ci}}\left(1 - \dfrac{1}{4N_i - 9}\right)$

$$\text{Var}(SMD) = \frac{N_i}{n_{1i} \, n_{2i}} + \frac{SMD^2}{2(N_i - 3.94)}$$

SMD 第 i 个研究的 $S_{ci}$ 按下式计算：

$$S_{ci} = \sqrt{\frac{S_{1i}^2(n_{1i} - 1) + S_{2i}^2(n_{2i} - 1)}{(n_{1i} + n_{2i} - 2)}}$$

**（二）单个研究的可信区间**

比值比 $OR_i$ $\qquad$ $\exp\left(\ln OR_i \pm 1.96 \sqrt{\text{Var}(\ln OR_i)}\right)$

$\text{Peto} OR_i$ $\qquad$ $\exp\left[\ln(\text{Peto} OR_i) \pm 1.96 \sqrt{\text{Var}(\ln(\text{Peto} OR_i))}\right]$

相对危险度 $RR_i$ $\qquad$ $\exp\left(\ln RR_i \pm 1.96 \sqrt{\text{Var}(\ln RR_i)}\right)$

率差（危险差）$RD_i$ $\qquad$ $RD_i \pm 1.96 \sqrt{\text{Var}(RD_i)}$

均数差 MD $\qquad$ $MD_i \pm 1.96 \sqrt{\mathrm{Var}(MD_i)}$

标准化均数差 SMD $\qquad$ $SMD_i \pm 1.96 \sqrt{\mathrm{Var}(SMD_i)}$

## (三) 合并效应量及方差

$$OR_{合并} = \frac{\sum (a_i d_i / N_i)}{\sum (b_i c_i / N_i)} \qquad \mathrm{Var}(\ln OR_{合并}) = \frac{\sum P_i R_i}{2(\sum R_i)^2} + \frac{\sum (P_i S_i + Q_i R_i)}{2 \sum R_i \sum S_i} + \frac{\sum Q_i S_i}{2(\sum S_i)^2}$$

式中：
$$R_i = \frac{a_i d_i}{N_i}, \quad S_i = \frac{b_i c_i}{N_i}, \quad P_i = \frac{a_i + d_i}{N_i}, \quad Q_i = \frac{b_i + c_i}{N_i}$$

$$\mathrm{Peto}OR_{合并} = \exp\left[\frac{\sum (a_i - E_i)}{\sum V_i}\right] \qquad \mathrm{Var}(\ln \mathrm{Peto}OR_{合并}) = \frac{1}{\sum V_i}$$

$$OR_{合并} = \frac{\sum \left(\dfrac{a_i n_{1i}}{N_i} - \dfrac{c_i n_{2i}}{N_i}\right)}{\sum \dfrac{n_{1i} n_{2i}}{N_i}} \qquad \mathrm{Var}(RD_{合并}) = \frac{\sum \dfrac{a_i b_i n_{1i}^3 + c_i d_i n_{2i}^3}{n_{1i} n_{2i} N_i^2}}{\left(\sum \dfrac{n_{1i} n_{2i}}{N_i^2}\right)^2}$$

$$RR_{合并} = \exp\left(\frac{\sum W_i \ln RR_i}{\sum W_i}\right) \qquad \mathrm{Var}(\ln RR_{合并}) = \frac{1}{\sum W_i}$$

$$MD_{合并} = \frac{\sum W_i d_i}{\sum W_i} \qquad \mathrm{Var}(MD_{合并}) = \frac{1}{\sum W_i} \qquad 其中\ W_i = \frac{1}{\mathrm{Var}(MD_i)}$$

注：$SMD_{合并}$ 及 $\mathrm{Var}(SMD_{合并})$ 计算与 $MD_{合并}$ 相同

## (四) 合并效应量的可信区间

$OR_{合并} 95\%$ 的可信区间：$\exp(OR_{合并} \pm 1.96 \sqrt{\mathrm{Var}(\ln OR_{合并})}$

Peto $OR_{合并} 95\%$ 的可信区间：$\exp(OR_{合并} \pm 1.96 \sqrt{\mathrm{Var}(\ln \mathrm{Peto}OR_{合并})}$

$RR_{合并} 95\%$ 的可信区间：$\exp(RR_{合并} \pm 1.96 \sqrt{\mathrm{Var}(\ln RR_{合并})}$

$RD_{合并} 95\%$ 的可信区间：$RD_{合并} \pm 1.96 \sqrt{\mathrm{Var}(RD_{合并})}$

均数差法 (MD) $95\%$ 的可信区间：$MD \pm 1.96 \sqrt{\mathrm{Var}(MD_{合并})}$

标准化均数差法 (SMD) $95\%$ 的可信区间：$SMD \pm 1.96 \sqrt{\mathrm{Var}(SMD_{合并})}$

## (五) 异质性检验

$$Q = \sum W_i (\theta_i - \bar{\theta}) = \sum W_i \theta_i^2 - \frac{(\sum W_i \theta_i)^2}{\sum W_i} \qquad \nu = K-1$$

式中 $\theta_i$ 为单个研究的统计量，如 $\ln RR_i$、$\ln OR_i$、$\ln \mathrm{Peto}OR_i$、$RD_i$ 等；$W_i$ 为每个研究的权重，第 i 个研究的权重 $W_i$ 按式 $W_i = 1/\mathrm{var}(\theta_i)$ 计算，$\bar{\theta}$ 为合并效应量，如 $\ln OR_{合并}$、$\ln RR_{合并}$、$\ln \mathrm{Peto}OR_{合并}$、$RD_{合并}$ 等。该检验统计量 Q 服从自由度为 K-1 的卡方 ($\chi^2$) 分布，因此，当计算得到 Q 后，需查卡方界值表得概率，故又有人将此检验称之为卡方检验。

## (六) 合并效应量的检验

$$z = \frac{\bar{\theta}}{\sqrt{\mathrm{Var}(\bar{\theta})}}$$

式中的 $\bar{\theta}$ 为合并效应量，如 $\ln OR_{合并}$、$\ln RR_{合并}$、$\ln \mathrm{Peto}OR_{合并}$、$RD_{合并}$ 等。

### (七) 随机效应模型

随机效应模型的计算,目前主要采用 D-L 法,该法 1986 年由 DerSimonian 和 Laird 首先提出,不仅可用于分类变量,也适用于数值变量。D-L 法主要是对权重 $W_i$ 进行校正,校正后的权重 $W_i^*$ 按下式进行计算:

$$W_i^* = \left(D + \frac{1}{W_i}\right)^{-1} \text{其中 D 的计算公式为 } D = \frac{Q - (K-1)}{\left(\sum W_i - \frac{\sum W_i^2}{\sum W_i}\right)}$$

$$\bar{d} = \frac{\sum W_i^* d_i}{\sum W_i^*} \qquad Var(\bar{d}) = \frac{1}{\sum W_i^*}$$

注:Peto 法只有固定效应模型,无随机效应模型,式中 $\bar{d}$ 为合并效应量,如 $lnOR_{合并}$、$lnRR_{合并}$、$RD_{合并}$ 等。

# 第二节　常用统计指标及可信区间

## 一、分类资料的指标

在系统评价与循证医学的研究和应用中除有效率、死亡率、患病率、发病率等常用率的指标外,相对危险度(RR)、比值比(OR)及由此导出的其他指标也是循证医学中富有特色的描述指标,如相对危险度减少率(relative risk reduction,RRR)、绝对危险度减少率(absolute riskreduction,ARR)和 NNT(number needed to treat,NNT)等。

### (一) 基本指标

1. EER、CER 及可信区间　率(rate)在预防和治疗性试验中可细分为 EER 和 CER 两类,EER(experimental event rate)即试验组事件发生率,如对某病采用某些防治措施后该疾病的发生率。CER(control event rate)即对照组中事件发生率,如对某病不采取防治措施的发生率。

率的可信区间可用于估计总体率,计算总体率的可信区间时要考虑样本率(p)的大小。当 n 足够大,如 n>100,样本率 p 与 1-p 均不太小,且 np 与 n(1-p) 均大于 5 时,可用下式(正态近似法)求总体率的可信区间。

率的可信区间: $p \pm u_\alpha SE(p) = (p - u_\alpha SE(p), p + u_\alpha SE(p))$

率的标准误: $SE(p) = \sqrt{p(1-p)/n}$

式中 $u_a$ 以 $\alpha$ 查 u 值表,常用 95% 的可信区间,这时 $\alpha = 0.05$,其 $u_{0.05} = 1.96$。

例:某医师研究抗高血压药物治疗老年心血管疾病的效果,其资料见表 8-6

表 8-6　抗高血压药物治疗老年心血管疾病的效果

|  | 病死 | 未病死 | 例数 |
|---|---|---|---|
| 抗高血压药物组 | 84(a) | 728(b) | 812($n_1$) |
| 对照组 | 152(c) | 663(d) | 815($n_2$) |
| 合计 | 236 | 1391 | 1627(N) |

该抗高血压药物治疗老年心血管疾病临床试验的试验组异常率(EER)为:

$$EER = a/n_1 = 84/812 = 0.103$$

该抗高血压药物治疗老年心血管疾病临床试验的对照组异常率（CER）为：

$$CER=c/n_2=152/815=0.187$$

该试验 EER 的 95% 可信区间为：

$$SE=\sqrt{p(1-p)/n}=\sqrt{0.103(1-0.103)/812}=0.011$$

$$p\pm1.96SE=(p-1.96SE,p+1.96SE)$$
$$=(0.10-1.96\times0.011,0.10+1.96\times0.011)$$
$$=(0.083,0.124)$$

该试验组病死率（EER）的 95% 的可信区间为 0.083~0.124（8.3%~12.4%）。

同理,该对照组病死率（CER）的 95% 的可信区间为 0.159~0.213（15.9%~21.3%）。

当样本率 p 较小（如 p<0.30）或较大（如 p>0.70）时,使用上述正态近似法计算率的可信区间计算误差较大。此时可使用平方根反正弦变换或精确概率法计算,其计算方法可参阅医学统计相关书籍,此处从略。

2. 率差及可信区间　在疾病的病因、治疗及预后试验中,常用发生率来表示某事件的发生强度,两个发生率的差即为率差,也称危险差（rate difference,risk difference,RD）,其大小可反映试验效应的大小,其可信区间可用于推断两个率有无差别。两率差为 0 时,两组某事件发生率无差别；而两率差的可信区间不包含 0（上下限均大于 0 或上下限均小于 0）,则两个率有差别；反之,两率差的可信区间包含 0,则无统计学意义。

两率差的可信区间由下式计算：

两率差的可信区间：$(p_1-p_2)\pm u_\alpha SE(p_1-p_2)$
$$=(p-u_\alpha SE(p_1-p_2),p+u_\alpha SE(p_1-p_2))$$

两率差的标准误：$SE(p_1-p_2)=\sqrt{\dfrac{p_1(1-p_1)}{n_1}+\dfrac{p_2(1-p_2)}{n_2}}$

如前述抗高血压药物治疗老年心血管疾病的效果 EER=10.3%,CER=18.7%

两率差的标准误：$SE(p_1-p_2)=\sqrt{\dfrac{p_1(1-p_1)}{n_1}+\dfrac{p_2(1-p_2)}{n_2}}$

$$=\sqrt{\frac{0.103(1-0.103)}{812}+\frac{0.187(1-0.187)}{815}}=0.017$$

两率差的可信区间：$(p_1-p_2)\pm u_\alpha SE(p_1-p_2)$
$$=(0.103-0.187)\pm1.96\times0.017$$
$$=-0.117\sim-0.049$$

抗高血压药物治疗老年心血管疾病的病死率 EER=10.3%,对照组的病死率 CER=18.7%,该例两率差为 0.084,其 95% 可信区间为 -0.117~-0.049,上下限均小于 0（不包含 0）,两率差别有统计学意义,抗高血压药物可降低老年心血管疾病的病死率。

3. RR 及可信区间　相对危险度 RR（relative risk,RR）是前瞻性研究（如 RCT,队列研究等）中较常用的指标,它是试验组（暴露组）某事件的发生率 $p_1$ 与对照组（非暴露组）$p_0$ 某事件的发生率之比,用于说明试验组某事件的发生率是对照组的多少倍,也常用来表示暴露与疾病联系的强度及其在病因学上的意义大小（表 8-7）。

表 8-7　RR 计算的四格表

| 组别 | 发生 | 未发生 | 合计 |
|---|---|---|---|
| 试验组 | a | b | $n_1$ |
| 对照组 | c | d | $n_2$ |

试验组的发生率为：$p_1=a/(a+b)$；对照组的发生率为：$p_0=c/(c+d)$, 相对危险度 RR 按式计算为：

$$RR=\frac{p_1}{p_0}=\frac{a/(a+b)}{c/(c+d)}=\frac{EER}{CER}$$

当 RR=1 时, 表示试验因素与疾病无关, RR $\neq$ 1 表示试验因素对疾病有影响。

若 $p_1$ 和 $p_0$ 是病死率、患病率等指标时, 当 RR<1 时, EER 小于 CER, 表示试验组所使用的试验因素与对照组相比可以减少其病死率、患病率等, 该试验因素是疾病的有益因素, 且 RR 越小, 试验因素对疾病的有益作用就越大；当 RR>1 时, EER 大于 CER, 表示试验组所使用的试验因素与对照组相比可以增加其病死率、患病率等, 该试验因素是疾病的有害因素, 且 RR 越大, 试验因素对疾病的不利影响就越大。

若 $p_1$ 和 $p_0$ 是有效率、治愈率等指标时, 当 RR<1 时, EER 小于 CER, 表示试验组所使用的试验因素与对照组相比可以减少其有效率、治愈率等, 该试验因素是疾病的有害因素, 且 RR 越小, 试验因素对疾病的有害作用就越大；当 RR>1 时, EER 大于 CER, 表示试验组所使用的试验因素与对照组相比可以增加其有效率、治愈率等, 该试验因素是疾病的有益因素, 且 RR 越大, 试验因素对疾病的有益影响就越大。

RR 的可信区间, 应采用自然对数进行计算, 即应求 RR 的自然对数值 ln(RR) 和 ln(RR) 的标准误 SE(lnRR), 其计算公式如下：

$$SE(lnRR)=\sqrt{\frac{1}{a}+\frac{1}{c}-\frac{1}{a+b}-\frac{1}{c+d}}=\sqrt{\frac{1}{r_1}+\frac{1}{r_2}-\frac{1}{n_1}-\frac{1}{n_2}}$$

ln(RR) 的 95% 可信区间为：$ln(RR)\pm 1.96SE(lnRR)$

RR 的 95% 可信区间为：$exp\left[ln(RR)\pm 1.96SE(lnRR)\right]$

由于 RR=1 时为试验因素与疾病无关, 故其可信区间不包含 1 时表示有统计学意义；反之, 其可信区间包含 1 时为无统计学意义。

如前述抗高血压药物治疗老年心血管疾病的效果, 试估计其 RR 的 95% 可信区间（参见表 8-6）。

抗高血压药物组的病死率 $p_1=84/812$；对照组的病死率 $p_0=152/815$, 其 RR 和其 95% 的可信区间为：

$$RR=\frac{p_1}{p_0}=\frac{84/812}{152/815}=0.55$$

$$ln(RR)=ln(0.55)=-0.589$$

$$SE(lnRR)=\sqrt{\frac{1}{r_1}+\frac{1}{r_2}-\frac{1}{n_1}-\frac{1}{n_2}}=\sqrt{\frac{1}{84}+\frac{1}{152}-\frac{1}{812}-\frac{1}{815}}=0.127$$

ln(RR) 的 95% 可信区间：

$$ln(RR)\pm 1.96SE(lnRR)$$

$$= -0.589 \pm 1.96 \times 0.127 = (-0.837, -0.341)$$

RR 的 95% 可信区间:

$$\exp\left[\ln(RR) \pm 1.96SE(\ln RR)\right]$$
$$= \exp(-0.837, -0.341) = (0.433, 0.711)$$

该例 RR 的 95% 可信区间为 0.433~0.711,该区间小于 1,可以认为抗高血压药物有助于降低老年心血管疾病病死率。

4. OR 及可信区间  回顾性研究(如病例对照研究)往往无法得到某事件的发生率 CER 或 EER(如死亡率、病死率、发病率),也就无法计算出 RR。但当该发生率很低时(如发生率小于或等于 5%),可以计算出一个 RR 的近似值,该近似值称为 OR,即是比值比(odds ratio)。OR 的数据表格如表 8-8 所示。

表 8-8  OR 计算的四格表

| 组别 | 暴露 | 非暴露 | 例数 |
|------|------|--------|------|
| 病例组 | a | B | $n_1$ |
| 非病例组 | c | D | $n_2$ |

$odds_1$ 是病例组暴露率 $\pi_1$ 和非暴露率 $1 - \pi_1$ 的比值,即

$$odds_1 = \pi_1/(1 - \pi_1) = \frac{a/(a+b)}{b/(a+b)}$$

$odds_0$ 是对照组暴露率 $\pi_0$ 和非暴露率 $1 - \pi_0$ 的比值,即

$$odds_0 = \pi_0/(1 - \pi_0) = \frac{c/(c+d)}{d/(c+d)}$$

以上这两个比值之比即为比值比,又称机会比、优势比等。

$$OR = \frac{odds_1}{odds_0} = \frac{\pi_1/(1 - \pi_1)}{\pi_0/(1 - \pi_0)} = \frac{ad}{bc}$$

实例,某研究者为研究心肌梗死与近期使用某口服避孕药间的关系,调查了 234 例心肌梗死患者和 1742 例未发生心肌梗死的对照者,回顾性调查了所有研究对象近期是否使用某口服避孕药,其调查结果见表 8-9。

表 8-9  心肌梗死与近期使用某口服避孕药关系的回顾性调查数据

| 组别 | 用药 | 未用药 | 合计 |
|------|------|--------|------|
| 病例组 | 29 | 205 | 234 |
| 对照组 | 135 | 1607 | 1742 |
| 合计 | 164 | 1812 | 1976 |

摘自方积乾.医学统计学与电脑实践.第 2 版,上海科技出版社,2001,313-314.

该实例的 OR 计算:

$$OR = \frac{odds_1}{odds_0} = \frac{ad}{bc}$$
$$= \frac{29 \times 1607}{205 \times 135} = 1.68$$

该回顾性研究结果的 OR=1.68,即病例组近期使用口服避孕药的比值是对照组比值的 1.68 倍,据此研究结果可认为心肌梗死患者与近期使用某口服避孕药有一定关系。

而在前瞻性研究中,当所研究疾病的发病率、病死率等发生率较低时(比如 $P \leqslant 5\%$),即 a 和 c 均较小时,OR 与 RR 的计算结果非常近似,此时也可使用 OR 估计 RR,且该事件发生率越低其近似结果越好。如前述抗高血压药物治疗老年心血管疾病的效果(参见表 5-1),其 RR=0.55,而其 OR=0.50,可见 $OR \approx RR$

$$OR = \frac{ad}{bc} = \frac{84 \times 663}{152 \times 728} = 0.50$$

OR 的可信区间同样需要采用自然对数计算,其 ln(OR)的标准误 SE(lnOR)按下式计算:

$$SE(lnOR) = \sqrt{\frac{1}{a} + \frac{1}{b} + \frac{1}{c} + \frac{1}{d}}$$

ln(OR)的可信区间为: $\ln(OR) \pm u_\alpha SE(lnOR)$

OR 的可信区间为: $\exp\left[\ln(OR) \pm u_\alpha SE(lnOR)\right]$

如前述抗高血压药物治疗老年心血管疾病的效果,试估计其 OR 的 95% 可信区间。

$$OR = \frac{84 \times 663}{152 \times 728} = 0.50 \qquad\qquad \ln(OR) = \ln(0.50) = -0.687$$

$$SE(lnOR) = \sqrt{(1/84 + 1/728 + 1/152 + 1/663)} = 0.146$$

ln(OR)的 95% 可信区间为:
$$\ln(OR) \pm 1.96 SE(lnOR)$$
$$= -0.687 \pm 1.96 \times 0.146$$
$$= (-0.973, -0.400)$$

OR 的 95% 可信区间为:
$$\exp\left[\ln(OR) \pm 1.96 SE(lnOR)\right]$$
$$= \exp(-0.973, -0.400)$$
$$= (0.378, 0.670)$$

该例 OR 的 95% 可信区间为 0.378~0.670,该区间小于 1,可以认为抗高血压药物治疗老年心血管疾病有效。

**(二) 防治效果指标**

循证医学评价防治效果常用的主要疗效指标有病死率、复发率、残疾等客观准确的结局指标。使用这些指标时,要求对照组使用的是安慰剂,试验组采用的是某治疗(干预)措施,其应用目的是评价试验组在使用某治疗措施后,这些不利结局指标的发生率是否低于对照组。如果主要疗效指标使用的是如"有效率"这类有利结局指标,以下这些指标就不再适用。

1. ARR 及可信区间  当率差(RD)是某疗效事件发生率的差值(如病死率的差值),且 EER<CER 时,即为绝对危险度降低率(absolute risk reduction, ARR),用以反映某疗效事件的发生率(如病死率、复发率等)试验组比对照组减少的绝对量,具有临床意义简单和明确的优点,其计算公式为: ARR=|EER−CER|。但当其值很小时会出现难以判定其临床意义的问题。如,试验人群中某病的发生率为 0.00039%,而对照组人群的发生率为 0.00050%,其 ARR=CER−EER=0.00050%−0.00039%=0.00011% 的意义很难解释。若用 ARR 的倒数(1/ARR)在临床上更容易解释,见后所述 NNT。

ARR 可用于度量试验组使用某干预措施后,某疗效事件发生率比对照组减少的绝对量,其计算公式为:ARR=|EER−CER|,它的标准误和可信区间计算与 RD 相同。

ARR 的标准误:
$$SE(ARR)=\sqrt{\frac{p_1(1-p_1)}{n_1}+\frac{p_2(1-p_2)}{n_2}}$$

ARR 的可信区间:$(ARR+u_\alpha SE(ARR),(ARR-u_\alpha SE(ARR))$

如表 5-1 数据:试验组老年心血管疾病的病死率为 84/812=10.3%,而对照组老年心血管疾病的病死率为 152/815=18.7%,其 ARR=18.7%−10.3%=8.4%,标准误为:

$$SE(ARR)=\sqrt{\frac{p_1(1-p_1)}{n_1}+\frac{p_2(1-p_2)}{n_2}}$$
$$=\sqrt{\frac{0.103(1-0.103)}{812}+\frac{0.187(1-0.187)}{815}}=0.017$$

其 95% 的可信区间为:
$$ARR \pm 1.96SE(ARR)=(ARR-1.96SE(ARR),ARR+1.96SE(ARR))$$
$$=(0.084-1.96 \times 0.017,0.084+1.96 \times 0.17)$$
$$=(0.049,0.117)$$

该抗高血压药物治疗老年心血管疾病的 ARR 为 8.4%,即试验组的病死率比对照组减少 8.4%,其 95% 的可信区间为 0.049~0.117(4.9%~11.7%),上下限均大于 0(不包含 0),可认为抗高血压药物可降低老年心血管疾病的病死率。

2. NNT 及可信区间　NNT(number needed to treat)的临床含义为:对患者采用某种防治措施,比对照组多减少一例不利结局需要防治的病例数(number of patients who need to be treated to achieve one additional favorable outcome,NNT)其计算公式如下:

$$NNT=\frac{1}{|EER-CER|}=\frac{1}{ARR}$$

该公式中的 EER 和 CER 定义为采用某干预措施之后某疗效事件的发生率,如阿司匹林预防心肌梗死的病死率。从公式可见,NNT 的值越小,该防治效果就越好,其临床意义也就越大。

如现有一种防治措施的 ARR=11%,那么 NNT=1/11%=9,即只需防治 9 个病例,就可以得到 1 例额外的有利结果。另有一种防治措施的 NNT=1/0.00011%=909090,即需要防治近百万个病例,才能得到 1 例额外的有利结果。以上就能充分显示不同防治措施的效果大小差异及显然不同的临床意义。

注意:NNT 中的对照组通常是安慰剂对照,如果对照组是阳性对照,则同一干预措施的 EER 与不同阳性对照的 CER 所得到的 NNT 间不能比较。

NNT 的 95% 的可信区间由于无法计算 NNT 的标准误,但 NNT=1/ARR,故 NNT 的 95% 的可信区间的计算可利用 ARR 的 95% 的可信区间来计算。

NNT95% 可信区间的下限:1/ARR 的上限值

NNT95% 可信区间的上限:1/ARR 的下限值

例如前述表 5-1 数据的 NNT 为:

$$NNT=1/ARR=1/0.09=11.11$$

ARR 的 95% 可信区间为 0.084 ± 1.96 × 0.017=0.05~0.12,该例 NNT 的 95% 可信区间下限为：1/0.12=8.55;上限为：1/0.05=20.37,即 8.55~20.37。

3. RRR 及可信区间　相对危险度降低率(relative risk reduction,RRR),其计算公式为：

$$RRR=\frac{|CER-EER|}{CER}=1-RR$$

RRR 可反映试验组与对照组某病发生率减少的相对量,无法衡量减少的绝对量,如：试验人群中某病的发生率为 39%(EER=39%),而对照组人群的发生率为 50%(CER=50%),其 RRR=(CER-EER)/CER=(50%-39%)/50%=22%。但若另一研究中对照组疾病发生率为 0.00050%,试验组疾病发生率为 0.00039%,其 RRR 仍为 22%。则后述的 RBI 和 RRI 也有同样问题。

由于 RRR=1-RR,故 RRR 的可信区间可由 1-RR 的可信区间得到,如上例 RR=0.55,其 95% 的可信区间为 0.433~0.711,故 RRR=1-0.55=0.45,其 RRR 的 95% 可信区间为 0.289~0.567。

如前例(表 5-1)抗高血压药物治疗老年心血管疾病的 RR=0.55,其 95% 可信区间为：0.433~0.71,故 RRR=1-RR=1-0.55=0.45 或 RRR=|CER-EER| /CER=0.084/0.187=0.45

RRR 的可信区间可由 1-RR 计算得到,即：

RRR 的 95% 可信区间上限为：1-0.433=0.567

RRR 的 95% 可信区间下限为：1-0.711=0.289

该例 RRR 的 95% 可信区间为：

4. ABI　绝对获益增加率(absolute benefit increase,ABI),即试验组中某有益结果发生率 EER 与对照组某有益结果发生率 CER 的差值,有益结果(good outcomes)如：治愈、显效、有效等,其计算公式为：

$$ABI=|EER-CER|$$

该指标可反映采用试验因素处理后,患者的有益结果增加的绝对值。

5. RBI　相对获益增加率(relative benefit increase,RBI),试验组中某有益结果的发生率为 $EER_g$,对照组某有益结果的发生率为 $CER_g$,RBI 可按下式计算：

$$RBI=\frac{|EER-CER|}{CER}$$

该指标可反映采用试验因素处理后,患者有益结果增加的百分比。

**(三) 不良反应(安全性)指标**

不良效果指标指不利结果或不良事件指标：如肝功能异常率、肾功能异常率等指标。使用这些指标时,要求对照组使用的是安慰剂,试验组采用的是某治疗(干预)措施,而其应用目的是评价试验组在使用某治疗措施后,这些不良效果指标的发生率是否大于对照组。

1. ARI 及可信区间　当率差(RD)是某不良事件发生率的差值(如肝功能异常率),且 EER>CER 时,即为绝对危险度增加率(absolute risk increase,ARI)

ARI 可用于度量试验组使用某试验因素后其不利结果的发生率(如：死亡、复发、无效等)比对照组增加的绝对量：

$$ARI=|EER-CER|$$

ARI 的可信区间计算与 RD 相同

2. NNH 及可信区间 NNH 指对患者采用某种防治措施,比对照组多出现一例不良反应需要治疗的病例数(the number needed to harm one more patients from the therapy,NNH)。其计算式为:

$$NNH=1/|EER-CER|=1/ARI$$

该公式中的 EER 和 CER 定义为采用某干预措施后某不利结局的发生率。因此,NNH 值越小,表示该某治疗措施引起的不利结果(不良事件或副反应)就越大。NNH 的可信区间由 ARI 的上下限倒数计算得到。NNH 的值越小,某治疗措施引起的副反应就越大。

注意: NNH 中的对照组通常是安慰剂或开放(非安慰剂非阳性)对照。如果对照组是阳性对照,则同一干预措施的 EER 与不同阳性对照组的多个 NNH 间不能比较,这与 NNT 的类似。

如某治疗措施引起的副反应发生率为 64%,而对照组出现类似副反应率为 37%,ARI=|37%-64%|=27%,NNH=1/27%=4,即该治疗措施每处理 4 个病例,就会出现一例副反应。

3. RRI 及可信区间 RRI 为相对危险度增加率(relative risk increase,RRI),其计算公式为:

$$RRI=|EER-CER|/CER$$

当 EER>CER 时,RRI 反映了试验组某事件的发生率比对照组增加的相对量。但该指标无法衡量发生率增加的绝对量。其可信区间的计算与 RRR 相同。

## 二、数值资料的指标

描述数值变量资料的基本特征有两类指标,一是集中趋势的指标,反映一组数据的平均水平;二是离散程度的指标,反映一组数据的变异大小。两类指标联合应用才能全面描述一组数值变量资料的基本特征,是目前统计中应用最重要和最多、最广泛的指标体系。描述数值变量资料平均水平的常用指标有均数(mean)或称算术平均数(arithmetic mean)中位数(median)和几何均数(geometic mean)等;而描述数值变量资料离散程度的常用指标有标准差(standard deviation)、四分位数间距(quartile)和变异系数(coefficient of variation)等,各指标的名称及适用范围等见表 8-10。

表 8-10 数值变量的常用描述指标

| 指标名称 | 作　用 | 适用的资料 |
| --- | --- | --- |
| 均数($\bar{X}$) | 描述一组数据的平均水平,集中位置 | 正态分布或近似正态分布 |
| 中 位 数(M) | 与均数相同 | 偏态分布、分布未知、两端无界 |
| 几何均数(G) | 与均数相同 | 对数正态分布,等比资料 |
| 标 准 差(S) | 描述一组数据的变异大小,离散程度 | 正态分布或近似正态分布 |
| 四分位数间距 | 与标准差相同 | 偏态分布、分布未知、两端无界 |
| 极　差(R) | 与标准差相同 | 观察例数相近的数值变量 |
| 变异系数(CV) | 与标准差相同 | 比较几组资料间的变异大小 |

如表所示,均数与标准差联合使用描述正态分布或近似正态分布资料的基本特征;中位数与四分位数间距联合使用描述偏态分布或未知分布资料的基本特征。使用这些指标应

注意一个主要问题,即各个指标有其适用范围,应根据实际资料的情况选择使用。如:资料若服从正态分布或近似正态分布,可选用均数和标准差进行描述;资料若不服从正态分布,可选用中位数和四分位数间距进行描述,不能使用均数和标准差进行描述。目前 meta- 分析中的数值资料统计分析方法主要是建立在正态分布的基础之上,对非正态分布资料的 meta- 分析方法尚在发展和完善中。

正态分布的判断方法,最好使用正态性检验,如果矩法;也可以用统计图、表、均数与中位数的差值,以及用医学常识进行粗略估计,具体方法请参见卫生统计学或医学统计学教科书。

### (一) 均数的可信区间

总体均数的可信区间主要用于估计总体均数、样本均数与总体均数比较,计算时可按正态分布原理计算。当样本含量足够大时,其 95% 的可信间可按下式近似计算,n 越大近似程度越好。

$$\bar{X} \pm 1.96S/\sqrt{n}$$

95% 可信区间的下限为:$\bar{X} - 1.96S/\sqrt{n}$

上限为:$\bar{X} + 1.96S/\sqrt{n}$

若样本含量较小,其 95% 可信间可使用以下公式计算:

$$\bar{X} \pm t_{0.05,v} S/\sqrt{n}$$

95% 可信区间的下限为:$\bar{X} + t_{0.05,v} S/\sqrt{n}$

上限为:$\bar{X} + t_{0.05,v} S/\sqrt{n}$

式中的 $t_{0.05,v}$ 可根据具体资料的自由度,查 $t$ 界值表而获得。

本例 n=144,$\bar{X}=1.3207$,S=0.3565,v=144-1,可用大样本公式 $\bar{X} \pm 1.96 S/\sqrt{n}$ 计算

下限为:$\bar{X} - 1.96S/\sqrt{n} = 1.3207 - 1.96 \times 0.3565/\sqrt{144} = 1.2625$

上限为:$\bar{X} + 1.96S/\sqrt{n} = 1.3207 + 1.96 \times 0.3565/\sqrt{144} = 1.3789$

故该例总体均数 95% 可信区间为 (1.2625mmol/L, 1.3789mmol/L)。

### (二) 两均数差及可信区间

两个均数差(d)的可信区间可用于两个均数的比较,由于两个均数差等于 0 时为无统计学意义。如果两个均数差的可信区间不包含 0(上下限均大于 0 或上下限均小于 0),则两个均数差有差别;反之,两个均数差的可信区间包含 0,则无统计学意义。两个均数差的可信区间由下式计算:

两均数差 95%CI 为:$d \pm t_{0.05,v} SE(d)$

即 95%CI 的下限为:$d - t_{0.05,v} SE(d)$

上限为:$d + t_{0.05,v} SE(d)$

式中 d 为两均数之差,即 $d = |\bar{X}_1 - \bar{X}_2|$;SE 为两均数差值的标准误,其计算公式为:

$$SE(d) = \sqrt{\frac{(n_1-1)s_1^2 + (n_2-1)s_2^2}{n_1+n_2-2} \times \left(\frac{1}{n_1} + \frac{1}{n_2}\right)}$$

如:某研究的 $\bar{X}_1=17.2$,$s_1=6.4$,$n_1=38$,$\bar{X}_2=15.9$,$s_2=5.6$,$n_2=45$,其均数差值为:

$$d = |\bar{X}_1 - \bar{X}_2| = 17.2 - 15.9 = 1.3$$

其差值的标准误为：

$$SE(d)=\sqrt{\frac{(38-1)\times 6.4^2+(45-1)\times 5.6^2}{38+45-2}\times\left(\frac{1}{38}+\frac{1}{45}\right)}=1.317$$

该例自由度 $v=38+45-2=81\approx 80$，故以自由度为 80，$\alpha=0.05$，查表得 $t_{0.05,80}=1.99$，将其代入 95%CI 的计算公式，得：

$$d\pm t_{0.05,v}SE(d)=1.3\pm 1.99\times 1.317=(-1.28,3.88)$$

该例两均数差为 1.3，其 95% 可信区间为 -1.28~3.88，该区间包含了 0，两均数差别无统计学意义。

**（刘关键 何 佳）**

# 参 考 文 献

1. Sackett DL, Richardson WS, Rosenberg W, et al. Evidence-based Medicine: How to practice and teach EBM. 2nd ed. Toronto：Churchill Livingstone Publish House, 2000, 105-138.

2. Higgins JPT, Green S. Cochrane Handbook for Systematic Reviews of Interventions Version 5.0.1 (updated September 2008). The Cochrane Collaboration, 2008. Available from: URL: www.cochrane.org/resources/handbook/.

3. Egger M, Smith GD, Altman D. Systematic Reviews in Health Care: meta-Analysis in Context. 2nd Edition. London B:MJ Publishing Group, 2001: 285-335.

4. Fleiss JL, Gross AJ. meta-analysis in epidemiology, with special reference to studies of the association between exposure to environmental tobacco smoke and lung cancer: a critique. J Clin Epidemio, 1991, 44(2): 127.

5. L'Abbe KA, Detsky AS, O'Rourke K. meta-analysis in clinical research. Ann Intern Med, 1987, 107(2): 224-233.

6. Blettner M, Sauerbrei W, Schlehofer B, et al. Traditional reviews, meta-analysis and pooled analysis in epidemiology. Int J Epidemiol, 1999, 28: 1-9.

7. Jonathan M Lord, Ingrid H K Flight, Robert J Norman. Metformin in polycystic ovary syndrome: systematic review and meta-analysis. BMJ, 2003, 327: 951.

8. Tania Winzenberg, Kelly Shaw, Jayne Fryer, et al. Effects of calcium supplementation on bone density in healthy children: meta-analysis of randomised controlled trials. BMJ, 2006; 333: 775.

# 第九章 结　果

## 第一节　结果报告原则和要点

结果是系统评价的重要部分,结果部分是否清晰明确是系统评价写作是否成功的关键。系统评价作者需要掌握系统评价结果报告的一般原则,也应明确系统评价结果报告必须包含的要点内容。

### 一、结果报告的一般原则

系统评价的结果报告既应遵循生物医学论文写作的一般要求,同时也有其自己的特点,主要概括为以下几方面:

1. 结果报告应遵循清晰性、逻辑性的原则,按照计划书中预设的结局指标及其比较的顺序进行总结,这样才能使读者对该系统评价的目的一目了然。

2. 结果报告应注重使用相关的表格和图表,如:纳入研究基本特征表、森林图、漏斗图等。这样能更简洁方便地表述结果。同时,表格作为结果表述中不同于文字表述的一种方式,可提供文字表述中未能提及的具体细节。应注意,虽然表格和图表简便实用,但不应过分使用而忽视文字描述,应图文并茂。同时表格和图表中已经清晰表达的结果,不应在文字表述中过多重复。

3. 尽管系统评价的方法学部分详细介绍了所用的统计方法,但结果报告部分仍应明确告知每个结局指标所用的具体的统计方法,尤其是所使用的效应量和 meta-分析模型。

4. 结果报告部分需要客观的总结数据,而不是陈述作者的观点。每一结果都要有相应的数据支持,并且所提供的结果和数据都要紧密围绕所要评价的问题。

### 二、结果报告的要点内容

系统评价结果报告必须包含的要点内容,主要包括:纳入研究及其基本特征、纳入研究的偏倚风险评估(即质量评价)、各原始研究结果及 meta-分析结果、其他(如亚组分析和敏感性分析结果)等。

#### (一) 纳入研究及其基本特征

该部分呈现的是纳入的单个研究的基本信息,可用"纳入研究基本特征"表格清晰展示(表9-1)。评价者必须明确哪些特征是重要的和读者(使用者)所关心的,然后将这些重要的基本特征列在"纳入研究基本特征"表中。

表 9-1 纳入研究基本特征表格(举例)

| 试验 1(杨某等的试验) | | |
|---|---|---|
| 方法 | 随机对照试验 | 随机方法:随机数字表法; |
| | 分配隐藏:未描述; | 盲法:单盲(盲结局评价者) |
| | 失访:无; | ITT 分析:未描述; |
| | 试验周期:6 个月 | |
| 受试者 | 环境:住院患者 | |
| | 起病至入组时间:14 天 | |
| | 国家:中国 | |
| | 受试者数量:20 人 | |
| | 性别:男性 8 人(40%) | |
| | 平均年龄:治疗组 60 岁,对照组 65 岁 | |
| 干预措施 | 治疗组:XX 药,XXmg,tid,连用 X 个月 | |
| | 对照组:安慰剂,用法同 XX 药 | |
| 结局 | 死亡 | |
| | 认知功能:MMSE(发病后 6 个月测量) | |
| 注释 | ITT:意向性分析 MMSE:简易精神状态检查 | |
| 试验 2(孙某等的试验) | | |
| 方法 | …… | |
| 受试者 | …… | |
| 干预措施 | …… | |
| 结局 | …… | |
| 注释 | …… | |
| 试验 3(张某等的试验) | | |
| …… | | |

一般来说,"纳入研究基本特征"表格中至少应包括下列几项条目:

研究方法:该条目应说明纳入研究所采用的研究设计(如是否是随机对照试验),并应明确说明纳入研究的研究设计是否不同于平行随机设计(如交叉设计、随机区组设计等)以及纳入研究的试验周期等。该条目不应包括偏倚风险评估,偏倚风险评估应该列在"偏倚风险"表格。

受试者:该条目应说明受试者入组时所处的环境(如急诊、门诊、住院等),受试者的健康状况及受试者的年龄、性别、国家。该条目应提供足够的受试者信息,以方便系统评价的使用者判断该研究是否适用于其所面临的人群及明确各个不同研究的受试者是否不同。

干预措施:该条目应明确说明纳入研究使用的所有干预措施,并应提供足够信息以保证可以在临床实践中重复这种干预措施。如果干预措施是药物,应交代药物的详细名称、剂量、频次、给药方式及疗程等。

结局:该条目应明确列出系统评价计划观察的结局及结局测量时间点(如计划观察患者 3 个月和 1 年的死亡率,则结局是死亡率,测量时间点是 3 个月和 1 年),或者列出纳入研究报告的结局及结局测量时间点。要注意的是,该条目中列出的应是结局测量指标,而不应列出纳入研究的结果,例如,计划观察发病后 6 个月时的认知功能,则应列出的结局是认知功能,测量指标是简易精神状态检查(MMSE)量表,而不应列出使用MMSE 测量得到的结果(如具体分值),即具体的结果不应出现在纳入研究及其基本特征表格中。

**(二) 纳入研究的偏倚风险评估(即质量评价)**

该部分通常用"偏倚风险"表格总结。对纳入研究进行偏倚风险评估是系统评价区别于叙述性综述的重要特点,是系统评价的特色。目前偏倚风险评估有多种方法,尚没有统一的金标准。Cochrane 系统评价中偏倚风险评估通常包括随机、分配隐藏、盲法、不完全结局数据、选择性结局报告等部分,详见本书第六章。

**(三) 各原始研究结果及 meta- 分析结果**

该部分是系统评价最重要的部分,展示了系统评价的全部结果,主要包括疗效和安全性等结局指标,一般先描述主要结局指标的结果,然后描述次要结局指标的结果。meta- 分析结果通常用"森林图"表示。森林图是以统计指标和统计分析方法为基础,用数值运算结果绘制出的图形。在平面直角坐标系中,以一条垂直的竖线代表无效线(横坐标刻度为0 或 1),每条平行于横轴的线条代表一个研究的 95% 可信区间,线条中央的小方块为各研究的效应量(如 RR、MD)的位置,方块大小代表该研究的权重。图最下方的菱形代表了多个研究合并的效应量及其可信区间。若某个研究 95% 可信区间的横线条跨越无效竖线,则该研究无统计学意义;若该横线条落在无效竖线的左侧或右侧,则该研究有统计学意义。要注意的是,如果系统评价中没有可供提取数据的原始研究,则不要制作森林图。以连续性结局资料为例,介绍 Cochrane 系统评价森林图的组成部分如下(图 9-1):①每个研究的原始数据(均数、标准差和样本量);②每个研究结局的点估计及可信区间,用文字、方块与线条分别表示;③每一个亚组的 meta- 分析结果,用文字、菱形分别表示;④试验组受试者人数和对照组受试者人数;⑤异质性检验得到的统计量(随机效应模型 meta- 分析时的研究间变异 $Tau^2$ 或 $T^2$,卡方检验,$I^2$ 统计量,如果有亚组则还有亚组间的异质性检验);⑥总效应(随机效应模型 meta- 分析时总的平均效应)的检验结果;⑦每个研究所占的权重百分比。

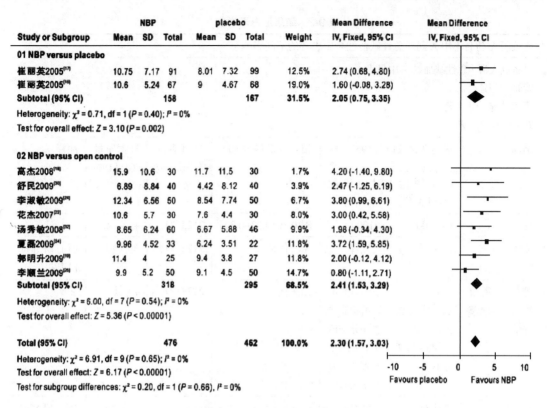

图 9-1 连续性结局资料的森林图

# 第二节 制作结果汇总表

结果汇总表(summary of table)以简单清晰的表格形式总结系统评价的主要发现,主要展示证据质量、干预措施效果大小并汇总可得到的主要结局数据等关键信息。进行系统评价的第一步是提出所要评价的问题,然后列出对患者和其他决策者有重要意义的所有主要结局指标,在写系统评价计划书时就应考虑到这点,以保证该评价能提供有用信息。而选择结局指标也是制作结果汇总表的必备条件。因此,在写系统评价计划书时,就应计划制作结果汇总表。

## 一、结果汇总表的内容和制作方法

### (一)结果汇总表的内容

为了保证系统评价间的一致性和实用性,保证纳入决策者所需要的重要信息,保证这些重要信息的最佳展示,需要将结果汇总表的格式标准化。标准的结果汇总表应该包括下列六项内容: ①所有重要结局指标;②结局指标的测量结果;③绝对效应尺度和相对效应尺度;④每个结局指标所用的研究个数和受试者人数;⑤每一个结局指标的证据质量评价;⑥注释。

### (二)结果汇总表的制作方法

下面将围绕上述结果汇总表的六项内容,详细介绍结果汇总表的具体制作方法(表9-2)。

表 9-2　结果汇总表举例

比较用 A 药与不用 A 药对急性缺血性卒中患者的不同影响

患者或人群 : 急性缺血性卒中患者
背景 : 住院
干预措施 : 用 A 药
对照 : 不用 A 药

| 结局 | 描述性比较风险(95%CI) | | 相对效果(95%CI) | 受试者人数(研究个数) | 证据质量(GRADE) | 注释 |
|---|---|---|---|---|---|---|
| | 假定风险(不用 A 药) | 对应风险(用 A 药) | | | | |
| 死亡 | 10/1000 | 3/1000 | RR0.30(0.23~0.34) | 2123(21) | ++++ 高 | |
| 依赖 | 见注释 | 见注释 | 无法估计 | 2123(21) | 见注释 | 所有研究都没有报告 |
| 神经功能改善(用 NIHSS 评估) | 不同研究对照组功能改善评分均值从 4.4~11.7 分不等 | 不同研究试验组功能改善评分均值比对照组平均高 2.3 分(1.57~3.03) | 无法估计 | 2123(21) | ++ 低 | |
| 不良反应 | 见注释 | 见注释 | 无法估计 | 1990(16) | 见注释 | 16 个研究报道的不良反应分散,无法统计评估 |

1. 标题和表头(title and header)　结果汇总表的标题应该清晰明确,关注特定临床问题。当读者看完标题后,应能清楚地了解该系统评价是在哪类人群中采用何种对照比较何种干预措施的疗效,即明确研究人群、干预措施和对照。

结果汇总表的表头就是对标题的具体描述和详细解释,主要包括下列几项条目:

研究人群:说明试验关注的人群是哪些,干预措施引起的重要不良结局发生在哪些人群。

背景:说明进行研究时所处的环境特点,限定研究结果的适用范围。

干预措施和对照:说明试验采用了哪些干预措施以及采取了什么对照措施。

2. 结局(outcomes)　结果汇总表应列出所有决策相关的重要结局,每个结局占用一行。结果汇总表最多列出 7 个结局,如果系统评价中结局过多,评价者制作结果汇总表时应忽略那些非重要结局。此外,没有研究数据支持的重要结局也应列在表中。

3. 描述性比较风险(illustrative comparative risk)　结果汇总表应提供描述性比较风险,包括对照组的假定风险(assumed control risk, ACR)和试验组的相应风险(corresponding risk, CR)。对照组的假定风险可由对照组受试者发生阳性事件的风险来估算,而对照组阳性事件的发生风险应以每 1000 名受试者中发生阳性事件的人数(即自然频率)来表示。对照组的假定风险可以有多个,如可根据危险因素将对照组患者分为高危和低危两个亚组,高危组和

# 不熟悉人体结构怎敢当医生！

## ——几代解剖学家集腋成裘，为你揭示人体结构的奥妙

### 《人体解剖彩色图谱》（第 3 版 / 配增值）
——已是 100 万⁺读者的选择
读者对象：医学生、临床医师
内容特色：医学、美学与 3D/AR 技术的完美融合

### 《人卫 3D 人体解剖图谱》
—— 数字技术应用于解剖学出版的"里程碑"
读者对象：医学生、临床医师
内容特色：通过数字技术精准刻画"系解"和
"局解"所需展现的人体结构

### 《系统解剖学彩色图谱》
——"系解"和"局解"淋漓尽致的实物展现
读者对象：医学生、临床医师
内容特色：分别用近 800 个和 600 个精雕细刻的标本"图解"
系统解剖学和局部解剖学

### 《连续层次局部解剖彩色图谱》

### 《实用人体解剖彩色图谱》（第 3 版）
——已是 10 万⁺读者的选择
读者对象：医学生、临床医师
内容特色：通过实物展现人体结构，
局解和系解兼顾

### 《组织瓣切取手术彩色图谱》
——令读者发出"百闻不如一见"
的惊叹
读者对象：外科医师、影像科医师
内容特色：用真实、新鲜的临床素材，
展现了 84 个组织瓣切取手术入路及
线管的解剖结构

### 《实用美容外科解剖图谱》
——集美容外科手术操作与
局部解剖于一体的实用图谱
读者对象：外科医师
内容特色：用 124 种手术、176 个术
式完成手术方法与美学设计的融合

### 《临床解剖学实物图谱丛书》
（第 2 版）
——帮助手术医师做到"游刃有余"
读者对象：外科医师、影像科医师
内容特色：参照手术入路，针对临床
要点和难点，多方位、多剖面展现手
术相关解剖结构

# 临床诊断的"金标准"

## ——国内病理学知名专家带你一起探寻疾病的"真相"

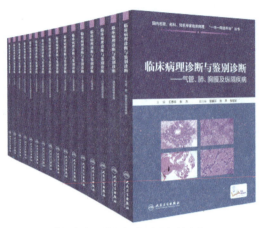

**《临床病理诊断与鉴别诊断丛书》**

——国内名院、名科、知名专家对临床病理诊断中能见到的几千种疾病进行了全面、系统的总结，将给病理医师"震撼感"

**《刘彤华诊断病理学》**
**（第4版/配增值）**

——病理科医师的案头书，二十年打磨的经典品牌，修订后的第4版在前一版的基础上吐陈纳新、纸数融合

**《实用皮肤组织病理学》**
**（第2版/配增值）**

——5000余幅图片，近2000个二维码，973种皮肤病有"图"（临床图片）有"真相"（病理图片）

**《软组织肿瘤病理学》**（第2版）

——经过10年精心打磨，以4000余幅精美图片为基础，系统阐述各种软组织肿瘤的病理学改变

**《皮肤组织病理学入门》**（第2版）

——皮肤科医生的必备知识，皮肤病理学入门之选

**《乳腺疾病动态病理图谱》**

——通过近千幅高清图片，系统展现乳腺疾病病理的动态变化

**《临床病理学技术》**

——以临床常用病理技术为单元，系统介绍临床病理学的相关技术

# 第三轮全国高等学校医学研究生"国家级"规划教材

## 创新的学科体系，全新的编写思路

授之以渔，而不是授之以鱼　　　回顾历史，揭示其启示意义
述评结合，而不是述而不评　　　剖析现状，展现当前的困惑
启示创新，而不是展示创新　　　展望未来，预测其发展方向

《科研公共学科》　　　　《实验技术与统计软件系列》　　　　《基础前沿与进展系列》

在研究生科研能力（科研的思维、科研的方法）的培养过程中起到探照灯、导航系统的作用，为学生的创新提供探索、挖掘的工具与技能，特别应注重学生进一步获取知识、挖掘知识、追索文献、提出问题、分析问题、解决问题能力的培养

《临床基础与辅助学科系列》　　　　　　　《临床专业学科系列》

在临床型研究生临床技能、临床创新思维培养过程中发挥手电筒、导航系统的作用，注重学生基于临床实践提出问题、分析问题、解决问题能力的培养

# 临床医生洞察人体疾病的"第三只眼"

## ——数百位"观千剑而识器"的影像专家帮你练就识破人体病理变化的火眼金睛

《实用放射学》
第4版

《颅脑影像诊断学》
第3版

《中华医学影像
技术学》

《医学影像学读片诊断
图谱丛书》

《中国医师协会肿瘤消
融治疗丛书》

《中国医师协会超声医
师分会指南丛书》

《中国医师协会超声造
影图鉴丛书》

《导图式医学影像
鉴别诊断》

放射好书荟萃

超声好书荟萃

## 新书速递

| 书号 | 书名 | 定价 | 作者 |
|------|------|------|------|
| 34088 | 影像诊断思维（配增值） | 139.00 | 居胜红，彭新桂 |
| 32207 | 实用肝胆疾病影像学 | 520.00 | 李宏军，陆普选 |
| 34439 | 医学影像解剖学（第2版/配增值） | 89.00 | 胡春洪，王冬青 |
| 33451 | 同仁鼻咽喉影像学 | 138.00 | 鲜军舫，李书玲 |
| 32769 | 主动脉疾病影像诊断与随访 | 120.00 | 范占明 |
| 32771 | 腕和手运动损伤影像诊断（配增值） | 128.00 | 白荣杰，殷玉明，袁慧书 |
| 33899 | 妇产经静脉超声造影图解（配增值） | 229.00 | 罗红，杨帆 |
| 34787 | 介入超声用药速查手册 | 159.00 | 于杰，梁萍 |
| 33900 | 超声引导肌骨疾病及疼痛介入治疗（配增值） | 129.00 | 卢漫 |
| 33055 | 实用产前超声诊断学(配增值) | 208.00 | 吴青青 |
| 33079 | 胰腺疾病超声诊断与病例解析 | 198.00 | 陈志奎，林礼务，薛恩生 |

低危组的发病风险不同,其假定风险自然也不同。

对于分类结局指标,可根据对照组的假定风险计算出与其对应的试验组的相应风险及其可信区间。试验组的相应风险(CR)可由 meta- 分析计算得到的相对危险度(RR)或比值比(OR)和已知的对照组假定风险(ACR)计算得到,其公式分别为 $CR/1000$ 人 $=1000 \times ACR \times RR$ 或。

$$CR/1000 \text{人} = 1000 \times \left( \frac{OR \times ACR}{1-ACR+(OR \times ACR)} \right)$$ 在结果汇总表中,应把对照组的假定风险列在前,把试验组的相应风险列在其后一栏。

对于连续性结局指标,应在假定风险一栏列出对照组患者结局改变量的平均值,在相应风险一栏列出试验组与对照组患者结局改变量差值的均数和标准差,即 meta- 分析合并结果。

4. 相对效应(relative effect) 相对效应一般用相对危险度或比值比及其 95% 可信区间表示,通常由 meta- 分析得出。当干预措施风险低且其效果小时,相对危险度和比值比相似。相对效应单独占用一列。

5. 受试者人数和研究个数(number of participants and studies) 结果汇总表应为每个结局提供评价了相应结局的研究个数及这些研究中受试者的总数,以"受试者人数(研究个数)"的格式单独占用一列。

6. 证据质量(quality of the evidence) 结果汇总表应为每个结局提供证据质量。评价者一般根据情况将证据质量分成高、中、低、很低四级。例如,如果合并结果是由几个偏倚风险低的随机对照试验得出,那就是"高"质量证据;相反,如果这些研究在研究设计、实施过程、准确性或报告偏倚等方面都存在问题,其证据质量就会变低。评价者最好使用 GRADE 协作组制定的证据质量分级系统(GRADE)。

7. 注释(comments) 注释一栏的目的是为数据和相关信息的解释提供空间。例如,存在影响结局测量有效性的因素,或存在影响效应尺度的因素时,就需要在注释栏备注。当然,不是每一行的结局都需要注释;不需要注释时,注释栏不必填任何内容。

## 二、制作结果汇总表的注意事项

制作结果汇总表选择重要结局指标时易于纳入死亡率和主要终点事件(如卒中和心肌梗死)发病率等众所周知的指标,但是却可能忽略一些频发的次要不良反应、罕见的重要副作用、患者症状与生活质量、治疗相关负担和资源耗费等结局指标。因此,在制定系统评价计划书时,就应明确区分主要结局指标和次要结局指标,这样在制作结果汇总表时就不会漏掉一些重要的结局指标。

治疗相关负担是指需要患者坚持接受他本人或家属不愿意接受的干预措施,因这种干预措施可能需要患者更频繁的检查或需要患者限制自己的生活方式。例如,缺血性卒中伴房颤患者需要接受华法林进行有效的二级预防,而使用华法林必须频繁的抽血检测 INR 值,但实际上患者不愿接受这种频繁的静脉抽血检测,这就是负担。

有时,系统评价选定了所有有利于决策且对患者重要的结局指标,但是却不得不面对这一现实:纳入的随机对照试验结果中没有包括所有这些结局指标,尤其是不良结局。例如,随机对照试验可能提供了预期的效果和频发的相对较小的副作用,但是没有报告罕见不良结局的相对危险度。如果评价者想要得到所有的重要结局指标,可能必须去收集观察性研究结果。如果仅纳入随机对照试验,则受到上述局限的影响,系统评价不可能得到所有重要结局指标。这时,评价者应当承认这些局限并将其向读者说明。

一般来说,绝大多数系统评价都应该绘制一个结果汇总表。但是,部分系统评价可以包括多个结果汇总表。例如,如果一篇系统评价评价一个以上干预措施的疗效,或者评价一项干预措施在不同人群中的疗效,这时就需要在该系统评价中绘制多个结果汇总表。系统评价中重要的结果汇总表一般放在文章开头,即摘要部分和背景部分之间。其他结果汇总表一般列在结果部分和讨论部分之间。

# 第三节　报告偏倚的概念与评价

纳入研究的完整性是影响系统评价结果和结论准确性的重要因素。目前,纳入研究的完整性主要通过报告偏倚(reporting bias)来衡量。故本节将对报告偏倚的概念、种类和评价方法做一简要介绍。

## 一、报告偏倚的概念及分类

### (一) 报告偏倚的概念

一项研究成果的传播不能简单划分为发表和未发表,它是包括在同事间分享论文草稿,在学术会议上做大会报告并发表摘要,最后将论文发表到被主要书目数据库索引的杂志等的一个连续过程。但是,不是每项研究成果的传播都会经历这样一个完整的过程。当一项研究成果的传播受到其自身传播性质(上述过程)和研究结果方向(如阴性结果)的影响导致其发表或未发表时,就产生报告偏倚。

实际上报告偏倚很早就备受关注和研究。通常只有一部分研究成果最终发表在书目数据库索引的杂志,从而使其易于在系统评价过程中被检索到;但是,可能有很多研究成果最终没有发表,导致系统评价时可能没有被检索到。例如,与没有统计学意义的阴性结果相比,有统计学意义的阳性结果被发表的可能性更大,其发表的速度可能更快,更易于以英文的形式发表,更易于在高影响因子的杂志发表,更容易被其他文献引用,可能发表不只一篇文献。而对系统评价纳入研究的完整性来说,无统计学意义的阴性结果与有统计学意义的阳性结果同等重要。

### (二) 报告偏倚的分类

报告偏倚的种类很多,常见的报告偏倚可分为以下几类:

1. 发表偏倚(publication bias)　由研究结果的性质和方向导致研究成果的发表或未发表造成的偏倚。

2. 滞后性偏倚(time lag bias)　由研究结果的性质和方向导致的研究成果快速发表或延后发表而造成的偏倚。

3. 重复发表偏倚(duplicate publication bias)　由研究结果的性质和方向导致的研究成果发表多次或仅发表一次造成的偏倚。

4. 发表位置偏倚(location bias)　由研究结果的性质和方向导致研究成果发表的杂志不同,而不同杂志易于获取的程度和被标准数据库索引的水平不同从而造成偏倚。

5. 引用偏倚(citation bias)　由研究结果的性质和方向导致研究结果的引用与不被引用

而造成的偏倚。

6. 语言偏倚(language bias) 由研究结果的性质和方向导致研究结果以某种语言发表而造成的偏倚。

7. 结局报告偏倚(outcome reporting bias) 由研究结果的性质和方向导致选择性报告某些结局而不报告其他结局造成的偏倚。

### (三) 发表偏倚与滞后性偏倚

发表偏倚是报告偏倚中最受关注、研究最多的一类。一般来说,有统计学意义的研究结果比无统计学意义的研究结果更容易被刊物接收发表。正是由于这种发表偏倚的存在,无论采用何种全面的论文检索策略和手段,也不可能纳入所有相关研究。在这种情况下,对发表的研究进行系统评价可以得出对此干预措施的假阳性结果,或漏掉重要不良反应。在心血管领域,几位研究者在 1980 年研究了 I 类抗心律失常药物对急性心肌梗死的疗效,发现其可导致死亡率增加;他们把这项发现视为偶然现象,并且没有发表该项研究成果。如果他们当时重视并及时发表该项研究成果,就可以使人们更早发现 I 类抗心律失常药物可导致死亡率增加的事实。

滞后性偏倚是发表偏倚的一种,是由研究结果的性质和方向导致的研究成果快速发表或延后发表而造成的偏倚。例如,一些通过伦理委员会批准的试验完成很多年之后才见刊,并且往往阳性结果的试验发表所需经历的时间短于阴性结果的试验。悉尼大学 Stern 等对提交到医院伦理委员会的试验进行队列研究,发现 10 年之后得出阳性结果试验的发表率约为 85%,而得出阴性结果试验的发表率约为 65%。阳性结果试验发表所需经历的中位时间为 4.7 年,而阴性结果试验发表所需经历的中位时间是 8.0 年。

阴性结果的研究没有发表的原因有很多。一种可能是,研究者没有将其写成论文并投稿。当许多研究的作者被问及为什么不发表自己的研究结果时,最常遇到的回答是他们认为自己的研究结果还没有足够的吸引力,不能引起杂志将其发表的兴趣,或是他们还没有足够的时间将研究写成论文报道。因此,研究者选择性投稿似乎是导致发表偏倚的重要因素。另一种可能是,同行审稿时不重视阴性结果的文章或是编辑根本不想发表这些阴性结果的试验。同行审稿有时不可靠并易于带有主观性,易于导致偏倚和利益冲突。对提交给同行审稿的实验性研究的总结发现,同行审稿可能更容易导致与自己观点一致的文章发表。尽管同行审稿专家的观点有时会影响审稿过程,但是这一般不影响对阳性结果试验的审稿。

## 二、报告偏倚的评价

报告偏倚普遍存在于社会科学研究领域,任何一项系统评价都不可避免地要受到报告偏倚的影响。因此,对报告偏倚的正确评价就显得尤为重要。只有正确衡量报告偏倚的大小,才能最大限度地减少报告偏倚对系统评价结果的影响。尽管当前衡量报告偏倚的方法有很多,但是这些方法往往都集中于衡量发表偏倚,并且都只是对偏倚的大体估计,目前还没有衡量偏倚的完美方法。下面简单介绍通常使用的几种发表偏倚的衡量方法。

### (一) 漏斗图

漏斗图(funnel plots)是基于对干预措施效果估计的准确性随着样本含量的增加而提高的假定设计的,以每个研究干预措施效果的估计值或其对数为横坐标,以每个研究的样本量大小或标准误的倒数为纵坐标形成的散点图。

一般来讲,数量多、精度低的小样本研究的效果估计值广泛分布在图的底部,呈左右对称排列;而数量少、精度高的大样本研究的效果估计值分布在偏上的位置,分布范围较窄并且逐渐向以合并效应量为中心的位置集中。当没有发表偏倚时,其图形呈对称的倒漏斗状(图 9-2),故称之为漏斗图。

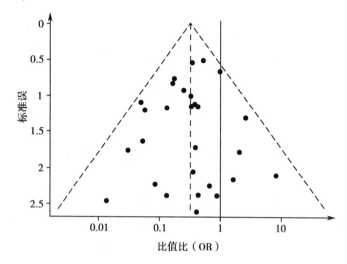

图 9-2　不存在发表偏倚的对称漏斗图

当存在发表偏倚时,例如一些小样本且没有统计学意义的研究未发表,会导致漏斗图不对称,并且图形的底部有缺口(图 9-3)。在这种情况下,meta- 分析计算出的合并效应量倾向于高估干预措施的效果。漏斗图不对称越明显,存在发表偏倚的可能性就越大。

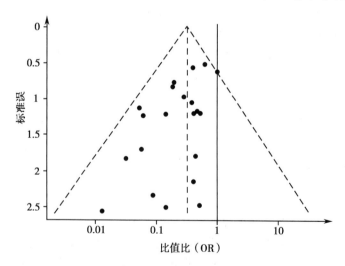

图 9-3　存在发表偏倚的不对称漏斗图

虽然我们通常使用漏斗图不对称来判断发表偏倚,但发表偏倚不是漏斗图不对称的唯一原因。导致漏斗图不对称的原因有很多,漏斗图应被看作是展示小样本研究效应的一般方式。所谓的小样本研究效应(small-study effects)是指使用样本量小的研究得出的干预措施效果的趋势不同于使用样本量大的研究得出的效果估计值的趋势。导致小样本研究效应的原因,除发表偏倚外,还有其他因素。

方法学质量不同是可导致漏斗图不对称的重要因素。小样本研究与大样本研究相比,其在实施过程和数据分析时可能质量偏低。具体表现在,小样本研究的随机方法可能不正确,试验实施过程中盲法不彻底,失访过多等;此外,小样本研究使用的统计方法可能不恰当。这些问题可能放大小样本研究中干预措施的疗效。因此,实际上是阴性结果的试验,经过不正确的试验实施和数据分析过程,可以得出阳性结论。

干预措施效果的异质性也可以导致漏斗图不对称。例如,具有罹患某种疾病高风险的患者接受干预措施后,可能比低风险患者获得更好的效果,而高风险的患者参加早期小样本研究的可能性更大。此外,小样本研究一般先于大样本研究,故在大样本临床试验进行时,干预措施已经被改善和标准化,这往往导致大样本临床试验中干预措施的效果较小。当然,偶然的机会性因素也可导致漏斗图不对称。

### (二) 敏感性分析

系统评价过程中检索到一些小样本研究证据时,评价者应考虑进行敏感性分析(sensitivity analysis),来观察 meta- 分析的结果是否会发生改变,以检验是否存在与小样本研究有关的偏倚。例如,系统评价数据分析时,可排除非多中心试验进行敏感性分析,观察合并结果的方向是否发生改变;如果合并结果的方向发生改变,则说明小样本研究的偏倚较大,此时应谨慎解释结果。

### (三) 失安全系数

失安全系数(fail-safe number)是推翻当前合并结论或使当前合并结论逆转所需要的结果相反研究的个数。失安全系数越大,说明 meta- 分析的结果越稳定,结论被推翻的可能性越小。失安全系数可以用来评价发表偏倚的强度,但从严格意义上讲,该方法不是一种识别发表偏倚的方法,而是一种确定发表偏倚是否可以忽略的方法,属敏感性分析范畴。该方法优点是简便易行,缺点是当本身合并效应量无统计学意义时,则不能应用。

综上,尽管目前证据明确证实发表偏倚和其他类型的报告偏倚可导致过度乐观地估计干预措施的效果,但如何发现和校正发表偏倚仍富有争议。全面检索文献是预防偏倚很重要的一种方法,但仍不能排除一些重要偏倚。发表偏倚应被看作是引起小样本研究效应众多因素中的一种。漏斗图可使作者简便地了解是否存在小样本研究效应,但应谨慎解释漏斗图不对称的检验结果。

## 第四节　不 良 反 应

防治疾病的任何一项干预措施,包括手术和药物,都或多或少存在不同程度的有害风险或不良反应(adverse effect),系统评价如果仅仅评价干预措施的有利效果,而忽略其不良反应,就会放大干预措施的疗效。因此,系统评价应该重视评价干预措施的不良反应。

### 一、相关概念

用于描述干预措施有害的术语有很多,尤其是发表的论文经常交叉使用,这导致系统评价者在这方面混淆不清。一些常用的相关术语包括不良事件(adverse event)、不良反应

(adverse effect)、药物不良反应(adverse drug reaction)、副作用(side effect)、并发症(complications)等。

不良事件(adverse event)是指接受药物或其他类型干预措施治疗过程中或治疗后患者出现的不利结局,但该不利结局未必是由所使用的药物或干预措施引起。不良反应(adverse effect)是指出现的不良事件至少与所用的干预措施存在因果关系的合理可能性,即由干预措施引起的不良事件即为不良反应。药物不良反应(adverse drug reaction)指试验中出现的不良事件可归因于特定的药物而非其他非药物类型的干预措施(如手术),即由某一药物引起的不良事件。副作用(side effect)指应用治疗剂量的药物后出现的治疗目的以外的药理作用,既可以是有利作用也可以是不利作用。并发症(complications)指接受手术或其他侵入性干预措施后出现的不良事件或不良反应。

### 二、系统评价应报告哪些不良反应

制作系统评价考虑报告不良反应时,首先需要明确是否有必要评价不良反应,其次才需要考虑应评价哪些不良反应。系统评价是否需要评价不良反应主要取决于干预措施本身的重要性。如果这种干预措施很明显是无效的,或是效果极其微小并且没有被广泛使用,那就没有必要浪费资源来对不良反应进行详细评价。反之,如果干预措施的潜在危害对临床医生、患者和卫生决策者的临床决策具有指导意义时,就很有必要对其不良反应进行详细分析。

当确定评价不良反应的必要性之后,就需要考虑应评价的不良反应的范围和优先次序。通常来说,系统评价选择纳入不良反应时较为困难,因我们在评价前仅可以预知与干预措施相关的特定不良反应,不可能预知其他的不良反应。在进行系统评价之前,虽然我们不能确定与该评价最密切相关的不良反应有哪些,但是我们可以根据所评价的问题和干预措施决定最好采取下列何种方式对不良反应进行评价。

#### (一) 缩窄关注的不良反应范围

我们可以在一个系统评价中,仅关注一至数个已知的不良反应。但是,该不良反应必须是患者和医生特别关注的最严重不良反应。换言之,该方式就是对少数特别严重的不良反应进行详细分析评价。

这种方式的优点是易于实施,尤其易于获取相关不良反应的数据;聚焦于评价重要不良反应,可以得出有意义的结论,该结论可对治疗决策产生重要影响。其缺点是关注不良反应的范围过窄,很可能漏掉少见但对患者有重要影响的不良反应。该方法仅适用于评价可以预先知道的不良反应。

#### (二) 放宽关注的不良反应范围

我们在系统评价中,不能仅关注已知的对患者影响严重的不良反应,应该对可能出现的所有不良反应进行全面评价,故该方式是对一系列已知和未知的不良反应进行广泛评价。

该方式的优点是关注不良反应的范围更宽,可以评价先前没有引起注意的新的不良反应。缺点是由于关注的不良反应范围过宽,导致工作量巨大,尤其是收集相关不良反应数据较为困难;有时,这种广泛的、非特异性的评价耗资巨大,且可能最终未能提供有用信息,即投入与产出比例严重失调。

不管采用以上哪种方式对不良反应进行评价,都或多或少存在一定的局限。为系统评价尽可能合理地报告不良反应,评价者应将上述两种方式结合,即在较宽范围的众多不良反应中,挑选相对重要的不良反应进行评价。评价者可以挑选 5~10 个最常见的不良反应以及患者和临床医生认为严重的所有不良反应进行评价;也可将不良反应分类评价,如将其分为实验室检查结果和患者报告症状等。

### 三、系统评价如何报告不良反应

评价者通过上述方式确定了应报告的不良反应后,就需要选取与之最匹配的评价方法,以期能使该评价具有可操作性并获得高效率。下面介绍系统评价报告不良反应时可使用的三种方法。

**(一) 使用相同的纳入标准(研究设计、患者类型、干预措施类型等)和相同的方法学,评价治疗计划内的有利结局和治疗计划外出现的不良反应**

这种方法只需要制定一个检索策略检索一次,但问题是评价者如何处理一次检索中可能出现的三种不同情况:①同时报道所关心的有利结局和不良反应的研究;②仅报道有利结局而未报道不良反应的研究;③报道了不良反应,但是没有报道所关心的有利结局的研究。

第一种类型的研究在同样的人群和背景下,既提供了有利结局,也提供了不良反应,可以将其直接比较进行风险效益评估。但是,这种类型的研究所提供不良反应的资料可能有限,同时由于研究的周期相对较短,可能仅报道短期内出现的不良反应。

将三种类型的研究相结合来评价有利结局和不良反应,可增加能够得到的信息量。例如,可将第一种类型的研究与第二种类型的研究相结合,来评价有利结局;同时将第一种类型的研究与第三种类型的研究相结合,评价不良反应。然而,由于评价有利结局和不良反应所用的研究不同,得出的结果就不能直接用于风险效益的比较。

**(二) 使用不同的纳入标准选择研究,来比较治疗计划内的有利结局和治疗计划外出现的不良反应**

评价不同的结局时,可能需要不同类型的研究;大多数试验性研究(如随机对照试验)不足以用来评价少见、长期或是先前未被发现的不良反应。而观察性研究(如队列研究等)则不存在该方面的问题,观察性研究尤其适合观察某些少见的、长期的不良反应。因此,使用不同的纳入标准来纳入不同类型的研究,通过不同类型研究的优势互补,可很好的处理单一类型研究的不足之处。这种方法加强了对不良反应的评价,但是耗费时间和资源,并且不能直接用于风险效益的比较。

**(三) 单独进行不良反应的系统评价**

上述两种方法都是在评价干预措施有利结局的同时进行不良反应评价,我们也可以不评价干预措施的疗效,单独进行不良反应的系统评价。这种方法可能适合评价对不同疾病起作用的同一干预措施,并且这种干预措施在不同的人群和背景下的不良反应可能类似。例如,阿司匹林适用于多种不同的疾病,如卒中、周围血管病、冠心病等。可以单独进行一项系统评价来说明阿司匹林用于不同疾病时的不良反应。此外,一些特殊人群(如儿童)中干预措施的不良反应数据可能有限,分析所有可得到的有关该人群干预措施不良反应的数据意义重大。

(刘 鸣 王德任)

# 参 考 文 献

1. Schünemann HJ，Oxman AD，Higgins JPT,et al. Chapter 11: Presenting results and 'Summary of findings' tables. In: Higgins JPT，Green S（editors），Cochrane Handbook for Systematic Reviews of Interventions Version 5.0.1（updated September 2008）. The Cochrane Collaboration，2008. Available from www.cochrane-handbook.org.

2. Livia Candelise. Evidence-based Neurology:Management of Neurological Disorders. Oxford: Blackwell Publishing，2007.

3. 王德任，刘鸣，吴波，等 . 丁苯酞治疗急性缺血性卒中随机对照试验的系统评价 . 中国循证医学杂志，2010，10（2）:189~195.

4. Clarke M，Hopewell S，Juszczak E，et al. Compression stockings for preventing deep vein thrombosis in airline passengers. Cochrane Database of Systematic Reviews 2006,Issue 2. Art No:CD004002.

5. Sterne JAC,Egger M,Moher D. Addressing reporting biases//Higgins JPT,Green S. Cochrane Handbook for Systematic Reviews of Intervention. Version 5.0.1（updated September 2008）. The Cochrane Collaboration,2008. Available from www.cochrane-handbook.org.

6. Loke YK,Price D,Herxheimer A. Adverse effects//Higgins JPT,Green S. Cochrane Handbook for Systematic Reviews of Interventions Version 5.0.1（updated September 2008）. The Cochrane Collaboration,2008. Available from www.cochrane-handbook.org.

7. Matthias Egger,George Davey Smith,Douglas G Altman. Systematic reviews in health care:meta−analysis in context.2nd ed. London:BMJ Publishing Group,2001.

# 第十章　结果解释（讨论）与结论

## 第一节　结果解释的要点

结果解释,顾名思义,就是作者对系统评价的结果进行解释说明,即系统评价过程中进行讨论、得出结论的过程。系统评价的目的是帮助患者、医生、卫生管理者和卫生政策制定者进行卫生决策。因此,简洁的结果、慎重的讨论和明确的结论是系统评价不可或缺的部分。

为保证讨论部分的全面性和逻辑性,结果解释时可分成五个部分进行:

1. 主要结果总结　简单归纳所有重要结局指标的结果,包括有利结果和不利结果(不良反应等);并给出重要结局指标的证据质量。

2. 证据的总体完整性和适用性　明确说明证据的适用人群;重点解释证据在特定环境下不适用的原因:生物学差异、文化差异、对干预措施依从性的差异;探讨应怎样使用干预措施才能获得收益、风险、负担和成本的平衡。

3. 证据质量　该部分应着重从总体上客观评价纳入试验的质量;此外,可从以下几方面进行探讨,侧面说明证据强度:观察到的效果有无统计学意义,大小如何;研究间效果的一致性如何;是否存在剂量反应关系;是否有其他来源地间接证据支持该推断。

4. 该系统评价可能的偏倚或局限性　该部分可从以下几方面坦诚告知本系统评价可能存在的偏倚或局限:检索策略是否全面(如排除非英文文献可导致偏倚);是否进行质量评价;研究的选择和纳入的可重复性;分析是否恰当;是否评价发表偏倚等。

5. 与其他研究或评价的相同点和不同点及解释　将本系统评价结果与其他相关的原始研究或系统评价比较,从其中寻找相同点支持自己的结果,并应解释产生某结果的可能机制或原因;如果发现不同点,探索可能导致结果不同的因素,即解释引起差异的原因。

经过以上五部分的讨论后,就很容易得出正确的结论。结论部分最好分成两方面来写:对临床实践的意义和对临床研究的意义。

撰写系统评价时最好采用国际视角,使系统评价面向世界范围内的读者;应指导怎样将研究结果适用于不同环境,而不应该将研究结果局限于某一特定的民族或局部地区。

此外,应注意的是系统评价的目的不是提出推荐意见,而是提供信息并帮助对证据作出解释。因为不同的人群根据同样的证据经常作出不同的决策;文化差异和经济差异可能在确定最佳方案过程中发挥重要作用;不同社会对于健康以及使用社会资源所应达到的具体健康状态的价值观和偏好都不相同;即使是在价值观和偏好相同的条件下,人们对于同一

131

研究证据的解释也可以不相同。因此,讨论和结论部分应注重帮助人们理解目前的证据对实践决策的影响以及目前证据支持研究结果的适用条件。

# 第二节  结果的统计学意义与临床意义

讨论部分应正确解释系统评价发现的主要结果,而要对结果正确解释,就必须正确理解结果的统计学意义(statistical significance)和临床意义(clinical significance),两者在评估干预措施有效性和安全性方面同等重要。

## 一、正确解释统计学意义

统计学意义说明的是结果的真实性,即结果不是由偶然因素或机会误差引起。原始研究和 meta-分析通常均使用点估计(point estimated)及其可信区间(confidence interval,CI)与 P 值表示结果的统计学意义。

### (一) 点估计及其可信区间

点估计是对干预措施疗效大小和方向的最好估计,而可信区间则给出这一估计的不确定程度和真实效应的可能范围。如果可信区间相对较窄,则对疗效大小的估计比较可靠;反之,如果可信区间相对较宽,则对疗效大小估计的不确定概率增大。如果区间很大,就提示我们对干预措施疗效知之甚少,需要进一步研究。

医学研究中,一般采用 95% 的可信区间。总体均数的 95% 可信区间的含义是从正态总体中重复 100 次抽样,每次样本含量均为 n,每个样本均按 $X \pm t_{0.05/2,v} S_X$ 计算 95% 可信区间,则在这 100 个可信区间中,理论上有 95 个可信区间包含了总体均数(估计正确),而有 5 个可信区间未包含总体均数(估计错误),即犯错误的概率是 5%。

每个原始研究可信区间的宽度很大程度上取决于样本量大小。样本量大的研究,其对疗效的估计更精确,得出的可信区间就窄。而 meta-分析的可信区间宽度取决于每个原始研究对效果估计的可靠度和进行合并分析的原始研究数量。进行合并分析的原始研究越多,合并结果的可信区间就越窄;但是,如果原始研究数量的增多使异质性增加并且使用了随机效应模型,则可信区间就变宽。

固定效应模型和随机效应模型对点估计及可信区间的解释不同。固定效应模型点估计和可信区间回答的问题是"估计的最好效果是什么",而随机效应模型点估计和可信区间回答的问题是"估计的最好平均效果是什么"。

医学研究通常将点估计和可信区间结合使用来评估干预措施的临床有用性。例如,假定要评估一项降低事件风险的治疗措施,并且规定只有在这项措施能将事件发生风险从 30% 至少降低 5% 即降低到 25% 时,才认定这项措施有效。如果 meta-分析的合并结果显示事件风险降低了 10%,并且其可信区间较窄(如 7%~13%),那就可以下结论说这项措施有效,因为其点估计和可信区间都超过了预先设定的 5% 的临床有效性标准。反之,如果 meta-分析的合并结果仍然报道事件风险降低 10%,但其可信区间较宽(如 2%~18%),尽管仍然可以下结论说我们对这项措施的最好估计是有效,但是不能排除这项措施无效的可能性,因其事件风险降低率的点估计可能落在 2%~5% 之间,这样就没有达到我们设定的 5% 的临床有效性标准。

## (二) *P* 值

*P* 值是指在无效假设成立的条件下获得观察效果的概率。系统评价中,无效假设可以是干预措施无效的假设,也可以是研究间干预措施的效果没有差异(即同质性)的假设。如果 *P* 值很小,提示观察效应由偶然性因素引起的可能性很小,因此可以拒绝无效假设,认为无效假设不成立。常规情况下,我们对结果的解释是通过检验 *P* 值是否小于特定的界值来进行。实际应用中,*P* 值 < 0.05 时,就可以认为有足够的理由拒绝无效假设,我们就报告结果有统计学意义。一般在医学研究中,常规报道 *P* 值,并将界值定为 0.05,且需要同时报道其 95% 可信区间。

在 meta- 分析合并结果的假设检验中,*P* 值大小主要与效应量和样本量有关,更确切的说是与效应估计的精确度有关。样本量增大,由偶然因素导致干预措施有效的概率就降低。临床医生经常错误的理解 *P* 值的含义。一种情况是,将 $P \geq 0.05$ 错误地理解为"干预措施无效",实际上对其正确的解释是"证据尚不足以证明干预措施有效"。这两种解释所蕴涵的意义明显不同。故为了避免类似错误的出现,评价者对结果进行假设检验时应该同时报告效果大小、95% 可信区间及 *P* 值大小。另一种情况是,认为合并结果的 *P* 值越小,则干预措施的效果就越明显。这种情况最常发生在大型研究中,如纳入数十个研究和数千名受试者的系统评价。*P* 值回答的问题是干预措施的效果是否存在,而不是回答干预措施效果大小的显著性。在大型研究中,即使干预措施效果很小,假设检验时也可以得出很小的 *P* 值。因此,对统计结果的正确解释要结合点估计、可信区间及 *P* 值。

## 二、正确解释临床意义

临床意义说明的是干预措施所引起的结局变化是否达到了患者或临床医生认可的最小临床改变量。

### (一) 分类结局变量的临床意义

相对危险度(relative risk,RR)和相对危险度降低率(relative risk reduction,RRR)均是用于表达治疗对分类结局效果的相对指标。RR 指试验组阳性事件发生率与对照组阳性事件发生率之比(表 10-1)。而 RRR 指与对照组相比,试验组经过治疗后有关阳性事件发生的相

**表 10-1 常用的疗效测量指标的定义**

| 治疗措施 | 不良事件 | |
|---|---|---|
| | 发生 | 不发生 |
| 用 | A | b |
| 不用 | C | d |
| 对照组事件发生率 | CER=c/(c+d) | |
| 试验组事件发生率 | EER=a/(a+b) | |
| 相对危险度 | RR=EER/CER | |
| 相对危险度降低率 | RRR=1–RR | |
| 绝对危险度差 | ARD=CER–EER | |
| 对照组比值 | CO=c/d | |
| 试验组比值 | EO=a/b | |
| 比值比 | OR=EO/CO | |
| 需治疗的患者数 | NNT=1/ARD | |

对危险度下降的水平。

绝对危险度差（absolute risk difference,ARD）是描述治疗对分类结局效果最常用的绝对指标。ARD 是对照组阳性事件发生率与试验组阳性事件发生率之差,提示治疗措施能预防出现不良结局患者的比例。用 ARD 可直接计算出需治疗的患者数（number needed to treat,NNT）,故 ARD 临床实用性更大。ARD 的倒数就是 NNT ,其含义是用某种治疗措施治疗一段时间,需要治疗多少例患者才能防止 1 例患者发生不良结局。如果计算出的 NNT 是负数,就说明试验措施是有害的措施,因其增加了不良结局发生的风险。这时,我们就用 NNH（number needed to harm）来表示。

RRR 的主要缺点是它不能反映基线风险。例如,假设用药物治疗时癫痫复发的风险为 90%,颞叶手术治疗可使癫痫复发风险从 90% 降到 40%,这时计算得到的相对危险度降低率（RRR）为 56%,而 NNT 为 2。如果用药物治疗时癫痫复发的风险为 9%,颞叶手术治疗可使癫痫复发风险从 9% 降到 4%,通过计算得到的 RRR 仍然是 56%,但是 NNT 却是 20,即 NNT 扩大了 10 倍。

有时,研究者没有提供 NNT,而需要评价者自己根据试验组阳性事件发生率（EER）与对照组阳性事件发生率（CER）来计算。如果研究者提供了 CER、RR 或 RRR,则评价者可通过下列公式计算 NNT:

如果 RR<1,则 $NNT=\dfrac{1}{(1-RR)\times CER}$

如果 RR>1,则 $NNT=\dfrac{1}{(RR-1)\times CER}$

如果研究者提供了 CER 和 OR,则评价者可通过下列公式计算 NNT:

如果 OR<1,则 $NNT=\dfrac{1-[CER\times(1-OR)]}{(1-CER)\times CER\times(1-OR)}$

如果 OR>1,则 $NNT=\dfrac{1+[CER\times(OR-1)]}{(1-CER)\times CER\times(OR-1)}$

系统评价的使用者很容易受证据中所选用的统计量的影响。与使用百分数表示效果相比,使用疾病发生的自然频率可能会使对统计量的推断更恰当。概率可能比频率更难理解,尤其在关注的事件比较罕见的情况下。目前的研究证据显示,使用自然频率来表示绝对风险的差异最容易被医疗卫生相关人员理解和接受。因此,在结果汇总表中要提供绝对风险,即接受干预措施后每 1000 例患者中有多少例患者会出现阳性事件。当然,RR 和 RRR 等相对指标仍然重要,因其比绝对风险指标的稳定性更好。

**（二）连续性结局变量的临床意义**

因分类结局变量可以计算出 ARD 和 NNT,所以就很容易解释结果的临床意义,也方便结果用于临床。但是,还有许多临床相关结局是连续性变量（如疼痛、认知功能、QOL）,并且是用均数和标准差来表示。如何解释用这些统计量表示的连续结局的临床意义?一般来说,研究干预措施对连续结局效果的试验都是比较试验组和对照组的均数,然后检验其是否存在统计学意义;这仅仅是统计学意义,它不能说明均数的变化量是否具有临床重要性,因均数不能说明每组中发生临床重要改变的患者例数。例如,当均数的变化量没有统计学意义或是低于预设的最小变化量的阈值时,临床医生会错误的得出这样的结论:该治疗措施没有重要效果。事实上,均数的变化量不能表示发生有临床意义的改善或恶化的患者比例。反之,如果均数的变化量较大时,就会被误解为该组患者总体上都有改善。而实际上这种变化可能是由于少数患者发生了巨大的改变引起,该组的绝大多数患者并没有发生改变。因此,解释连续性结局的临床意义时,需要明确个体患者临床重要改变的概念。评估个体患者的临床重要改变已经越来越被认为是评估干预措施对连续性结局效果的前提条件。如果临床医生可以知道改善的患者有多少例、恶化的有多少例、没有改变的有多少例,那他们就可以计算出 ARD 和 NNT 或 NNH,这些指标比均数及其 $P$ 值的意义要大得多。

对一个特定的结局指标,当不知道需要改变多少才能达到具有临床意义的最小改变阈值时,可用"标准差的一半"来表示。有证据证明,可用结局测量工具对每例患者的结局进行评分,然后计算得到标准差,该标准差的一半就可以近似认为是临床重要改变的阈值。例如,用 NIHSS 评分测量急性缺血性卒中患者 3 月时神经功能改善情况,假设目前没有证据说明个体患者 NIHSS 分值至少变化多少时才具有临床意义,则可测量所有患者的分值变化,然后求其均值和标准差(m ± SD),用得到的标准差的一半即 $\frac{1}{2}$ SD 表示具有临床意义的最小改变阈值。当个体患者的分值改变量在 $\left(-\frac{1}{2}\text{SD}, +\frac{1}{2}\text{SD}\right)$ 范围内,则可认为该患者治疗后神经功能无变化;当个体患者的分值减少超过 $\frac{1}{2}$ SD,则认为该患者治疗后神经功能有所改善;当个体患者的分值增加超过 $\frac{1}{2}$ SD,则认为该患者治疗后神经功能不仅没有改善,反而有所恶化。

对结局是连续性变量的平行随机对照试验而言,通过上述方法知道改善、恶化、无改变的患者例数后,可用下述简单实用的方法来计算 NNT。现将结局根据最小临床重要差异分成改善、恶化和无变化 3 组(见表 10-2),然后由相对应行的比例乘以相对应列的比例计算得到各个格子里的比例,则 $NNT = \dfrac{1}{(ex+fx+fy)-(dy+dz+ez)}$。通过该方法计算出 NNT 后,就可以方便的解释结果的临床意义,并增强研究结果的临床适用性。

表 10-2 连续性结局变量计算 NNT 的行 × 列表

| 对照组 | 治疗组 | | |
|---|---|---|---|
| | 改善 %(x) | 无变化 %(y) | 恶化 %(z) |
| 改善 %(d) | dx | dy | dz |
| 无变化 %(e) | ex | ey | ez |
| 恶化 %(f) | fx | fy | fz |

评价者应透彻了解上述内容,正确理解统计学意义和临床意义的区别与重要性,这样有利于评价者在撰写系统评价计划书时就预先选取正确的数据分析方法,以保证结果解释时可以同时兼顾统计学意义和临床意义。评价者在结果解释时应当谨慎解释结果的统计意义和临床意义,二者缺一不可。如果一项干预措施的研究结果没有达到统计学意义,则该干预措施肯定不会被普遍应用于临床;即使该干预措施的研究结果达

到了统计学意义,但没有达到公认的具有临床意义的阈值,该项干预措施仍然没有推广的价值。

# 第三节　证据质量分级及其影响因素

证据质量分级是系统评价的特色之一,为了保证各个系统评价对证据质量分级的可比性,系统评价者最好选用统一的证据质量分级标准。目前,证据质量分级标准有多个大同小异的版本,但是 Cochrane 系统评价推荐使用"推荐分级的评价、制定与评估(Grades of Recommendation, Assessment, Development and Evaluation)标准"即 GRADE 标准。该标准是由 GRADE 工作组从使用者角度制定的综合性证据分级标准,已被包括 WHO 和 Cochrane 协作网在内的 28 个国际组织、协会采用。Cochrane 协作组推荐在其系统评价中对每个结局均采用 GRADE 标准来评价证据质量。

## 一、GRADE 标准质量分级原则

GRADE 标准说明了证据质量达到何种级别,才能对干预措施的效果充满信心,它允许对每一个结局的证据质量进行评价。GRADE 标准根据研究设计方法学将证据质量分为以下四级:

高级证据:随机对照试验;或质量升高两级的观察性研究;

中级证据:质量降低一级的随机对照试验;或质量升高一级的观察性研究;

低级证据:质量降低两级的随机对照试验;或观察性研究;

极低级证据:质量降低三级的随机对照试验;或质量降低一级的观察性研究;或系列病例观察;或个案报告。

为使使用者正确理解 GRADE 标准中每级证据代表的意义,GRADE 标准同时对每级证据所代表的意义进行了具体描述:

高级证据:未来研究几乎不可能改变现有疗效评价结果的可信度;

中级证据:未来研究可能对现有疗效评估有重要影响,可能改变评价结果的可信度;

低级证据:未来研究很有可能对现有疗效评估有重要影响,改变评估结果可信度的可能性较大;

极低级证据:任何疗效的评估都很不确定。

GRADE 标准通常将随机对照试验证据定为高级证据,但是评价者可根据是否存在影响证据质量的因素将随机对照试验的证据质量级别降到中级、低级甚至是极低级。影响证据质量的因素包括单个研究的偏倚风险(方法学质量)、证据的间接性、研究结果的异质性、效果估计的精确度和发表偏倚等。通常,存在一个影响因素可使证据质量降低一级,所有因素都存在时可使证据质量最大降三级。如果随机对照试验中存在影响证据质量分级的因素,并且该因素存在严重问题,例如在试验设计和实施方面,所有研究均未采取分配隐藏和盲法,且失访率超过 50%,则该随机对照试验的证据质量级别可因该影响因素降低两级。

GRADE 标准通常将设计良好的观察性研究证据定为低级证据,但是如果观察性研究的结果非常显著且其设计和实施过程没有明显偏倚,评价者可将其证据质量升高一级(即中级证据);如果结果足够显著,甚至可将其证据质量升高两级(即高级证据)。反之,如果观察性研究的设计和实施过程存在严重问题,或者仅是非系统的临床观察研究(如系列病例观察或个案报告),则可将其评定为极低级证据。

## 二、影响 GRADE 证据质量的因素

通常可将降低随机对照试验证据质量的因素大概划分为五个方面:研究设计和实施过程中的局限性(方法学质量)、证据的间接性、结果间无法解释的异质性、结果不精确、发表偏倚的高度可能性。证据质量分级时,如果发现这些影响因素,应根据其对证据质量的影响程度将其分为"严重"(使证据质量级别降低一级)或"很严重"(使证据质量级别降低两级)两类。

### (一) 研究设计和实施过程中的局限性(方法学质量)

如果研究设计和试验实施过程中存在较大的局限性,那么对干预措施效果的评价就会产生偏倚,从而导致我们对效果估计的信心不足。就随机对照试验来说,方法学局限主要包括未进行分配隐藏、没有实施盲法(尤其是对那些极易出现评价偏倚的主观结局)、高失访率、为节省资源过早停止试验、选择性报告结局等。

每个试验在得到一个具体结局指标的结果时都会存在不同程度的偏倚风险。评价者必须对研究局限是否会降低该试验中每个具体结局指标的证据质量作出整体判断。对单个试验进行局限性评价时,应集中对结果汇总表中的结局有贡献的试验评价其局限性,而不应该对整个系统评价纳入的所有试验进行评价。例如,A 药对急性缺血性卒中疗效的系统评价共纳入 10 个随机对照试验,评价过程中发现这些试验长期随访(6 个月)的失访率较高,这一局限对 6 月时的功能性结局指标的证据质量影响极大,但是高失访率这一局限却并不影响对发病后 7 天时神经功能改善这一结局指标的评价。此外,由于仅有 5 个试验报道了功能性结局指标,故评价功能性结局的证据质量时,只需要对这 5 个试验进行方法学的评价,而不应对全部的 10 个试验进行评价。

判断研究局限对证据质量级别的影响时,应首先从评估研究的偏倚风险开始,通过对偏倚风险的评估来判断研究局限是否影响结局的证据质量级别。整个判断流程可以分为以下四步:研究证据的偏倚风险、解释该风险对证据的影响、得出意见、根据意见调整 GRADE 分级。如果评价某一结局指标时,合并的所有试验中的绝大多数试验的偏倚风险较低,那么可能存在的偏倚就不可能严重改变试验结果,这时我们可以确定这些试验没有明显的研究局限,就不需要调整 GRADE 分级。反之,如果评价某一结局指标时,合并的所有试验中的绝大多数试验的偏倚风险较高,那么可能存在的偏倚就会严重降低结果的可信度,这时我们根据具体情况可能有两种意见:一是研究设计或试验实施过程中的一个方面存在重要局限,或多个方面存在多种局限,足以降低结果估计的可信度,这时就要将证据质量级别降低一级;二是研究设计或试验实施过程中的一个或多个方面存在严重局限,极大地降低结果估计的可信度,这时就要将证据质量级别降低两级。

只有提供结局信息的绝大多数研究的偏倚风险低时,证据质量分级才可划为高级。例如,22 个试验报道了 β 受体阻滞剂对心力衰竭患者病死率的影响,绝大多数试验很可能或确定实施了分配隐藏和盲法,几乎没有失访。如果提供结局信息的绝大多数研究在研究设计方法学的某一方面存在重要局限,或多个方面存在多个局限,则该证据质量分级

应降低一级。例如，试验过程中失访超过 20%，则会使 meta-分析结果的可信度降低，从而降低证据质量。

### （二）证据的间接性

证据间接性有两种类型。一种类型是，评价者欲比较可互相替代的 A 药和 B 药的效果，虽然检索到了随机对照试验的证据，但是没有直接比较 A 药与 B 药的试验，所有的试验要么是将 A 药与安慰剂比较，要么是将 B 药与安慰剂比较。因此，评价者只能间接比较 A 药与 B 药的疗效。另一种类型是，评价者检索到了符合纳入标准的随机对照试验，但是这些试验在人群、干预措施、对照或结局等方面限制了主要问题的评价。例如，欲系统评价某一干预措施对冠心病患者二级预防的效果，发现纳入的大多数研究中的冠心病患者恰好也患有糖尿病，这样就使目标人群局限在同时患有糖尿病的冠心病患者，而非是所有冠心病患者，因此这样的证据只能被视为间接证据。反之，如果要评价干预措施对糖尿病患者预防冠心病的疗效，发现纳入研究中的受试者有非糖尿病患者，这时提供的也是间接证据。

### （三）结果间无法解释的异质性

当各个研究的结果差异较大即存在异质性时，评价者须寻找导致异质性的可能原因。例如，当对病情更重的患者用药或用药剂量更大时，药物的相对效果可能更显著。前面的章节已对异质性进行了详细介绍，在此不赘述。需要强调的是，当结果存在异质性且该异质性会影响对结果的解释时，如果评价者不能找到导致异质性的合理原因，那就会使证据质量降级。

### （四）结果不精确

当研究纳入的受试者很少且阳性事件发生率低时，研究结果的可信区间会很宽，这同样会降低证据质量级别。结果汇总表中提供的可信区间，允许系统评价的使用者对证据质量级别作出自己的判断。

### （五）发表偏倚的高度可能性

如果研究者没有报道自己的研究结果，尤其是阴性试验结果（发表偏倚），或是没有报道不利结局（选择性结局报告偏倚），都会影响到证据的质量级别。

## 第四节　正确解释证据适用性

每一项医学研究结果在推广运用于较大的人群时，都需要医学观念的跳跃性转变；在观念转变的过程中，我们总是需要在合理地扩大适用性和个体结论的保守性之间取得平衡。而系统评价的作者和使用者在这一过程中都起着举足轻重的作用。系统评价者必须正确解释并帮助使用者正确理解证据的适用性程度。

评价者解释结果时，必须透彻了解试验的人群、干预措施和结局指标，然后对可能影响效果的因素提出先验假设，并对其进行验证。如果评价者发现了明显的亚组疗效，必须对该疗效的可信度作出评判。评价者要谨慎解释亚组的不同疗效，除非有很强的证据，否则不能推断存在亚组间不同的疗效，因亚组间会不可避免地存在一些机会性误差。如果在审慎的态度下，评价者认为亚组疗效应该可信，则应对相关亚组进行单独的系统评价，并为相关亚组单独绘制结果汇总表。

系统评价的使用者往往最想确定的是,自己面前的患者特征是否与系统评价纳入的患者特征足够不同,从而不能将该评价的结果用于自己的患者。因此,评价者在解释结果时不能刻板强调研究的纳入与排除标准,最好是给出充分的理由来说明为什么该证据不适合某类具体患者,包括从生物学差异、文化差异、对干预措施依从性的差异等方面解释。

在生物学差异方面,评价者不仅要考虑不同患者病理生理学方面的差异,如男性和女性的性别差异可能导致对同一治疗措施的反应不同;还要考虑病原体方面的差异,如疟疾的病原体多种多样。

文化背景差异是影响某些干预措施,尤其是非药物性干预措施疗效的重要因素。有些干预措施可能在某一文化背景下有效,而在另一文化背景下无效。文化背景因素可能涉及干预措施的主要提供机构,如只有这样的主要机构才具有实施该干预措施的专业知识、经验和具备资历的工作人员,具有该竞争领域的领先优势,具有与该项目配套的服务与设施,并给该项目极大的重视和地位。文化背景因素还涉及目标人群的基本特征,如文化和语言差异、社会经济地位的差异、城乡差异等,这些基本特征就形成了不同文化背景下医生与患者之间特殊的医患服务模式,而这种模式可能与所要实施的干预措施的价值和技术不匹配。因此,在将其他国家的证据用于自己的国家时,必须考虑文化背景差异在其中的重要影响。

在依从性方面,既包括干预措施提供者的依从性,也包括患者的依从性。依从性的不同会限制研究结果的适用性。如,经济水平的差异会导致低收入水平的国家没有能力提供某些干预措施。此外,在随机对照试验中依从性很好的干预措施在实际的临床环境下未必会有同样的依从性。

当评价者综合生物学差异、文化差异、依从性差异等因素对结果的适用性进行全面探讨后,该系统评价的实用性就很高,该评价的使用者将很容易判断自己的患者是否适用该项干预措施。

# 第五节 如何得出结论

通过前述五部分的全面讨论后,作者就易于得出恰当的结论;讨论完毕之后,下结论之前最好再综合回顾考虑下列四方面的因素:证据质量、风险效益的平衡、价值观和偏好以及可利用资源。Cochrane 系统评价的结论一般分为两部分:对临床实践的意义(implications for practice)和对临床研究的意义(implications for research)。

## 一、对临床实践的意义

在干预措施对临床实践的有用性方面作出结论时,必须要综合考虑利益、风险和费用,权衡取舍。之后,可以对今后的临床实践提出推荐意见。但是,提出推荐意见已经超出了系统评价的范围,推荐意见的提出还需要综合考虑许多该系统评价之外的其他因素,而这正是临床实践指南制定者的工作。因此,系统评价的作者最好不要对干预措施提出推荐意见。

如果作者认为不得不对某项干预措施提出推荐意见时,则应首先清楚地列出证据质量和风险效益的平衡,然后突出强调不同的价值观和医疗模式下对该干预措施所应采取的不同态度。同时,应强调其他可以影响临床决策的因素,包括任何已知的可以影响干预措施效果的因素、患者的基础状态和危险因素、治疗措施的费用和这些费用的支付者以及资源是否易于得到等。作者应确保自己考虑了所有对患者重要的结局指标,包括可得到的数据有限的结局。这一过程意味着作者非常清楚地了解与不同结局相关的价值观,而该了解结局与价值观的过程需要进行正式的经济分析,即通过对价值观的不同假定进行敏感性分析。但是这些都超出了绝大多数系统评价的范围。

一篇关于使用抗凝剂增加癌症患者生存率的系统评价为我们对临床实践意义如何下结论作出了示范,尤其适合需要考虑希望得到的效果和不想出现的风险之间的平衡取舍时。其作出的结论如下:在决定癌症患者是否需要开始接受肝素治疗来增加生存率时,需要考虑风险和收益之间的平衡,并结合患者自己的价值观和期望。对延长自己的生存时间有高的期望值并且不担心肝素引起出血的患者,适合接受肝素治疗;反之,对使用肝素引起出血和其他相关负担不能忍受的患者,则不适合接受肝素治疗。

## 二、对临床研究的意义

评价者除了应该帮助临床医生和患者了解干预措施的实用性之外,也应帮助他们了解相关措施未来的研究需要。结论中"对临床研究的意义"部分应该对未来的研究需要,尤其是解决相关临床问题最需要的研究作出评论。建议采取下列格式(EPICOT)来报告对未来研究方向的推荐意见:

E(evidence,证据):目前的证据是什么?

P(population,人群):目标人群的疾病分布特征,包括诊断措施、疾病阶段、并发症、危险因素、性别、年龄、种族、特定的纳入和排除标准、临床环境。

I(intervention,干预措施):所研究干预措施的类型、频次、剂量、疗程、预后因素。

C(comparison,对照):未来研究应采取的对照措施,如安慰剂、常规护理、替代的治疗或管理。

O(outcome,结局):哪些临床或患者相关结局指标是研究者所需要测量、改善和获取的? 需要使用什么测量方法?

T(time stamp,时间标记):文献检索的日期或是推荐的日期。

其他在推荐中应该考虑的因素包括疾病负担、时效性(如随访期长、干预措施的疗程)和最适合随后研究的研究设计。

Cochrane 系统评价的作者应该确保它们至少包括了这个格式中的 PICO 四个方面。一篇关于压缩长袜预防空中乘客深静脉血栓的系统评价,给我们做了示范:"该系统评价已经解决在所纳入研究的患者中穿与不穿压缩长袜对症状性 DVT 患者的疗效问题。未来的研究应该关注不同强度压缩长袜的相对风险或压缩长袜与其他预防措施相比的相对风险。今后注重解决穿与不穿压缩长袜对诸如死亡、肺栓塞和症状性 DVT 等结局疗效问题的随机对照试验,其样本量应扩大。"

## 三、得出结论中的常见错误

一个常见的错误是,在证据不足以得出确定结论时将"没有某一疗效的证据"与"证据证明无效"混淆。在证据不足以得出确定结论时,声称证据显示干预措施无效或与对照没有不同,这是错误的做法。更可靠的做法是报道结局指标增加或减少量的数据及其可信区间,说明"当前尚无足够的证据"。当干预措施的疗效显示"有效"但没有统计学差异时,作者通常会解释成这是一种有希望的干预措施;而当干预措施的疗效显示"有害"且没有统计学差异时,作者会解释成这是对该干预措施的警告信号。这些描述性语言都没有正确解释结果,应避免在结论中出现。

另一个常见的错误是以寄予希望的语气组织结论。例如,当纳入研究结果显示死亡率降低甚或是增加但没有达到统计学差异所要求的可信区间时,作者会写"纳入研究的样本量太小,不足以发现死亡率的降低",很显然这种描述暗含该干预措施可能有效的意思。避免类似错误的一种方法是不报道研究结果有益或有害的倾向,而是分别从有益和有害两个方向作出假设。例如,如果对某一干预措施的疗效估计的可信区间包含无效值,则该干预措施既可能是确实有益的措施,也可能是确实有害的措施。如果在结论中提到了其中一种可能性,那也应该同时提出另外一种可能性。

还有一种常见的错误是所下的结论超出该系统评价所提供证据的范围。通常这一错误比较含蓄,即没有提及在得出该评价对临床实践意义的结论时使用了额外的信息。即使该额外信息支持对临床实践意义的结论,评价者也很少对此额外信息进行评价。

(刘 鸣 王德任)

# 参 考 文 献

1. Schünemann HJ, Oxman AD, Vist GE, et al. Chapter 12: Interpreting results and drawing conclusions. In: Higgins JPT, Green S (editors), Cochrane Handbook for Systematic Reviews of Interventions Version 5.0.1 (updated September 2008). The Cochrane Collaboration, 2008. Available from www.cochrane-handbook.org.

2. Livia Candelise. Evidence-based Neurology: Management of Neurological Disorders. Oxford: Blackwell Publishing, 2007.

3. Akl EA, Kamath G, Kim SY, et al. Oral anticoagulation for prolonging survival in patients with cancer. Cochrane Database of Systematic Reviews 2007, Issue 2. Art No: CD006466.

4. Clarke M, Hopewell S, Juszczak E, et al. Compression stockings for preventing deep vein thrombosis in airline passengers. Cochrane Database of Systematic Reviews 2006, Issue 2. Art No: CD004002.

5. 张菊英. 医学统计学. 第 2 版. 北京:高等教育出版社, 2008.

6. 王家良. 临床流行病学:临床科研设计、衡量与评价. 上海:上海科学技术出版社, 2002.

# 第十一章　RevMan 软件介绍

## 第一节　RevMan 软件基本内容与主要功能

### 一、基本内容

Review Manager 5 软件（RevMan 软件）是国际 Cochrane 协作网制作和保存 Cochrane 系统评价的专用软件。由北欧 Cochrane 中心制作和更新。软件结构化格式有利于制作统一标准格式化电子转换文档，便于出版和更新同时，有利于系统评价制作人员学习系统评价架构和分析方法，协助完成系统评价分析计算过程。RevMan 软件中预设了 Cochrane 四种类型的系统评价制作格式：干预措施系统评价（Intervention review）、诊断试验精确性系统评价（Diagnostic test accuracy reviews）、方法学系统评价（Methodology reviews）和系统评价汇总评价（Overviews of reviews）。

RevMan 5.0.23 发布于 2008 年 3 月，与之前版本比较，该版本具有以下特点：使用了更加友好方便的新界面；正文（Main text）中增加了新的结构选项；表格中增加了新的类型，如 Risk of bias tables 和 Summary of findings tables；图示中提供了系统评价发表时特定分析的新方法；使用 Archie 管理系统评价，提供了不同版本系统评价保存及转换的新方法，便于系统评价的合作者及其编辑共享；兼容性更好，支持多种操作平台，如 Windows，Mac OSX 和 Linux；除支持干预性系统评价外，还支持诊断试验精确性系统评价、方法学系统评价和系统评价汇总评价。考虑到 Cochrane 协作网方法学较完善的仍是干预试验的系统评价，本章参照 Cochrane 系统评价基本步骤和 RevMan5 指导手册，结合 RevMan 软件使用过程要点、难点和注意事项，逐步介绍 RevMan 软件中干预措施系统评价操作流程和使用方法等。

### 二、RevMan 软件主要功能

1. 制作和保存 Cochrane 系统评价计划书和全文，进行文本编辑、表格建立、显示研究特征、评价比较、添加研究数据。

2. 可对录入数据进行 meta- 分析，并以森林图（forest plot）展示纳入研究合并结果。

3. 制作统一格式化电子转换文件，便于 Cochrane 系统评价电子出版和更新。

4. 根据读者反馈意见不断修改和完善。

### 三、RevMan 软件使用注意事项

1. 软件使用范围　Cochrane 协作网免费提供 RevMan 软件下载,使用范围仅限于制作 Cochrane 系统评价或纯学术目的的使用,若是商业使用需购买其许可权限。

2. RevMan 与 Archie 服务器连接　Cochrane 协作网提供中央服务器 Archie(archie.cochrane.org)管理 52 个专业组的系统评价,编辑过程透明,作者只需输入用户名和密码即可登录到该服务器,通过取出(check out)或放回(check in)功能,可对自己的系统评价进行管理、保存、查阅、打印、比较不同版本的差别等。从 Archie 取出的系统评价总会是当前最新版本。当作者取出自己的系统评价文档后,其他合作者不能同时进行编辑。若需进一步了解 RevMan 信息,请登录网站:www.cc-ims.net/revman。

# 第二节　RevMan 软件操作流程及注意事项

RevMan 软件操作流程流程主要包括:RevMan 软件操作准备、文档操作、添加研究和参考文献、添加表格、数据分析以及完成系统评价等。

## 一、RevMan 软件准备

### (一) RevMan 软件下载和安装

1. 下载　下载 RevMan 软件网址是:ims.cochrane.org/revman。下载前请注意:Archie 账户只适合 Cochrane 协作网注册的作者,不适合以测试为目的用户。基于 Java 不同平台开发的 RevMan 软件有 2 个。Java 5 版,使用时间最长且已知包含的错误少。Java 6 在某种程度上较快,感觉较好。用户可自行选择适合的版本下载到本地计算机。本文以干预性系统评价制作为例,基于 RevMan 5.01 Windows Java 6 版作简要介绍。

2. 安装　双击已下载文件"revman5 windows"开始安装,连续点击"Next",直到安装完成(Finish)。弹出对话框"What do you want to do"设有五个选择项,分别如下:

(1) Check out a review from the central server(Archie)。

(2) Open a review from a file。

(3) Creat a new review。

(4) View the tutoral。

(5) Nothing(默认)。

默认选项是"Nothing",点击"OK"进入初始主界面。

### (二) 创建系统评价

在初始主界面菜单栏(Menu Bar)"File"下,点击"New"出现欢迎界面,点击"Next",进入软件所提供的系统评价类型"Type of review"选择项,根据研究目的作出适当选择:

- Intervention review(默认)
- Diagnostic test accuracy reviews
- Methodology reviews
- Overviews of reviews

默认类型是干预试验系统评价(Intervention review),点击"Next",根据软件提示格式输

入自己的系统评价题目,再点击"Next"和"Finish"进入 RevMan 5 操作主界面,默认是计划书操作界面(图 11-1)。

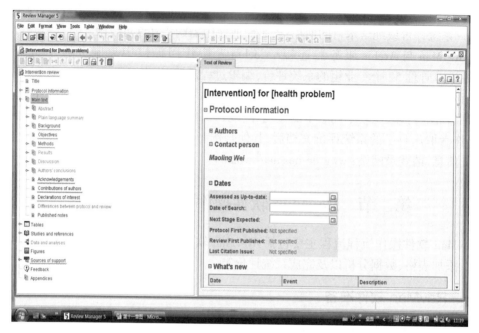

图 11-1　RevMan 5 系统评价操作主界面

### (三) RevMan 5 操作界面简介

在图 11-1 中主操作界面最顶端是菜单栏(Menu bar),包含系统评价常用功能,菜单项分别有:文件(File)、编辑(Edit)、格式(Format)、浏览(View)、工具(Tools)、表格(Table)、窗口(Window)和帮助(Help)。菜单栏下面是工具栏(Main toolbar),提供了一些文档操作常用的工具图示按钮。工具栏中的许多功能也可通过点击鼠标右键实现。每个系统评价均以单独的窗口展开,分为左右两栏,左侧是大纲栏(Outline pane),以树形结构显示,字体呈灰色,当点击左侧大纲栏时,右侧内容栏(Content pane)字体会自动变为蓝色,此时即可对文本进行操作。注:如果 RevMan 软件中的所有选项功能被激活时,展开窗口则无浅灰色项。

左侧大纲栏内预设了系统评价写作内容,以框架式结构分布,包括 10 部分:标题(Title)、系统评价信息(Review information)、正文(Main text)、表格(Tables)、研究与参考文献(Study and references)、数据与分析(Data and analyses)、图(Figures)、支持来源(Sources of support)、反馈(Feedback)和附录(Appendices)。其中,正文(Main text)是其中关键内容,包括:摘要(Abstract)、系统评价通俗语言概述(Plain language summary)、背景(Background)、目的(Objectives)、方法(Methods)、结果(Results)、讨论(Discussion)、结论(Authors' conclusions)、致谢(Acknowledgements)、作者贡献(Contributions of authors)、利益声明(Declarations of interest)、计划书与全文差别(Differences between protocol and review)和出版备注事宜(Published notes)。预设表格(Tables)有三类:研究特征表、结果汇总表和附表。用户在撰写系统评价时,只需根据大纲提示完成相应内容填充,即可形成文档草稿。当然一篇正式发表的系统评价需要历经反复多次的修改、补充与完善。

### (四) 设置系统评价写作阶段

系统评价写作通常要经历三个主要阶段:题目(Title)、计划书(Protocol)和全文(Review)。现以计划书转换成全文为例,其他转换操作与此类似。

1. 点击操作界面右侧内容栏中右上方紫色按钮,弹出(干预措施)属性对话窗[ Properties (Intervention review)]。

2. 在写作阶段(Stage)项下选择全文(Full Review),点击 OK 即可。

### (五) 设置作者信息

两种方法可以添加作者:一是从 Archie 数据库中添加,要求作者的姓名事先已存在 Archie 服务器中。对于没有在 Archie 数据库的人员,只能选择第二种方法:先在右侧内容栏单击按钮 "Add Author",然后打开窗口 "New Author Winzard" 即可添加姓名,通讯作者只能由 Cochrane 小组人员添加、修改和保存在 Archie 数据库。

## 二、文本操作

### (一) 添加系统评价文本

文本操作(working with text)方式有二:一是通过直接录入、复制和粘贴文档内容到系统评价;二是通过导入一个 html 文件,进行文本添加操作。

### (二) 更改系统评价文本格式

RevMan 在工具栏中提供了多种通用的数据处理软件格式选项,包括黑体、斜体、下划线、上下标、标记、插入符号、设置分层序号等。但不能对被 Cochrane 标化了的标题字型及其大小进行更改。

### (三) 改变标题设置

RevMan 提供的标准化主题内容通常不允许修改,但可以在这些标化的主题下面添加新的小标题,而且可以根据系统评价制作需要,不激活(失活)RevMan 软件中的某些标题,如背景部分的内容描述、结果或讨论中的部分小标题。

改变标题设置的操作如下:

1. 打开左侧大纲栏 "Main text"。

2. 光标指向 "Background" 项下标题 "How the intervention might work",点击鼠标右键,选择 "Deactivate Heading",标题即失活。同理,若要激活该小标题,光标指向失活小标题,点击鼠标右键选择 "Active Heading" 即可实现。

注意:①当 RevMan 窗口中的标题颜色呈浅灰色提示该标题处于失活状态,右侧内容栏相应标题也会消失不见。②RevMan 中各大标题下面预设的小标题有助于写作时理清层次和思路。

### (四) 添加备注

RevMan 提供了在系统评价草稿添加备注的功能,且备注内容不会在正式发表的系统评价中出现。操作如下:

1. 选定文档中要添加备注地方,确保光标在正确位置,类似于 Word 操作。

2. 点击大纲栏黄色备注(Notes)按钮,打开备注窗口。

3. 录入备注内容,点击关闭(Close),即保存并关闭备注窗口。此时,在大纲与内容栏相应标题项下会同时出现一个黄色备注标记。

4. 查看备注内容:点击菜单栏浏览(View)项选择备注(Notes),内容栏下方会弹出一个窗口,显示所有主题下的备注内容。

若要删除备注,只需在已打开的黄色备注窗口中点击"Delete"即可。

### (五) 追踪文本修改痕迹

RevMan 提供了追踪文本修改痕迹"Track Changes"功能,此有助于系统管理和文本编辑。操作如下:

1. 先在菜单栏工具(Tools)项下选择文本修改追踪"Track Changes"按钮,或者点击工具栏上"Track Changes"图标,此时追踪文本修改痕迹的功能即被激活。

2. 再到内容栏进行相应文字操作,文档中字体的颜色改变可以提示文档被改动的痕迹。

3. 若要对改动之处进行系统自动操作,需要到菜单栏工具(Tools)项下选择按钮"Accept or Reject Changes",打开功能对应窗口,点击查找(Find),根据光标提示即可实现是否接受修改意见操作。

### (六) 保存

RevMan 提供的保存方式有:

1. 在菜单栏点击"File",选择"Save as"。

2. 在工具栏直接点击"Save"。

3. 在关闭操作窗口时,RevMan 会自动提醒是否需要保存。

注意:如果系统评价是从 Archie 中服务器中取出的,退出时最好将其放回服务器保存,以备合作者和编辑能够随时查阅到当前最新修改版本的系统评价。

## 三、添加研究和参考文献

RevMan 提供了添加参考文献(Adding studies and references)的功能有两类:一是研究的参考文献(References to studies),二是其他类型的参考文献(Other references)。前者包括所有研究,无论是纳入研究,还是排除研究的参考文献。后者是系统评价中所引用的其他来源的参考文献,如在背景描述、方法学和软件等处引用的参考文献。

### (一) 添加研究

若要向系统评价添加研究(Adding studies to a review),首先需要为每一个研究设置一个唯一识别号(Study ID),用以识别相关参考文献。Cochrane 评价研究的识别号组成格式通常为:"第一作者姓" + "研究发表年代"。如果引用了同一作者同一年的多篇参考文献,就需要在通常识别号后添加一个字母以示区别,如 Wang 1998a,Wang 1998b。操作如下:

1. 点开大纲栏中研究与参考文献(Studies and references)下面的研究参考文献(Reference to studies)。

2. 光标指向纳入研究(Included studies),点击鼠标右键选择"Add Study";或在内容栏"Included studies"下面点击按钮添加研究(Add Study),打开一个"New Study Wizard"窗口。

3. 录入研究 ID 如"Morrocona 1998"后,按 Next。

4. 根据下拉清单选择数据来源(Data source),RevMan 中预设了 4 种数据来源清单:

- Published data only(Unpublished not sought)(默认)
- Published and unpublished data
- Unpublished data only
- Published data only(Unpublished sought but not used)

选择默认数据来源,点击"Next"。

5. 录入新研究的年代,如'1998',点击"Next"。

6. 弹出窗口询问研究是否有其他识别号(Does the study have other identifiers you wish to add)？ 如果拟添加研究的其他识别 ID 号,如试验注册号或文档 ID,此处应点击按钮"Add Identifier",并从下拉框清单中选择"identifiers"类型,输入 ID。RevMan 预设了三种类型选项: ISRCTN,DOI,Clinical Trials.gov,other。如果没有 ID 号,直接进行下一步操作。

7. 点击"Next"。

8. 选择添加其他研究(Add another study in the same section),并点击完成"Finish"。

9. 重复步骤 3-8 添加其他新的研究。

10. 当已经添加了最后一个研究后,选择"Nothing"(默认状态),点击完成"Finish"。

11. 点开大纲栏中"Included Studies",即可查看所有已添加的新研究清单。

**(二) 添加研究的参考文献**

操作如下:

1. 选择大纲栏研究,如 Morrocona 1998。

2. 点击添加参考文献(Add Reference)按钮,打开"New Reference Wizard"。

3. 默认文献类型是"Journal article"(该下拉清单提供的其他选项有:Book,Section of book,Conference proceedings,Correspondence,Computer program,Unpublished data,Cochrane review,Cochrane Protocol,other),点击"Next"。

4. 在所提供表格中人工输入研究文献的具体信息。

注意:①凡是深色字段为必填项;②RevMan 内设的杂志清单,是按照英文杂志名称的首字母排序,为节省录入杂志时间,可在 journal/book/source 字段空白处,点击鼠标右键选择杂志清单(Choose from list ),找到研究文献所对应的杂志点击,杂志即可自动添加在空白处。

5. 点击"Next"和"Finish"。文献即出现在内容栏。

注意:

(1) 要添加其他文献,格式同上,只需在大纲栏中选择"Additional references",重复上述步骤 2~5。

(2) 若要编辑 RevMan 内已录入文献,需在大纲栏双击拟编辑文献打开已经录入的文献,参照前述文献添加方法介绍,可对文献类型或其他部分进行修改。

**(三) 导入参考文献**

如果已在其他程序内录入了文献,为避免再次录入文献的麻烦,可利用 RevMan 5 文献导入功能节省时间。RevMan 5 还提供了其他内容的导入功能:text of Review,summary of finding table。

注意:RevMan5 可读取多数参考文献管理软件所用的以 RIS 格式产生的文本。从 RevMan 导出文本文献时,需要检查在用 RevMan 过滤器(filter)是否匹配。

现以 RevMan5 Tutoral 提供的文献导入例子介绍如下:

1. 打开菜单栏 File,选择导入(Import)参考文献(References),打开导入文献窗(the Import References Wizard)。

2. 点击"Next"。

3. RevMan 会自动打开已使用过的相同文件夹,默认路径是:c:\\program files\review

manager 5\doc\tutorial，选择文件 "Study References.txt"，点击打开（Open）。

4. 预览即将导入的文本，点击 "Next"。导入文本格式默认选择 "RevMan Format"，点击 "Next" 也可选择 RevMan 提供的其他导出格式，包括 RIS，PubMed）。

5. RevMan 已导入的参考文献保存位置默认大纲栏 Other References 下面的 "Classification pending references" 处。此处的文献以灰色显示，在系统评价发表时不会出现。点击 "Next"。

注：导入的参考文献也可指定将文献导入到其他位置，点击完成 "Finish" 即可。

### （四）移动参考文献

移动参考文献到适当的研究中方法如下：

1. 先从大纲栏选择要移动的文献。

2. 再从编辑菜单的（Edit）中选择剪切 "Cut" 或点击工具栏上 "Cut" 按钮；或通过右键选择 "Cut" 或选择 "Select Move to" 选项。

3. 选择文献计划移动目的处，按粘贴即可实现参考文献移动。

### （五）添加与取消参考文献链接

1. 添加链接　在内容栏确定要插入参考文献的位置，在格式菜单（Format），选择插入链接（Insert Link），或点击工具栏按钮 "Insert Link"，打开插入链接窗，从清单中选择适相应参考文献即可，参考文献以蓝色显示。同理，可实现系统评价文本中对纳入、排除研究、图表和外部的链接；

2. 取消链接　在内容栏文献链接处，点击鼠标右键，选择 "Remove Link" 即可，链接的蓝色消失；

3. 多个参考文献自动添加链接　从工具菜单（Tools），选择 "Find and Mark Links"，消失的链接会自动产生（呈蓝色）。

## 四、表格

对系统评价中添加的纳入研究参考文献逐个进行描述，实现方法有两种：一是在系统评价文本中描述，二是以两个标准化表格描述，即纳入研究特征表（characteristics of included studies table）和偏倚风险评估表（risk of bias table）。

### （一）纳入研究特征表

每一个纳入研究特征，包括方法、研究对象、干预措施和结局均应在此表格描述。

注意：只有纳入研究参考文献添加好之后，此时的纳入研究表格中才会有该研究的相应信息。否则，应首先到研究与文献 "Reference to studies" 项下进行纳入研究的添加操作。

### （二）偏倚风险评估表

偏倚风险评估表是用来记录对纳入研究的方法学偏倚风险进行评估判断的结果。偏倚风险评估的方法参见本书第六章。

1. 在右侧内容栏点击纳入研究特征表下偏倚风险表（Risk of bias table）。

2. 点击表格 "Risk of bias table" 标题旁边属性（Properties）图标。

3. 打开纳入研究特征表格 "Characteristics of included studies"，发现在 "Risk of bias table" 项下清单选项如下：

- Adequate sequence generation?
- Allocation concealment?（默认）

- Blinding?
- Incomplete outcome data addressed?
- Free of selective reporting?
- Free of other bias?

默认选项是"Allocation concealment"，其他选项需要人工激活。激活方法是在当前窗口点击"Activated"旁的方框即可实现。

4. 对于"Blinding"和"Incomplete outcome data addressed"两个选项，RevMan 允许对每个组或成组的结局添加信息。若要激活它们，首先需添加结局组(Outcome Group)。操作如下：

（1）选择盲法(Blinding)，点击按钮"Add Outcome Group"到结局组清单。

（2）先删除默认文本"All outcomes"，后输入结局 1 组名称如"Self-reported outcomes"。

（3）再点击按钮"Add"，添加另一个结局组名称如"Objective outcomes"。

（4）检查激活(Activated)方框是否激活。

5. 参照上述步骤(1)~(4)，激活确认不完整结局数据选项(Incomplete outcome data addressed)。

6. 点击"OK"即完成。

7. 内容栏列出了所有被激活的标题(heading)，包括盲法中每个结局，可直接在表格中进行文本操作。

8. 表格中每排均有下拉框，显示"Yes，No or Unclear"三个选项。

注：在内容栏纳入研究表格和偏倚风险评估表下方的空白处，可对上述表格添加脚注。

**（三）排除研究特征表**

对于文献筛选过程中所有可能相关的研究经过方法学评估后，将肯定不符合系统评价纳入标准的研究列在排除研究表格(Characteristics of excluded studies)中，同时须注明排除该研究的原因。当然，不必列出检索过程中的每一个研究。对于暂时不能肯定研究是否纳入或排除，应列入待评估研究表中(Characteristics of studies awaiting classification)。

**（四）其他表格**

系统评价中的其他信息可以表格形式出现在系统评价文本中、还可以附录或其他表格(Additional table)形式出现在系统评价末尾处。

1. 添加表格到系统评价文本的操作如下：

（1）选择内容栏拟添加表格适当处。

（2）点击工具栏按钮"Insert Table"，此时会产生一个 3×3 表格。

（3）光标指向新建表格左上格，右击鼠标(注意表格的编辑选项)。

（4）选择"Toggle Heading/Cell"，被选方格将呈变阴，此时可直接在选定方格中录入文本，且所录入的任何文本将以黑体字出现。

2. 添加其他表格在系统评价发表的末尾处

（1）选择大纲栏其他表格(Additional tables)。

（2）点击鼠标右键出现添加表格(Add Table)按钮，单击鼠标后，打开窗口"New Additional Table Wizard"。

（3）输入表格标题如"Decaffeinated coffee：chemical information"。

（4）点击"Next"。

（5）接受表格大小设置的默认数字，点击完成"Finish"。

（6）在内容栏"Additional tables"下方可看到新建的表格，即可在表中直接进行文本操作。大纲栏中"Additional tables"下也可见到此新建表格。

## 五、数据和分析

只有当对纳入研究进行了描述之后，才可以进行结果分析。换句话说，结果分析时应确保已录入了所有纳入的研究。

### （一）添加比较组和结局

RevMan 数据分析的第一步是添加录入比较组的信息，描述干预措施与比较措施，系统评价中可纳入一个或多个比较组。第二步是录入每个比较组结局测量指标。如对于结局头痛，是二分类结局，意味着只有两种可能的结果：头痛或不头痛。操作如下

1. 选择大纲栏数据与分析"Data and analyses"。

2. 点击按钮添加比较"Add Comparison"，打开窗口"New Comparison Wizard"。

3. 输入比较组名"Caffeinated versus decaffeinated coffee"，点击"Next"。

4. 在新的比较组中选择"Add an outcome under the new comparison"点击完成"Finish"，打开新的结局窗口（Outcome Wizard）。

5. 选择默认结局类型二分类数据（Dichotomous），点击"Next"。

6. 输入结局名"Headache"。

7. 分别输入两个比较组名称，Group Label 1 "Caffeinated coffee" 和 Group Label 2 "Decaffeinated coffee"，点击"Next"。

8. 选择使用的统计方法，以头痛为结局观察指标，二分类结局指标的统计方法可按如下方法选择，有关统计学信息请查阅本书第八章。

- 统计方法（Statistical Method）：Mantel-Haenszel
- 分析模型（Analysis Model）：Fixed effects
- 效果测量（Effect Measure）：Risk Ratio

9. 点击"Next"。

10. 选择"Add study data for the new outcome"点击完成"Finish"。

11. 打开新研究数据窗（New Study Data Wizard）。也可通过大纲栏中的结局打开此新研究数据窗，点击按钮添加研究数据。

### （二）录入二分类数据

1. 在"New Study Data Wizard"，按住"Control"键不放可同时选择多个研究。

2. 点击完成"Finish"。RevMan 将在内容栏打开一个新表，显示以头痛为结局的数据表，所选择的数据以清单列出。

3. 二分类结局，需要输入每组事件发生数和研究总人数。

4. RevMan 会自动计算出每个研究的相对危险度（risk ratio）和 95% 可信区间（confidence interval）及所有纳入研究的汇总合并值（pooled values）。

5. 结果以森林图显示。森林图中每一个研究的相对危险度以蓝色方框显示，水平线显示该研究可信区间，合并结果以黑色菱形显示。

6. 森林图屏幕底部有一个可滑动的标尺（sliding scale），点击并拖动标尺上的白色控制

器,可以改变森林图的标尺范围,默认值为"0.02~50"。

7. RevMan 可计算出每个研究的权重(二分类结局权重的计算是基于研究样本量和事件发生数)。每个研究的权重决定了其对于合并研究结果估计值的贡献大小。

8. 在研究结果汇总表"Study or Subgroup"下方,RevMan 显示了用固定效应分析模型计算异质性测量的统计值选项是:$Chi^2$ 和 $I^2$ 等。若选择随机效应分析模型,异质性测量统计值选择是:$Tau^2$ ,$Chi^2$ 和 $I^2$ 等。

注意:在比较研究结果汇总表底部有一空行,可用来输入脚注(Footnote)。

9. 在 RevMan 内容栏顶端点击"Text of review",此时 RevMan 会自动添加所设定的某种研究结果汇总表,内容包括纳入研究数、纳入人数、统计方法、汇总效应估计值。研究结果汇总表的制作参见本书第九章第二节。

10. 若要将统计分析结果插入至系统评价结果中,首先打开 RevMan 内容栏中正文中干预效果(Effects of interventions)选项,然后选择格式(Format)菜单中插入分析结果(Insert Analysis Results),打开相应窗口,选择适当的比较组结局,点击"OK"。此时,研究汇总结果即可出现在系统评价正文。

**(三) 改变结局属性**

1. 双击大纲栏选定结局返回内容栏相应结局处。

2. 右击或点击大纲栏右上角属性(Properties )按钮,打开结局属性窗。

3. 点击分析方法"Analysis Method"。

4. 选择"Risk Difference"作为测量效果(Effect Measure),点击应用"Apply",注意表格和森林图中的结果即发生改变。

5. 在结局属性窗口中点击图形"Graph"。

6. 在字段"Scale"中输入"1"后点击应用"Apply"。注意森林图刻度发生改变:–1~1 。

7. 在"Left Graph Label"方框输入"Favours caffeine"。

8. 在"Right Graph Label"方框输入"Favours decaf"。

9. 点击应用"Apply"。

注意:RevMan 默认结局是不利结局,如头痛。如果测量的是有利结局,需要在森林图分析细节"Analysis Details"处高级选项"Advanced Options"下选中图标交换图形"Swap the event and non-event",这样治疗组与对照组对应的结局会自动调换过来。

**(四) 添加亚组**

亚组添加可在产生结局时添加;或在已经有的结局中添加。操作如下:

1. 在大纲栏右击结局"Headache",选择进入亚组"Introduce Subgroup",大纲栏会出现一个新的亚组,默认是"New subgroup",所有纳入研究将显示在新的亚组。

2. 大纲栏选择"New Subgroup",右击选择亚组重命名"Rename Subgroup"。

3. 输入"One caffeine dose"。

4. 在大纲选择"Headache",点击添加亚组"Add Subgroup" 按钮,打开新的亚组"New Subgroup Wizard"。

5. 输入名称(Name)"Two caffeine doses",点击"Next"。

6. 选择编辑新亚组"Edit the new subgroup",点击完成"Finish"。

注意:数据表中的每个亚组都有一个单独表格。

7. 在大纲栏点击"One caffeine dose",亚组查看所有研究。

8. 选择"Morrocona",研究点击"Cut"。

9. 选择"Two caffeine doses"亚组处点击"Paste"按钮。

10. 大纲栏选择"Headache"结局,点击属性"Properties"按钮。

11. 在"Analysis Details"下选择"Subtotals only",点击"OK"。森林图中包含两个亚组各自的结果汇总统计分析表。

### (五) 拷贝结局

为避免再录入重复的信息,可以通过拷贝已有结局或比较实现。首先在大纲栏中点击结局头痛(Headache),利用工具栏拷贝"Copy"粘贴和"Paste"按钮,即可复制出一个包含头痛所有数据的结局。任选同名结局其中之一,右击鼠标选择"Rename Outcome"进行重命名。

### (六) 添加连续性结局

连续性结局测量可用均值和标准差来表达,如身高、体重、血压、疼痛或生活质量等,RevMan 中添加连续性结局的操作方法可参照二分类结局的添加方法。

1. 在大纲栏选择比较组点击添加结局"Add Outcome"按钮。

2. 数据类型选择"Continuous data type"。

3. 接受默认的统计量设置,默认测量指标是干预组与对照组均差,点击"Next"。

4. 选择添加研究数据到新的结局中"Add study data for the new outcome",点击完成"Finish"。

5. 按住"Control"键选择多个研究完成操作。

注意:连续性结局需要录入每个比较组的人数、结局均值和标准差。

### (七) 添加图到评价

系统评价可包含少量的森林图,操作如下:

1. 大纲栏双击"Headache"结局打开"Headache"。

2. 在内容栏点击森林图按钮"Forest plot"将会显示系统评价发表时呈现的森林图。

3. 点击"Add as Figure"将打开一个新的图形标识 Figure 1。

4. 大纲栏点击"Figures"可见到已添加的森林图。

5. 或在 Figure 1 点击按钮保存到计算机指定位置,或点击复制到 word 文本中。

### (八) 发表偏倚和漏斗图

RevMan 提供了利用漏斗图检测系统评价的发表偏倚。

1. 大纲栏点击 Headache 结局。

2. 打开森林图,点击右上方漏斗图按钮将打开一个结局。

3. 添加该图到系统评价,同理点击"Add as Figure",漏斗图将以 Figure 2 添加到大纲栏,可在评价文本中添加这个链接。

注:其他偏倚风险图的添加也可参照上述操作。

## 六、完成

### (一) 结果汇总表

1. 在大纲栏表格中选择结果汇总表(Summary of findings tables)。

2. 点击按钮添加结果汇总表"Add Summary of Findings Table",打开窗口"New Summary of Findings Table Wizard"。

3. 添加结果汇总表有三种方式：

（1）从"GRADEprofiler"导入完整的结果汇总表，表格属性只读（GRADEprofiler 是一个专门用来设计产生完整结果汇总表的软件程序）。

（2）利用 RevMan 模板编辑产生一个结果汇总表。

（3）利用 RevMan 表格编辑打开一个空表制作结果汇总表。

### （二）添加附录

许多信息细节没有必要在正文出现，可以包含在附录中，如较长的检索策略或统计方法等。

添加附录的方法：在大纲栏选择"Appendices"，点击按钮添加附录"Add Appendix"打开新的附录"New Appendix Wizard"，输入名称后点击完成"finish"，就可以直接在打开附录窗中进行文本录入和编辑。

### （三）评价的检查确认

提交系统评价之前，应仔细检查确保所有的内容是否均已按照 Cochrane 协作网的要求制作完成，可借助 RevMan 软件提供的检查功能。点击工具菜单(Tools)下的选择项"Validate as You Type"，或在工具栏点击按钮 OK "Validate as You Type"，检查出来的任何问题或错误将以下划线标出，作者须对之予以修正。

### （四）提交编辑小组

当按照软件预设条目完成了系统评价草稿，包括评价摘要和通俗易懂的摘要，就可以提交给相关 Cochrane 专业小组的编辑团队审阅。作者在小组编辑处理过程中不能对提交的系统评价进行操作。如果作者按照小组内、外部的评审意见，完成了所有修改就可以准备发表，并履行发表前相应手续，如签署出版同意书和有无利益冲突声明等。

（卫茂玲　吴红梅）

# 参 考 文 献

1. Review Manager 5 Tutorial. Available from the RevMan Help menu. Review Manager（RevMan）[Computer program]. Version 5.0. Copenhagen：The Nordic Cochrane Centre，The Cochrane Collaboration，2008.

2. Review Manager（RevMan）[Computer program]. Version 5.0. Copenhagen：The Nordic Cochrane Centre，The Cochrane Collaboration，2008.

# 第十二章　系统评价与meta-分析特别主题

## 第一节　不良反应的系统评价

大多数的系统评价都主要针对治疗的效果进行评价。然而,若要对干预措施制定合理的决策,则需要有利弊两方面的可靠证据。目前绝大多数系统评价针对的是随机对照试验及其治疗的有效性评价,不良反应(adverse effects)的系统评价很少,并且方法尚未完善。本章主要介绍目前不良反应的系统评价及其文献质量评估方法,但其方法学还有待进一步发展完善。

### 一、纳入标准

与经典的评价干预措施有效性系统评价不同,进行不良反应系统评价时,制定纳入标准要考虑以下问题,并做出恰当的选择。

#### (一) 使用何种纳入标准

1. 使用同样的纳入标准　在评价疗效和不良反应时,通常都采用同一个纳入标准,这样可以使用相同的检索策略来进行检索。检索到的文献报告结果的方式可能有以下三种:①报告治疗效果同时报告不良反应;②仅报告治疗效果;③仅报告不良反应。通常方法①是最理想的,因为在同一项研究中,研究人群、研究地点以及研究方法完全相同,可以直接比较治疗的效果和不良反应。但是,如果采取方法①,由于研究的随访时间往往太短,难以观察到干预措施远期可能发生的不良反应,故方法①也有缺陷。为了加大样本量,可以将①②③三种类型的研究合并在一起。①和②可以合并在一起评价疗效,①和③合并在一起评价不良反应。但要注意:由于疗效的研究和不良反应的研究为不同的研究,因此不能将疗效和不良反应直接进行比较。

2. 使用不同的纳入标准　不同的研究设计方案可能适合评价不同的结局指标。例如随机对照试验更适合评价某干预措施的疗效,但是不适合用于评估一些远期、罕见的以及从未认识到的不良反应。可以在评价疗效时使用一种纳入标准,而评价不良反应时使用另一种纳入标准,这样就可以更严格地评价不良反应。这种方法虽然可以更细致地评价疗效及不良反应,但是需要花费更多的时间和资源。并且由于纳入试验的研究方法不同,也不能将疗效和不良反应直接进行比较。

3. 单独进行不良反应的系统评价　这种方法适合用于一种药物治疗多种疾病,并且出现的不良反应在不同人群不同地点中非常相似。例如,阿司匹林可以用于治疗脑卒中、外周血管疾病以及冠心病等。该药物针对这些疾病的治疗效果都分别在不同的 Cochrane 系统评价里作了详细地报道。而阿司匹林的不良反应例如脑出血,消化道出血等,不论在哪一种疾病的治疗中都非常相似,所以可以进行一项单独的系统评价来评估其不良反应。同样,在一个特殊的亚组中,该治疗的不良反应可能非常相似,那么就有必要将这个亚组所有的不良反应信息进行分析。比如某种药物对儿童的安全性,纳入的研究就应包括该药物治疗各种不同的疾病。

### (二) 纳入何种不良反应

在进行某干预措施不良反应评价之前,可能早就知道该治疗可能引起哪些不良反应,也可能不清楚会出现哪些不良反应,因此确定纳入哪种不良反应进行系统评价常常比较困难。第一种方法:可以缩窄不良反应的范围,具体分析 1 个或 2 个已知的或者严重的不良反应,将重点放在重要的不良反应上,如果结论有临床意义,那么对治疗决策将起到至关重要的影响。这样可以方便获取资料,但仅适用于一些事先就知道的不良反应,而且范围狭窄。第二种方法:尽量纳入各种可能发生的不良反应。由于检索范围广,因此可能会发现一些以前从未发现的不良反应。但是需要检索大量的文献,给数据收集带来了困难。可能在投入大量人力物力后,结果却发现一些非特异性的不良反应,对临床意义不大。

因此,为了更规范地评估不良反应,系统评价员应该尽量缩窄不良反应的选择范围,选择 5~10 种最常见的不良反应;选择患者和医生都认为非常严重的不良反应;使用实验室指标(如低钾血症)或者患者报告的症状(疼痛)作为标准。

患者退出试验也可以作为评价不良反应的一个指标。但是系统评价员应小心地解释这些结果,因为退出试验可受到多种因素的干扰:可能是药物副作用、药物毒性的原因,也可能是药物无效,还可能不是医疗的原因或者其他综合因素的结果。如果没有采用盲法,患者常常会提前退出试验,以至于高估干预组的效果。例如安慰剂组出现不良反应时患者不容易退出试验,而治疗组的患者出现不良反应的症状时更容易退出试验。

### (三) 纳入何种研究类型

为使偏倚风险最小化,许多系统评价员将纳入标准限制为仅纳入随机对照试验(randomized control trials,RCTs)。而 RCTs 又常常对干预措施的不良反应评估或报道不充分。一些罕见的以及远期的不良反应很少在 RCTs 中报告,因此还需要纳入队列研究,病例对照研究以及个案报道。具体评价方法见病例对照研究的系统评价以及队列研究的系统评价。

## 二、检索不良反应研究

### (一) 检索资源

除了常见的证据检索方法外,还要更深入地检索一些不良反应的数据资源,例如不良反应的参考书 *Meyler's Side Effects of Drugs*,*the Side Effects of Drugs Annuals*(SEDA),*Martindale:The Complete Drug Reference* 等。另外,各国政府会在一些网站上公布出不良反应的监测数据:

英国:当前的药物警戒性问题网(www.mhra.gov.uk);

澳大利亚:澳大利亚不良反应公告(www.tga.gov.au/adr/aadrb.htm);

欧盟:药物评价机构网(www.emea.eu);

美国:药品食品管理局药品监督网(www.fda.gov/medwatch);

世界卫生组织:Uppsala Monitoring Centre(UMC;www.who-umc.org)。

**（二）检索策略**

联合使用主题词和自由词检索,使用敏感性最高的检索策略,不漏掉相关的研究。

1. 主题词检索　MEDLINE 中有 MeSH 词表,EMBASE 中有 EMTREE 词表,这些都是主题词。MEDLINE 和 EMBASE 中不良反应主题词不多:例如 MEDLINE 中的"DRUG TOXICITY"、"ADVERSE DRUG REACTION SYSTEMS" 以 及 EMBASE 中的"DRUG TOXICITY"、"ADVERSE DRUG REACTION"。

2. 副主题词检索　副主题词是最有用的检索不良反应的方法。副主题词可以在表述疾病或药物的主题词下,例如药物的"side effects"或者手术的"complications"。副主题词用来检索 MEDLINE 以及 EMBASE 中不良反应的资料。例如:Aspirin/adverse effects(MEDLINE);Acetylsalicylic-acid/adverse-drug-reaction(EMBASE)。Aspirin 是 MeSH 主题词,adverse effects 是副主题词。Acetylsalicylic-acid 是 EMTREE 主题词,adverse-drug-reaction 是副主题词。

副主题词可能出现的形式有:①在干预的名词下合并一个提示不良反应的副主题词,例如 Aspirin/adverse effects 或者 Mastectomy/complications;②不良反应的名称被索引,合并干预的名称,例如 Gastrointestinal Hemorrhage/ and Aspirin/,or Lymphedema/ and Surgery/;③偶尔会有文献单独以不良反应被索引,例如 Hemorrhage/chemically-induced。

MEDLINE 中能够与干预一起使用的副主题词有:

/adverse effects

/poisoning

/toxicity

/contraindications

MEDLINE 中能够与不良结局一起使用的副主题词有:

/chemically induced

/complications

EMBASE 中能与干预一起使用的副主题词有:

/adverse drug reaction

/drug toxicity

EMBASE 中能够与不良结局一起使用的副主题词有:

/complication

/side effect

3. 自由词检索　自由词可以在题目,摘要以及正文中被检索到。但是作者可能使用各种各样的词汇描述不良反应,除了常用的毒性、副作用、有害作用等词汇外,还有一个更详细的描述如疲倦(tiredness)、乏力(malaise)、倦怠(lethargy)等同义词,因此限制了它的实用性。

高敏感性的自由词检索应该加入各种可能的同义词,并且要考虑到不同的拼写方法和单词的结尾形式如单数复数形式等。例如:(aspirin or acetylsalicylic acid)and(adverse or side or hemorrhage or haemorrhage or bleed or bleeding or blood loss)。

## 三、不良反应研究的质量评价

### （一）临床试验的质量评价

影响不良反应数据较大的因素包括:①监测不良反应的方法;②利益冲突;③选择性的

报告结果;④盲法。虽然是随机双盲安慰剂研究,但是不良反应的数据往往是通过回顾性获取的,例如在试验后,研究者仅对试验组填写不良反应的问卷,就很可能会导致偏倚。另外,不良反应监测方法不同,对不良反应的发生率也有很大影响。不良反应的发生率在严密监视的研究中就明显高于松散的监视。例如,在一组高血压患者中,采用患者自主报告这种被动监视法,不良反应发生率仅为 16%,而用特殊问卷进行主动监控,不良反应发生率高达62%。因为不同的方法监控不良反应会产生不同的结果,因此,很难对每项研究进行比较,也很难进行正式的 meta- 分析。另外,在系统评价中应该专门提及随访时间和监控频率,短期随访或不频繁的监控报告的不良反应结果可靠性较差。而严格的随访,频繁的监控可以得出肯定的结论:该治疗的不良反应很少。

评价临床试验不良反应证据的质量标准包括以下几项:

1. 实施阶段

● 是否给出了不良反应的定义?

● 是否报告了监控不良反应的方法? 使用的是常规方法还是患者自发报告? 问卷或患者日记,系统观察患者?

2. 报告阶段

● 是否有患者在不良反应分析时被排除?

● 治疗组是否提供了数据资料?

● 研究者报告的是哪一类不良反应?

**(二) 病例 - 对照以及队列研究**

疗效评价的最佳研究设计方案为 RCT,但不良反应评价的最佳研究往往为非随机对照研究。对少见的药物相关不良反应而言,一个具有内在真实性,但样本量或随访时间短的RCT 所提供的不良反应信息,其可靠性不如一个大样本量、实施良好、随访时间长的队列研究。病例 - 对照以及队列研究的质量评价请详见本书第六章第三节。

**(三) 病例报告**

病例报告常常在各种发表的文献中见到,也常见于各种机构的数据库。系统评价员在评价这些病例报告数据是否真实可靠时,需仔细考虑以下 4 个问题。

1. 病例报告是否有良好的预测价值? 系统评价员要仔细考虑该不良反应究竟是由于干预措施引起的,还是仅仅是一个巧合? 病例报告通常没有对照,随后的研究证明可能是假警报,即该治疗方案与报告的不良反应没有因果关系。然而,不可否认病例报告仍然是最初发现新不良反应的基石。不管在过去还是将来,药品退出市场主要还是依靠不良反应的病例报告,如果由于重要的不良反应而导致药品退市往往并不需要对照组。

2. 干预措施与不良反应之间,是否存在可以解释的生物学机制? 如果能找到干预措施导致不良反应的潜在生物学机制,那么该不良反应就变得更合理。例如胺碘酮含有碘的化学结构,因此就可以解释为什么使用胺碘酮会引起患者甲状腺功能的异常。

3. 病例报告是否提供了足够的信息有助于详细评估证据? 如果病例报告提供了详细的信息,例如患者的症状,当时使用药物的剂量、合并基础疾病以及合并用药等。如果这样,就可以在评价不良反应时有助于寻找原因。

4. 使用这些数据是否会存在社会问题? 既要尽可能地收集所有的不良反应,又要注意避免不可靠信息造成的假警报。例如,由于一本知名期刊报道了麻风腮疫苗(measles,mumps

and rubella，MMR)引起不良反应的病例报告，导致英国疫苗接种率下降，引起大量的人患麻疹，造成了恶劣的社会影响。因此，报告一些可信度不高，但对社会有重大影响的不良反应时，应该慎之又慎。在传播这些信息的时候要充分考虑可能的社会负面影响以及法律分歧等。

（吴红梅　岳冀蓉）

# 参 考 文 献

1. Loke YK, Price D, Herxheimer A. Adverse effects//Higgins JPT, Green S. Cochrane Handbook for Systematic Reviews of Interventions Version 5.0.1 (updated September). The Cochrane Collaboration, 2008. Available from www.cochrane-handbook.org.

2. Glasziou P, Chalmers I, Rawlins M, et al. When are randomised trials unnecessary? Picking signal from noise. BMJ, 2007, 334:349-351.

3. Deeks JJ, Dinnes J, D'Amico R, et al. Evaluating non-randomised intervention studies. Health Technol Assess, 2003, 7:iii-x, 1-173.

4. Golder S, Loke Y, McIntosh HM. Room for improvement? A survey of the methods used in systematic reviews of adverse effects. BMC Med Res Methodol, 2006, 6:3.

5. Manchikanti L, Datta S, Smith HS, et al. Evidence-based medicine, systematic reviews, and guidelines in interventional pain management:part 6. Systematic reviews and meta-analyses of observational studies. Pain Physician, 2009, 12:819-850.

6. McIntosh HM, Woolacott NF, Bagnall AM. Assessing harmful effects in systematic reviews. BMC Medical Research Methodology, 2004, 4:19.

7. Philips Z, Ginnelly L, Sculpher M, et al. Review of guidelines for good practice in decision-analytic modeling in health technology assessment. Health Technol Assess, 2004, 8:iii-iv, ix-xi, 1-158.

# 第二节　经济学证据整合

## 一、卫生经济学证据与系统评价

经济学在医疗卫生领域的应用，主要是解决有限卫生资源的最优分配问题，具体表现在对各项干预措施（包括药物、诊治方案、仪器设备等）的经济性展开评价，卫生经济学评价研究的目的就是使有限资源的效益最大化。

卫生经济学的研究成果现已成为临床医生、政府卫生决策者、卫生服务提供者、药品监督机构以及卫生政策专家等进行相应决策的重要证据来源。例如临床医生可以用来制定合理处方，使药物治疗达到最佳价值效应；卫生服务支付/管理方（像政府监管机构、保险公司）以及卫生服务提供方（像医院和卫生服务管理机构），可以利用卫生经济学研究结果决定服务包括的覆盖范围及其赔付比例，帮助制定药物基本目录以及临床实践指南等；同样患者面对各种保险赔付条款，也促使他们从卫生经济学的研究成果中寻找答案。卫生经济学研究方式主要包括临床试验、观察性研究、经济学模型模拟等。其中前瞻性临床试验已为越来越多人所接受，很多卫生经济学研究需要借助临床试验来完成。

按照涉及经济学内容的多寡,卫生经济学评价研究可大致分为完全卫生经济学评价研究、部分卫生经济学评价研究以及效果评价研究。完全经济学评价研究就是与对照措施相比,全面评估该干预措施的成本与结局,投入和产出两者兼顾,典型评价方式有成本效果分析、成本效益分析与成本效用分析等。而部分卫生经济学评价研究则只分析经济学指标,包括成本分析,成本和费用的描述研究等。此外,还有一些临床试验或临床研究中提供了十分有限的关于干预措施所需资源的测量与评价信息。但无论信息多少,即使不能用于卫生经济学评价研究,对了解干预措施经济学方面的信息也是很有帮助的。

卫生经济学评价研究与系统评价的关系是双向的,即可以利用系统评价中关于干预措施效果和费用证据,特别是真实、无偏倚的 meta- 分析的整合证据,做后续评价研究,若有完整全面的经济学证据,可建立经济学模型。另一方面,卫生经济学评价研究本身也可当作原始研究纳入,对经济学方面证据展开系统评价。

## 二、完全卫生经济学评价研究的主要类型

完全经济学评价研究的共同之处在于:均以一个或多个其他干预措施作对照,对各自的成本(资源消耗)与相应的结局(包括效果、转归)进行综合比较。与干预有关的资源消耗,均使用相同度量衡单位测量。鉴于不同卫生经济学评价研究均有其各自的经济学问题、目的、分析视角,有关价值和效应测量细节方面可能有所不同。

1. 成本 - 效果分析(cost-effectiveness analysis,CEA) 是将成本和效果结合在一起考虑,测定了某项干预措施的净成本以及成本消耗后得到的实际效果。常用每一效果单位所耗费的成本(成本效果比),或每增加一个效果单位所耗费的增量成本(增量比)等表示,在完全经济评价方式中最常见,可直接用于临床决策。

2. 成本 - 效用分析(cost-utility analysis,CUA) 对于两个完全不同的干预措施,病种不同,临床结局测量也不同,因而无法直接比较。需要事先将结局转化为效用值,通常采用质量调整寿命年(quality adjusted life years,QALYs),然而进行成本 - 效用分析。

3. 成本 - 效益分析(cost-benefit analysis,CBA) 是将干预措施的成本和效果都用货币单位来表示,常用效益成本比或净效益(效益 - 成本)来表示所花的成本是否值得,即效益是否大于成本。

## 三、卫生经济学评价研究在系统评价中的作用与意义

系统评价中可以纳入卫生经济学研究或“搭载”经济学方面的内容,但并不是每个系统评价中非要不可。经济学证据整合过程与一般系统评价大同小异,涉及卫生经济学研究的检索、筛选、评价、数据汇总等。但进行相关系统评价时应注意以下问题:第一,由于经济全球化,卫生经济学研究证据也应立足于全球视角,尽量获取不同地区、不同环境下干预措施的经济学方面的数据,以增加证据的推广应用价值;其次,卫生经济学研究实际上提供了一个综合展示临床证据与经济学数据的框架,以利于后续分析,包括建立经济学模型。第三,即便效果评价不明朗,也可借助经济学证据进行决策分析。

一旦决定在系统评价中“搭载”经济学方面的内容,应从制订计划书之始,有计划地收集相关经济学信息,例如有哪些经济学指标可以收集? 这些指标与系统评价题目的相关程度如何? 等等。

### 四、经济学证据整合的具体步骤

#### (一) 提出经济学问题、明确研究目的

1. 结合经济学内容在系统评价中的作用、意义、角色,提出一个经济学问题。经济学问题可围绕以下几方面内容提出,如:

(1) 疾病干预的效果主体(如卫生系统、患者、家庭、劳资方)所关注的经济负担是什么?

(2) 与对照措施相比,若要实施此项干预所增加的资源类型有哪些? (如人员、设备、药品、住院医院护理等方面)。

(3) 实施此项措施后,增加了哪些资源消耗? 或者后续又消耗了哪些资源? (如并发症、后续治疗、门诊时间等)。

(4) 干预措施改变了资源消耗结构,所增加的成本是什么? (如直接和间接医疗成本、收入损失等)。

(5) 基于干预的利弊效果,其经济效益如何(如支付愿意或效用的测量)?

(6) 决定是否实施干预的决策关键点是什么?

2. 经济学问题的构建　构建经济学问题应重点考虑数量大小、时间跨度、分析视角等几个方面。

(1) 数量大小:与对照措施相比,将不同资源消耗或增量成本的大小排序,哪一种资源或哪几种成本在进行决策分析过程中最为重要;

(2) 时间跨度:从成本投入或资源消耗到产生实际效果,均有一定的时效。在系统评价中界定时间效应,往往是通过定义中间指标和终点指标等加以实现的。有关资源消耗与成本效果等经济学内容作为结局指标时也应考虑时间因素;

(3) 分析视角:谁最有可能承担干预措施所产生的额外费用? 谁将最终获益(患者、患者家属、卫生服务提供方、第三支付方、社会)? 视角不同,一些成本的统计口径有所不同。例如,提供非常规医疗服务的成本,从患者或社会角度应统计在内,但若以卫生服务系统的视角,则应排除在外。此外,在不同视角下,一些资源消耗或类别的统计可能存在交叉重复。因此,系统评价中相关经济学内容的报告应尽量详尽,除报告资源消耗与成本测量外,费用的承担者也应一并报告。

一旦明确了经济学内容在系统评价中的作用、意义、角色,就可提出一个或多个经济学问题或研究目的。

通过绘制临床事件路径,也有助于经济学问题的归纳和提炼。临床事件路径可以系统地、清楚地表示不同健康状态以及社会服务过程和结局。

卫生经济学问题一般包括四个要素,例如:①对照药物是什么? ②与对照药物相比,该干预措施主要有哪些优势? ③实施后会产生哪些预期获益? ④应用价值如何及其潜在用户有哪些? 要避免提出诸如"干预 X 的成本效果大小如何"等类似的经济学问题。

经济学问题或研究目的一经确定,应列入计划书中。同时应简要评述干预措施的经济学内容,并将其放入系统评价中的背景部分。

3. 经济学问题的解析与指标量化　解析经济学问题,将经济学指标,如消耗资源、成本以及成本效果等应进一步细化为诸如住院时间、手术时间、门诊次数、因病请假天数、直接医疗资源、直接医疗成本、间接医疗资源、间接医疗成本等量化指标。此外,诸如边际成本效果

比、每 QALY 的边际成本、成本效益比等成本效果指标,可直接用做结局指标使用。

4. 确定经济学内容的范畴及卫生经济学研究类型 哪些卫生经济学研究应优先纳入,这取决于经济学问题或研究目的以及这些研究所提供的经济学信息量。若有必要,可与卫生经济学家协商解决。纳入的卫生经济学研究数量多寡与设定的经济学内容范畴有关,标准严格,则纳入的研究数量少,反之亦然。例如:①只纳入那些搭载卫生经济学研究内容的、高质量的随机对照试验;②也可适当纳入那些基于高质量随机对照试验 meta- 分析结果的经济学模型研究;③或纳入所有的卫生经济学研究,包括观察性研究以及对大型管理数据库的数据挖掘研究等。在实际操作中,最好能将单个经济学评价研究与经济学模型研究分开分析。

**(二) 检索文献**

1. 使用电子文献搜索引擎 利用相应检索策略,可从电子文献数据库中筛选出研究文献,进而浏览相关文献的摘要和全文,剔除无关文献。英国约克大学评价与传播中心(the centre for reviews and dissemination,CRD) 提供了系列检索策略,专门用于检索经济学评价研究,分 MEDLINE、CINAHL、EMBASE、PsychINFO 等不同版本,也可从 NHS-EED 手册或 www.york.ac.uk/inst/crd/nfaq2.htm 中获取。值得注意的是这些检索策略的检索范围过宽,有可能检出经济方法研究、经济研究综述以及其他无关的研究。在实际运用时,可针对具体研究目的,增加特定的检索词、使用 "AND" 以及限定设计类型等,提高检索准确度。

2. 补充检索一些特殊文献数据库 为避免漏检,还可检索一些特殊的文献数据库,如卫生经济学评价数据库欧洲协作网(The European Network of Health Economic Evaluation Databases,EURONHEED)。

**(三) 文献筛选和数据提取**

1. 文献的关联性分析 阅读卫生经济学研究文献的全文,分析文献的关联性。同时结合目标人群、干预措施、对照措施和结局,确定文献纳入和排除标准。注意排除哪些文献及其排除原因应详细列出。当然,现在仍没有一个专门用于经济学研究文献筛选的基准标准,文献是否纳入,仍取决于方法学质量以及与经济学问题、干预、人群和结局等相关程度等。

2. 数据提取 一般要收集两类数据:一是纳入卫生经济学研究的特征指标,二是结果指标。研究特征指标包括发表年限、干预与对照措施的具体细节、研究设计方案、卫生资源来源、成本单位等,以及实施场所与环境、分析视角及成本和效果的时间范围等方面的信息。

结合特定的卫生经济学问题或研究目的,考核结局指标是否包含了资源、成本、成本效果分析等经济学信息。例如成本应包括人力成本、管理成本、机会成本,每种干预(包括对照措施)的资源消耗量,应分别以自然单位详细列出,资源消耗原则上应该包括卫生服务的直接供应以及与技术使用有关的社会服务,例如住院天数、手术分钟数、门诊次数和药物数量等。但有些特殊的实验室检查项目可能只在临床试验中为验证安全性与有效性而专门设置,而在实际临床实践中并不涉及,因此该部分费用不应计算在内。除了收集点估计值外,有关指标的标准误或可信区间的信息同样尽量收集完整。远期效益与成本计算需要选择合适的贴现率,因此,相关信息也要注意收集。

**(四) 探讨可能出现的偏倚风险**

不同研究类型,其方法学质量的严格评价方法有所不同,因此,在探讨偏倚风险之前,先按照设计方案类型进行分类。如:将纳入的研究可分为完全经济学评价研究、部分经济学评价研究以及报告了有限经济学内容的效果研究(如随机对照试验等)。若属于完全经济学评价研究,按照其产生效果数据的来源,进一步分为单个原始研究(如随机对照试验,观察性研究)和多个原始研究的汇总(如基于随机对照试验的 meta- 分析等)。为避免分类混淆,最好在分类时与卫生经济学家一起协商讨论。在此环节过程中,部分已纳入的经济学研究文献可能被剔除,倘若如此,同样需要报告剔除的缘由。

同其他类型研究一样,经济学研究的质量也是参差不齐的。卫生经济学研究质量评价的核心,是评估这些研究能否以透明且有证据支持的方式来描述研究方法、研究假设、模型,以及指出可能出现的偏倚。对于完全经济学评价研究,严格评价包括两方面内容:一是对承载经济学内容的原始研究进行风险评估;二是对完全经济学评价研究的方法学质量进行评价。针对方法学质量的严格评价可以借助一些评价工具来完成。在众多的评价工具中,以 BMJ 经济学研究投稿要求清单(即 Drummond 清单)和经济学研究方法学质量评价工具(即 CHEC 清单)最为常用。若对于经济模型研究,尽管上述两个工具可以使用,但还不够,需使用 Phillips 清单,该清单是用于经济模型研究特有的质量评价工具。使用时最好事先绘制一个数据来源结构图,将模型中每个参数的最佳来源数据一一标示出来。同时,查找有无 NHS EED 的结构性摘要,由于此类摘要覆盖了有关评价工具的主要条目,对实际评价大有帮助。

**(五) 结果分析与报告**

将主要研究特征与结果以表格的形式列出,同时对纳入研究的质量与主要结果进行小结。必要时,结合资源消耗或成本资料的完整性,考虑 meta- 分析或建立经济学模型。

1. 以表格形式展示结果　研究特征包括发表年限、干预与对照措施细节、设计方案类型、数据来源、研究场所、分析视角和时间跨度等,以一览表形式列出。

纳入的经济学研究结果也可单独列表,内容包括各种资源消耗及成本的点估计值及其范围,边际成本和(或)成本效果的点估计值及可能范围,货币单位与价格统计年份等。

为方便不同研究间的比较,常将成本按照国际汇率统一转换为目标货币,同时利用国民生产总值平抑物价指数,估计贴现成本。

2. 主要结果的简要描述　在列表的基础上,按照设计类型,对纳入研究的主要特征与结果,包括经济学问题、文献数量、分析视角、时间跨度等作简要描述和讨论。通过比较边际成本、资源消耗、成本效果的点估计值及其范围,使读者能了解所纳入研究的成本与资源消耗的一致性程度,纳入研究的总体质量与不足,以及主要结果的适用性与外部推广性等。

3. 基于经济学数据的 meta- 分析　利用 meta- 分析或其他定量分析方法,对成本 - 效果估计值(如边际成本效果、成本效用比或成本效益比)进行汇总分析,但采用何种方法、如何分析? 目前还缺乏定论。在分析之前,首先应考虑不同研究中的经济学问题及其度量意义是否均相同。若两个或两个以上纳入研究中报告了有关干预及对照措施所消耗的资源和成本,且使用了相同度量衡单位,那么就可实施 meta- 分析。

进行 meta- 分析时,要首先采用相应方法严格评价所纳入的卫生经济学研究,进而利用统计方法探讨和处理研究间的异质性。在对来源于多个研究的成本进行估计之前,应统一货币单位和价格年份。

由于在不同国家、不同地区的消耗资源与成本差异很大,这种跨地域和不同环境下的 meta- 分析结果如何解释、是否具有推广应用价值等,目前还存在争议。若纳入研究间的资源消耗和成本变化不大,则可认为合并估计是合理的,这些 meta- 分析结果可以推广应用类似环境或地区。同时,应注意收集特殊人群和特定地域的资源消耗和成本数据资料,这些是特定环境下进行资源分配决策的主要证据。无论是否进行 meta- 分析,均应对结果大小、结果方向及精度范围等做简要说明,并放在系统评价的结果部分。

4. 建立经济学模型　系统评价结果可为后续或同步进行的经济学评价提供重要证据,其中包括使用决策分析方法合并分析干预成本与效果或建立相应经济学模型。所谓的经济学模型就是基于特定人群与环境下,以一定视角定量描述与干预有关的成本或效果增量及其联合分布范围。

在系统评价中,一般对是否建立经济学模型不作要求。但若要深入分析经济学内容,特别是不同环境下的投入和产出基本相似时,可以尝试建立经济模型的一般结构。利用模型可以有助于阐述卫生经济学评估中的相关假设与参数,在特定环境与时间下,可以用来定量估计干预成本和效果。

若临床试验无法实施或一些重要的经济学数据无法直接获取时,也可通过建立经济学模型,进行模拟预测。例如,若前瞻性临床试验中的经济学分析结果是真实可靠的,可直接用于类似患者的临床决策,但若将此结果推广到某一亚组或特定人群,由于缺乏相应的经济学数据,就需要进行模拟推断;同样用中间结果(替代指标)推断最终结局,或将结果外推不同地域、不同类型的患者时,也需要用模型模拟方式进行外部真实性评价。

经济学应用模型主要有决策分析模型与流行病学模型两种。决策分析模型需要绘制决策树,将所有可供比较的备选决策方案一一列出,并用不同几何形状的节点分别表示决策事件、机会事件及结局事件等。分析方法可以采用 Bayesian 分析(如马尔科夫 MCMC 法),具体可参见相关参考书。

由于经济学模型需要借助于一些假设和主观推测,模拟结果可能与实际有一定出入,目前仍存在一些争议。

### (六) 探讨报告偏倚

一般认为由于商业利益或其他外部压力的影响会产生报告偏倚。与其他领域相比,目前对卫生经济学评价研究的发表性偏倚和其他偏倚,仍少有关注。报告偏倚的最佳研究方法是直接比较公开发表文献与未公开发表文献的结果,然而由于数据缺乏和资料限制,很难实现。

### (七) 结果解释

有关卫生经济学研究系统评价的结果解释,应围绕经济学问题、研究目的进行。系统评价的宗旨是服务于全球潜在的读者群,所以结果解释时,最好能以全球视角加以描述或说明。不同读者可能面临着各式各样的卫生经济学问题及复杂多变的环境条件,因此,单凭卫生经济学评价研究的系统评价结果还不足以作出接受或拒绝某一干预或诊断措施的结论。

另一方面,如果一个系统评价中只有少数或缺乏高质量的卫生经济学评价研究,则提示将来很有必要开展类似的高质量研究。

### (八) 结论

系统评价中可以"搭载"卫生经济学研究并进行相应地汇总分析,有助于了解卫生资源的分配框架,特别是不同环境下有关资源消耗、成本、成本效果的差异及其可能的原因等。同时也为后续的完全经济学评价研究提供了主要参数,从而增强了系统评价的适用性与推广应用价值。

(康德英)

# 参 考 文 献

1. Higgins JPT, Green S（editors）. Cochrane Handbook for Systematic Reviews of Interventions Version 5.0.1 ［updated September 2008］. The Cochrane Collaboration, 2008. Available from www.cochrane-handbook.org.

2. 毛正中. 药物经济学评价方法. 北京：中国统计出版社，2009:130-149.

3. Suzanne H, Andrew M, David H. Problems with the interpretation of pharmacoeconomic analyses：a review of submissions to the Australian Pharmaceutical Benefits Scheme. JAMA, 2000, 283（16）:2116-2121

4. C Bombardier, A Maetzel. Pharmacoeconomic evaluation of new treatments：efficacy versus effectiveness studies? Ann Rheum Dis 1999 ;58:（Suppl I）I82-I85

5. Mullins CD. Emerging Standardization in Pharmacoeconomics. Clinical Therapeutics.1998, 20（6）:1194-1202.

6. Drummond MF, Richardson WS, O'Brien BJ, et al. Users' guides to the medical literature ⅩⅢ. How to use an article on economic analysis of clinical practice A. Are the results of the study valid? JAMA, 1997, 277:1552-1557.

7. O'Brien BJ, Heyand D, Richardson WS, et al. Users' guides to the medical literature ⅩⅢ. How to use an article on economic analysis of clinical practice B. What are the results and will they help me in caring for my patients? JAMA, 1997, 277:1802-1806.

8. 胡善联. 卫生经济学. 上海：复旦大学出版社，2004.

# 第三节　患者报告的结局

近年来，随着医学模式向医学 - 社会 - 心理模式的转变和疾病谱的变化，应用病死率等指标来表达健康状态或临床疗效已显示出不足之处。在许多慢性疾病研究领域，除临床医务人员报告资料和生物学指标外，还需要患者的自我观察和报告所提供的信息。患者报告结局（patient-reported outcomes，PROs）评价也正由此受到重视并逐步发展起来。

## 一、基本概念

患者报告的临床结局是从患者的角度获取临床资料，即通过访谈、自评问卷或其他工具（如有关患者日常生活、健康状态和治疗措施等方面的日志）得到的直接来自患者报告的相关资料。患者报告的结局是患者健康状态的具体反映，在临床疗效评价体系中起着非常重要的作用。PROs 不仅包括生存质量和健康状况，也包括患者对保健治疗措施的满意度、治疗的依从性以及其他通过各种方式询问患者获得的结局评价信息。PROs 一词包含了一组仅仅是通过询问患者自身的感觉或体验而获得相关的、独立的测量指标，也有人认为 PROs 至少包括三大类别的资料：患者自我观察结果、主观症状和生存质量。

## 二、PROs 评价的目的

### （一）对疾病诊断的影响

在诊断一些功能性疾病诸如偏头痛、抑郁症等，实验室检查无法提供相关的结果，而患者提供的自觉症状是诊断这些疾病的唯一依据。此外，临床某些慢性疾病如慢性阻塞性肺部疾病、前列腺增生症、过敏性皮炎和关节炎等，患者报告的症状以及症状对日常生活能力和健康状况的影响常常是医师准确诊断以及选择合理治疗方案的基础。

### （二）评价治疗效果

PROs与客观的生理指标相结合可用于评价疾病的治疗效果。许多慢性疾病的治疗目标是为了缓解病情,而不是治愈疾病,因此PROs信息将会是疾病治疗效果合适的评价指标。例如:在疼痛患者中,评价某干预措施对疼痛的治疗效果,除了患者的自我感觉外(如疼痛评估工具),无法采用其他客观的量化信息来评价该干预措施对疼痛的疗效。近来不少国际上的循证临床实践指南使用PROs进行治疗效果评价,并把以PROs为治疗效果评价指标的研究结果列入指南之中。

### （三）解释客观临床结局

PROs可以解释临床结果,如最大呼气量的改善对日常活动是否有影响？发作频率减少对社会活动和身体健康是否有影响？ PROs以患者的利益为出发点,可以解释这些生理指标的变化对患者健康状况的影响。

### （四）帮助制定临床决策

PROs可以提供治疗疾病的额外信息,反映患者的综合健康状况,还可用于药物疗效和治疗方案的评价与选择。因此有学者认为利用PROs信息可以改善医师临床决策过程。已经初步建立了相关的PROs理论、方法和规则:美国FDA为了规范新药说明书中的PROs内容,已经制定了PROs量化测量量表制作和检验的指南草案,并在世界范围内征求修改建议;美国国立卫生研究院为了加强PROs研究,启动了由6个知名大学组成的研究小组联合开展PROs测量信息系统的研究。美国当代眼科学会(ASCO)、情报库系统(IBS)都已经用PROs来指导临床治疗,成为治疗决策的主要因素。

## 三、PROs 量表

许多慢性疾病的症状不能用现有的测量方法进行客观地测量,因此迫切需要采用敏感、有效的测量工具使患者症状标准化。使用量表测量临床结局已成为国际上公认的有效方法。测量内容包括客观体现和主观体验。客观体现指可以容易观察或证实的某些概念、事件、行为及感觉(如抽筋、颤抖);主观体验是指不可能被观察到或不易证实的感觉,只能通过询问患者来了解(如心情着急,情绪低落)。20世纪70年代初期人们已开始对PROs进行研究,并产生了许多测量问卷,如著名的有Mcewen等研制的Nottingham健康调查表(Nottingham Health PROs file,NHP)、Marilyn bergner等研制的疾病影响调查表(Sickness Impact PROs file,SIP)、生存质量指数(Quality of Wellbeing Index,QWI)等,奠定了PROs研究的雏形。随着研究的不断深入,早期的PROs目前已被分化成了健康相关的生存质量和患者报告的症状性指标两大领域。生存质量(quality of life,QOL)是个人对其生活的各个方面和总体的主观评价。过去几十年中,人们多注重生存质量研究,Lane等将生存质量的结果用于指导医生作出临床决策。 近年来人们也开始运用症状性指标以作为生存质量量表中的一部分来评价临床的疗效。以胸部恶性肿瘤为例:2004年Hollen及Gralla组织制定的晚期非小细胞肺癌(NSCLC)和间皮瘤患者应用肺癌症状量表(LCSS)及修订版LCSS(LCSS-meso)的两项研究得出的结论为:每3周评价1次QOL为最合适的频率。PROs量表作为评价患者报告的临床结局指标的工具,已被国际医学专家普遍接受并得到广泛应用。2006年2月美国FDA发布了一篇关于PROs研究应用于临床药物研制和疗效评价的指南草案,对PROs量表的研制和评价有具体说明。目前国际上对 PROs 量表的研究越来越多,为选择最合适的 PROs 量表指导临床研究,国际研究者已建立了患者报告的临床结局和生存质量量表数据库(Patient Reported Outcome and Quality of Life Instruments Database,PROsQOLID),为那些以 PROs 和生存质量量表为基础从事健康评估的研究者提供了较广泛和独特的信息来源,目前该数据库已包含 470 多个 PROs 量表。

## 四、PROs 和系统评价

### (一)检索报告 PROs 的临床研究

如何找到报告 PROs 的临床研究呢? 其实在系统评价中常常会碰到 PROs 的结局指标,比如 QOL、日常生活能力量表(activity of daily living,ADL)等。可以在做系统评价时先检索出所有的纳入研究,随后在提取资料的时候特别留意那些含有 PROs 结局的指标。当然,也可以使用一些附加的限制词来检索报告 PROs 结局的研究。如在做有关哮喘的系统评价时,如果在所纳入研究中发现没有 PROs 结局指标,可以使用 "asthma-specific quality of life" 进行检索。当然,检索的结果还要取决于该研究是否把 PROs 结局指标作为检索词放入数据库中。

由于不同的数据库,PROs 的检索词各不相同,因此做系统评价时不能仅使用一个主题词进行检索,通常要使用多个自由词或者副主题词检索。例如 Maciejewski 进行的一项系统评价 "the effect of weight-loss interventions on health-related quality of life in randomized trials" 就在 MEDLINE 检索时先后使用了 "Contingent valuation"、"Health status"、"Health-related Quality of Life"、"Psychological aspects"、"Psychosocial"、"Quality of life"、"Self-efficacy"、"SF-36"、"Utility"、"Well-being"、"Willingness to pay" 等多个自由词进行检索。选择自由词时还要考虑包括一些可能相关的临床症状,并且应将主题词和自由词结合起来进行检索。

### (二)评价报告 PROs 的临床研究

参照 Cochrane 系统评价工作手册,评价 PROs 结局的临床研究时往往要考虑以下几点:

1. 这篇文献 PROs 报告了什么?

(1)本研究中所使用的 PROs 指标是什么?

(2)选择这一指标的理由是什么?

(3)患者是否参与到 PROs 结局指标的选择?

2. 从医生、患者、家属、医疗决策者等方面分析,是否漏掉了一些反映健康状况(如症状、功能、感觉)和生存质量(如总体评价、生活满意度)等重要指标?

3. 如果该临床研究报告了 PROs,那么选择 PROs 量表的策略是什么?

(1)研究者使用的是一个单一量表或指数量表,还是一个横断面量表,或者是一组量表?

(2)研究者使用的是特殊量表还是一般量表,或者两者兼有?

(3)谁填写的量表?

4. PROs 量表的效度如何?

(1)是否在以前其他研究中证明了该 PROs 量表的效度? 有无证据证明以前的效度适用于现在的人群?

(2)在本研究中是否重新证明过该量表的效度?

5. PROs 量表能否反映患者健康状况很微小的变化?

6. 读者是否便于理解效应量的强度？如临床研究是否提供 NNT 等估计值。

## （三）提取 PROs 数据信息

做系统评价时，通常会遇到这样的问题：所纳入的研究选择不同的 PROs 结果，或使用不同的量表评估同一个 PROs，会看到多个 PROs 的结局指标。如何提取这些指标呢？首先应该根据 PROs 的各种基本特征在多个研究中对 PROs 进行分类，然后合并一些相似的 PROs 指标。分类的原则应在系统评价内容中专门提及。例如：在一篇评价心理社会干预治疗经前紧张综合征的系统评价中，作者纳入了 9 项研究，其中就有 25 个 PROs 指标。他们处理的办法是：两个评价员独立地进行资料的提取，逐个分析了每个量表后最终将其划分为 6 大类 PROs 指标。如果遇到不同意见，评价员间对分歧进行讨论、协商解决。最终进行 meta- 分析时，每一大类包含了 2~6 项研究。

## （四）报告 PROs 指标

仅有一个 PROs 指标时，可以使用均数及标准差进行报告。然而多数读者都不能理解结果的含义，因此最好在结果中注明最小变化量（the minimally important difference，MID），这样读者就能明白这样的变化是否有临床意义。当遇到多个 PROs 指标时，建议采用 SMD 进行报告。此时，可以给读者一些解释效应量的标准，例如 0.2 表示效果较弱，0.5 表示中等效果，0.8 表示效果较强。一般来说，将 0.5 视为最小变化量。如果 PROs 指标在该系统评价计划书中已经提到并且非常重要，而所纳入的研究均未报告这一结局指标，那么作者就应该在结果中进行专门说明。因为这可能是目前研究的空白以及将来研究的方向。

## 五、展望

PROs 量表作为一种正规化、结构化的访谈技术，可以使测量误差达到最小，确保测量的一致性。它以"人"为中心，重视患者的主观感受，通常以自评量表的形式出现，这种自评形式没有第三方的干扰，可直接获得患者对治疗效果的反应，比医生报告的临床测量更可靠。患者报告的临床结局应用越来越广泛，人们已经看到了 PROs 在临床和科研中的重要价值。国外关于 PROs 方面的研究日益成熟。我国目前也有学者将 PROs 应用于中医药疗效评价。由于 PROs 方面的研究较少，目前针对 PROs 进行系统评价还处于探索阶段。因此，借鉴国外研究模式，开展具有中国特色的 PROs 测量，建立计算机应用的健康评价系统，是目前以及将来我国临床科研的重要内容之一。

（吴红梅　岳冀蓉）

# 参 考 文 献

1. Loke YK, Price D, Herxheimer A. Adverse effects // Higgins JPT, Green S. Cochrane Handbook for Systematic Reviews of Interventions Version 5.0.1 (updated September). The Cochrane Collaboration, 2008. Available from www.cochrane-handbook.org.

2. Acquadro C, Berzon R, Dubois D, et al. Incorporating the patient's perspective into drug development and communication: An ad hoc task force report of the patient-reported outcomes (PRO) harmonization group meeting at the food and drug administration. Value Health, 2003, 6:522.

3. FDA. Guidance for industry-patient-reported outcome measures: use in medical product development to support

labeling claims, draft guidance. Health Qual Life, 2006, 4: 79.

4. Hufford MR, Shiffman S. Assessment methods for patient-reported outcomes. Dis Manage Health Outcomes, 2003, 11 (2): 77.

5. Richard Shikiar, BrianW Bresnahan, Stephen P Stone, et al. Validity and reliability of patient-reported outcomes used in Psoriasis: result from two randomized clinical trials. Health Qual Life Outcomes, 2003, 1: 5

6. Roddey TS, Cook KF, O'malley KJ, et al. The relationship among strength and mobility measures and self-report outcome scores in persons after rotator cuff repair surgery-why aren't impairment measures enough? Should elbow surg, 2005, 14 (1): 95s-98s.

# 第四节 个体患者系统评价

个体患者资料（individual patient data, IPD）系统评价是一种特殊的系统评价，它与常规的系统评价不同，它不是直接利用已发表的研究结果的总结数据进行合并（meta）分析，而是从原始研究的作者那里收集纳入研究的每个参与者的原始数据，将这些数据进行再分析，如有可能则进一步进行 meta-分析。它比其他形式的系统评价需要更多时间、资源和专业知识，但质量更高。目前，建立在 IPD 基础上的系统评价被称为系统评价的金标准。它广泛应用于心血管、肿瘤、痴呆、抑郁、哮喘等各个医学领域。

## 一、IPD 系统评价的优点

常规系统评价结论是基于已发表的研究得出的数据，因此常常具有以下缺点：不包括灰色研究；亚组分析的资料无法确切提取；缺乏重要临床结局指标；一些如死亡等需要更长时间随访的结局数据难以获取，数据具有时限性；结果没有运用意向性分析等等。而 IPD 系统评价就可以克服以上缺陷，具有其独特的优点：

### （一）包括未发表的试验或灰色数据

常规系统评价常常不包括一些未发表的文献，或者发表的文献中有一些数据不便报道。另外，在发表的研究中，常常没有报告期望的数据，或者在结果中大量的受试者没有纳入统计分析。如果原始研究者提供每一个受试者的原始资料，将极大地避免发表性偏倚。

### （二）能够进行时间-事件分析（time-to-event analyses）

由于 IPD 所收集的数据包括了从随机开始到结局事件发生之间的时间，这就可以进行时间-事件分析。临床研究中，时间-事件分析常常见于：创面恢复的时间、癫痫发作的间隔期、怀孕时间以及生存时间等。再如在肿瘤研究中，IPD 系统评价之所以非常重要，就是因为时间-事件分析在评估治疗效果时至关重要。大多数的肿瘤干预措施都在于延长生存期而不是治愈肿瘤，因此评价治疗措施的标准就不是患者死亡与否，而是多久死亡（即生存时间长短）。通常要收集的数据的间隔期是从随机开始时到最近一次评估。时间-事件分析可以计算出每一个研究的危害比，然后进行汇总分析，得出合并时间-事件效应量。

### （三）能够更新长期随访的数据

一些需要长期随访的数据，例如死亡、儿童发育方面等，需要延长随访时间。IPD 系统评价就可以在延长随访时间的情况下评估治疗的效果。原始研究者也可以借此报告研究发表后的最新随访结果。

## （四）更方便进行亚组分析

IPD 系统评价可以按纳入人群不同的特征进行亚组分析。例如一个药物对男性和女性的效果是否相同？传统的系统评价面对的常常是发表出来的总结数据，往往不能提取足够的数据进行亚组分析，并且不能将纳入人群按照某一个或多个特征进行亚组分析。

## （五）可以进行更复杂的多变量统计分析

由于从个体患者取得原始数据，因此可以在数据间进行分级、分期，从而使以前无法进行的汇总分析变得可行。IPD 系统评价还可以进行更为复杂的多元分析，分析干预效果与研究对象特征之间的关系，还可以进一步根据患者的特征估计患者预后等等。

## （六）原始研究者也可获得益处

在 IPD 系统评价者与原始试验研究者的合作中，原始研究者们为了提供数据而再次审查既往的研究，这样可以进一步更完整的认识和理解该研究，更均衡解释评价试验结果，对将来的临床实践和科学研究的意义有更多的启迪。这样，他们在提供缺失数据时依从性将更好。

# 二、如何进行个体患者系统评价

## （一）成立协作组

IPD 系统评价通常由大规模的协作组来进行，有时涉及 100 人以上，包括为再次分析提供原始数据的试验者，秘书处，以及咨询委员会。同常规系统评价一样，在初期阶段 IPD 评价员们首先需提交 IPD 系统评价计划书。发表 IPD 系统评价时，秘书处要先从协作组的每个成员那里得到版权同意书。

## （二）处理数据

首先询问原始研究者实际可获得哪些数据，然后确定将采用何种统计方法及其需要哪些资料，需要统计分析的结局指标要在计划书中详细说明。尽管很多时候原始研究报告什么结局，就提取什么资料，但是还要进一步考虑是否需要更多的数据或者需要更精简的指标。比如，一项研究报告了多个结局指标，就需要考虑这些结局是否具有一致性，将其合并。又比如，在先兆子痫的研究中，要考虑是否需要进一步取得收缩压、舒张压以及尿蛋白的结果。一旦原始研究者同意进行合作，下一步就要清楚地告知他们需要提供什么样的数据、首选的数据格式、是否提供电子版等。要注意，应该对原始研究的数据做严格保密，没有经过作者同意，严禁用于其他用途。

## （三）审核数据

审核数据的目的在于确保资料的准确，保证研究随机分组的正确性，还可以保证一些需要长期观察的结果可以获得最新的资料。审核的重点为：

1. 审核是否有丢失或重复的数据
2. 审核一些有争议的数据　重点要求原始研究者确保一些争议数据的准确性。例如患者年龄过大或过小，胆固醇水平过高或过低等。要求原始研究者确保基线资料、参加者人数以及结果与发表时的数据一致。当然，发表后再纳入患者以及额外延长的随访会与发表时的数据出现差异。
3. 审核随机方法的正确性
4. 审核结局指标是否最近进行了更新　一些结局需要延长随访时间进行观察，例如肿瘤研究中的生存率。因此确保随访数据实时更新非常重要。

### (四) 统计分析

由于 IPD 系统评价获得了每一个试验的原始数据而进行再分析,因此它既不依赖于试验发表出来的结果,也不再拘束于试验提供的表格式的总结数据,而且不再考虑是否要合并不同研究中异质性的统计结果。如果原始研究没有进行意向性分析(intention to treat analysis,ITT),它还可以进一步完善 ITT 分析。

1. 二步法　迄今为止,大多 IPD 系统评价都使用二步法进行统计分析。二步法顾名思义分为两步:第一步,按照计划书拟定的统计方法,将每一项试验提供的每个参与者的原始数据进行分析;第二步,按照常规系统评价的方法,将这些试验报告出的总结数据进行汇总(meta)分析。

2. 统计软件　IPD 不能直接使用 RevMan 进行分析。如果采用二步法,数据首先要在 RevMan 之外的软件上进行分析,每一项试验的统计结果汇总后再输入 RevMan。数值变量以及分类变量,可以按照常规方法输入数据。一般的统计软件都不能同时进行原始数据的统计以及荟萃分析,这样使统计分析费时费力。而 'SCHARP' 这款 SAS 的软件包可以同时进行原始数据分析,并且把分类变量、数值变量以及时间 - 事件变量的结果进行汇总(meta)分析,画出森林图。Cochrane IPD Meta- 分析方法学小组可以提供这款免费软件(The Cochrane Individual Patient Data Meta-analysis Methods Group,www.ctu.mrc.ac.uk/cochrane/ipdmg)

3. 敏感性分析　将任意一个缺失 IPD 数据的研究结果与 IPD 结果合并,比较合并前后有无差异。这样可以更好地解释结果。如果有研究不能获得 IPD 数据,应该解释原因以及可能产生的偏倚。

## 三、IPD 系统评价的缺陷

尽管 IPD 系统评价具有许多优势,但是在制作 IPD 系统评价时,要小心避免一些可能出现的偏倚。

1. IPD 可以克服研究分析以及报告中的缺陷,但是无法克服研究本身在设计以及实施过程中的缺陷。如果有这种情况,应该在 meta- 分析中排除该研究。

2. 警惕选择性偏倚　IPD 系统评价可以纳入那些常规系统评价不能纳入的灰色文献或灰色数据,这样可以避免许多发表性偏倚。然而,当只有部分试验可以提供 IPD 资料时,要特别小心。通常情况下,原始研究更乐意提供阳性有意义的数据,而不愿意提供阴性没有意义的数据。那么没有 IPD 资料的研究往往就是一些阴性结果,如果统计分析里没有纳入这些结果,就很可能产生选择性偏倚。最好的解决办法是保证所有的纳入研究都能提供 IPD 数据。如果大部分的纳入人群(> 90%)提供了资料,那么结果较为可信。反之,在下结论时要极其慎重。

3. 作为 Cochrane 系统评价一种特殊的类型,IPD 系统评价应该清楚地说明哪些研究没有纳入,为什么没有纳入。如果仅有少部分试验可以提供 IPD 数据,那么 IPD 系统评价的意义就不大了。

为了帮助进行 IPD 系统评价,Cochrane 协作网已经建立了一个 Cochrane 协作方法学组来为那些希望进行 IPD 系统评价的评价者提供指导。这个小组于 1994 年 4 月在英国 Cochrane 中心发起后成立,并且至今已发表了多篇 IPD 系统评价。网址:www.ctu.mrc.ac.uk/cochrane/ipdmg。

(吴红梅　岳冀蓉)

# 参 考 文 献

1. Stewart LA,Tierney JF,Clarke M. Reviews of individual patient data// Higgins JPT, Green S. Cochrane Handbook for Systematic Reviews of Interventions Version 5.0.1(updated September 2008). The Cochrane Collaboration 2008. Available from www.cochrane-handbook.org.

2. Simmonds MC,Higgins JPT,Stewart LA,et al. meta-analysis of individual patient data from randomized trials:a review of methods used in practice. Clinical Trials ,2005,2:209-217.

3. Burdett S,Stewart LA. A comparison of the results of checked versus unchecked individual patient data meta-analyses. Int J Technol Assess Health Care,2002,18:619-624.

4. Lyman GH,Kuderer NM. The strengths and limitations of meta-analyses based on aggregate data. BMC Med Res Methodology,2005,5:14.

5. Manchikanti L,Datta S,Smith HS,et al. Evidence-based medicine,systematic reviews,and guidelines in interventional pain management:part 6. Systematic reviews and meta-analyses of observational studies. Pain Physician,2009,12:819-850.

6. Nuesch E,Trelle S,Reichenbach S,et al. The effects of excluding patients from the analysis in randomised controlled trials:meta-epidemiological study. BMJ ,2009,339:b3244.

## 第五节　前瞻性 meta- 分析

前瞻性 meta- 分析（prospective meta-analysis,PMA）是指在任何研究（通常为随机对照试验）结果尚未出来之前,先进行系统检索、评价和制定纳入排除标准的一种 meta- 分析。1998 年底,Cochrane 协作网成立了 PMA 方法学组,其目的是通过该组注册 PMA,对希望进行 PMA 的研究计划进行评估,对合作进行系统评价的主要成员进行培训;提出 PMA 的方法学标准;对从事 PMA 的研究者提供建议和支持。

传统的系统评价主要有以下不足:

1. 传统的系统评价属于回顾性研究,其纳入的临床试验已经完成、结果也已报道。系统评价的作者已知临床试验结果可能会对系统评价造成影响,受影响的方面包括:纳入标准及目标人群的选择;待评价的干预措施;对照组的选择;临床结局及其测量方法等。

2. 传统的系统评价是对已发表文献的二次分析,必然受到发表性偏倚（如阳性结果比阴性结果的研究更容易发表）和报告质量（如对试验方法学的关键部分和重要结局未充分报道）的影响。

PMA 可以通过以下方式克服回顾性系统评价所公认的一些问题:在临床试验结果知道之前确定待检验的假设;前瞻性地确定筛选标准;事先确定统计学分析方法,包括亚组分析方法。另外 PMA 具有独特的优势,如可收集和分析个体患者的数据（individual patient data,IPD）、进行时间事件分析（time to event）、并可提供不同临床试验之间进行标准化结局测量的可能性等。

在需要进行大样本研究以保证检验效能但现实又不可行的情况下,PMA 是一种非常有用的方法。研究者可独自进行各自的研究,并与同类型研究的研究者合作,在每个试验完成时将结果合并,按计划进行 PMA。

　　PMA 与传统的系统评价步骤上的不同之处在于其需要发现并收集这些在研或即将实施的相关研究,并与研究负责人及时联系协商,至少就研究人群、研究设计、数据收集方法等方面达成一致,待研究结束后,获取所需数据进行评价。

　　PMA 面临的一个重要挑战是如何发现 PMA 所关注的研究。随着 2005 年国际医学期刊编辑委员会要求所有临床试验必须进行注册否则其研究成果将不予发表的规定以及 2007 年 WHO 国际临床试验注册平台的建立和实施,世界范围内临床研究将更加规范、透明和方便检索,这不仅为 PMA 的设计与实施奠定了坚实的基础,而且为其进一步发展和应用提供了保障。

　　现在 MEDLINE 数据库中可查到数十篇 PMA 文章。PMA 已经运用于心血管疾病、儿童白血病以及儿童和青少年肥胖等研究中。Cochrane PMA 方法学组网站上包括了一系列正在进行和已经完成的 PMA,同时还可以找到更多相关信息。有意愿进行 PMA 的研究人员可与该组联系注册题目和获得相应帮助。

(刘 鸣　林 森)

# 参 考 文 献

1. Ghersi D, Berlin J, Askie L. Prospective meta-analysis//Higgins JPT, Green S (editors), Cochrane Handbook for Systematic Reviews of Interventions Version 5.0.1 (updated September 2008). The Cochrane Collaboration, 2008. Available from www.cochrane-handbook.org.
2. 陈耀龙,于洁,张文娟,等. 循证医学术语介绍Ⅶ. 中国循证医学杂志,2009,9(12): 1272-1276.
3. 李静,秦莉,刘鸣. 系统评价的基本方法. 中国循证医学杂志,2001,1(1): 34-38.
4. 卫茂玲,史宗道,张鸣明,等. 国际 Cochrane 协作网方法学组简介. 中国循证医学杂志,2005,5(5): 419-424.

## 第六节　动物实验系统评价

### 一、动物实验系统评价的必要性

　　长期以来,人们对临床研究的质量要求常常高于对动物实验的要求,对干预措施的临床试验研究发展了一套控制和评价质量的方法。目前在临床研究领域,人们已普遍认同系统评价有助于全面收集某一研究问题的相关资料,增大样本含量及降低各种偏倚风险。因此,高质量的随机对照试验系统评价被公认为是论证某种干预措施疗效可靠程度最高的证据之一。近年来面对很多药物从动物实验到临床试验转化失败的现实,人们认识到对动物实验也应重视对其研究进行质量评价。动物实验与人体研究的原则应该是一致的,不应该只对人体研究质量的评价很严格而忽略对动物实验质量的控制和评价。近期国外学者对卒中领域动物实验质量的研究显示,仅 36% 的药物实验报告了随机分组,11% 报告了分组隐藏,29% 报告了盲法评价疗效,3% 计算了样本量,这些方面的不足均可能导致偏倚,影响研究结果的真实性。此外,在对卒中、心脏疾病、创伤修复和液体复苏领域的几个同时评价了动物实验和临床试验的系统评价分析显示,许多尚无动物实验证据证实有效的药物已经进行了相关的临床试验,或者动物实验和临床试验同时进行;甚至一些情况下,动物实验显示有害的干预措施,临床试验仍在进行。如果在临床试验前对已有的动物实验进行系统评价,对其研究质量进行严格评估,全面了解其研究情况,就可减小偏倚,提高研究结果的可靠性和准确性,有利于更加科学地选择应该优先进入临床试验的药物,从而避免不必要的资源浪费。因此,对动物实验进行严格的系统评价将有助于缩小动物实验向临床试验转化失败的风险。

## 二、动物实验系统评价的基本步骤

动物实验系统评价的基本步骤与其他系统评价一样,首先应该明确地提出问题和制定纳入标准/排除标准,按照标准全面收集相关研究,严格评价研究质量,提取数据,必要时正确合并数据(数据提取及合并与人体研究系统评价方法一致),通过恰当解释数据最后得出结论。相关内容可参见人体研究系统评价部分。本节重点讨论动物实验系统评价与人体研究系统评价的相对特殊之处。虽然动物实验系统评价基本原则与临床试验系统评价类似,但对于动物实验的可重复性及单个研究的外部真实性应特别注意,因为这两方面的缺陷有可能是动物实验向临床转化失败的重要原因之一。如果某种干预措施的动物实验满足了下述可重复性建议,且单个研究的内部及外部真实性也得到了证实,此种干预措施最有可能实现向临床的成功转化。因此,动物实验系统评价应全面考虑下述内容:

1. 动物实验应该重视可重复性　可重复性是衡量科学研究真实性的要素之一。2009年卒中治疗专业学术圆桌会议临床前推荐意见更新版(Update of the Stroke Therapy Academic Industry Roundtable Preclinical Recommendation,STAIR)对动物实验研究的可重复性建议如下:①剂量效应:应对最小有效剂量和最大耐受剂量加以界定,还应记录药物进入目标器官的剂量范围;②明确治疗时间窗;③结局测量指标与时间点:可用多个测量指标,应包括组织学和行为学指标,评定时间至少2~3周或更长时间;④生理学监测:应常规监测生理学参数,如血压,体温,血糖等;⑤多物种研究:建议在至少2个物种中同时使用组织学和行为学转归指标评价疗效;⑥可重复性:在进入临床研究阶段之前,一个实验室取得的阳性结果,至少需要在另一个独立的实验室得到重复验证;⑦如果临床治疗的目标人群是老年或伴有合并症的患者,那么应在对年轻健康动物进行的初步研究取得阳性结果之后,进一步在老年动物及有合并症(如高血压、糖尿病和高胆固醇血症)的动物中进行研究;⑧疗效研究应同时在雄性和雌性动物中进行;为了临床前新药的开发,也应对其与卒中患者常用药物之间的相互作用进行研究;⑨应观察人类试验可能包括的相关生物学标志物等指标。

2. 内部真实性评估内容　某项干预措施的动物实验满足上述重复性要求后,应对所有实验的内部真实性进行评估,可能影响研究内部真实性的因素有:

(1) 选择性偏倚:发生在选择和对研究对象分组时,可通过随机分组和对分组方案的隐藏来防止此偏倚。随意地从笼中选取动物或者按顺序分组动物或者根据单双数分组动物等都不是真正的随机分组。对于同源性好的同基因型、生存环境相同的动物,为保障真正的随机分组进行分组隐藏也同样重要,因为除动物本身外,研究者的操作也可能带来动物间的差异而造成最终结局的不同,如同样是大鼠脑缺血模型的构建,血管堵塞的程度不同可能会引起梗死体积的不同而造成最终结局的不同。

(2) 实施偏倚:指除拟研究的干预措施外,其他措施在治疗组和对照组还有不同,可通过盲法来防止此偏倚。

（3）测量性偏倚：测量各组的结局方法不同或者预知分组情况而主观地报告了结局，可通过盲法来防止此偏倚。

（4）失访偏倚：各组研究对象在实验过程中因各种原因退出实验造成两组的不平衡，在结果报告分析的时候应解释退出实验的原因。

除上述类型偏倚外，还应注意下述几方面的问题：①是否预先计算了样本量：在研究实施前应进行样本量的估算，如果样本量不足，检验效能降低可得出假阴性的结果，造成动物的浪费，此现象在动物实验中较为常见；而过多地使用动物虽然增加了检验效能但不符合动物福利保护，是不符合伦理的也应避免。②是否制定了纳入/排除标准。③是否监测了重要的生理参数。④统计学方法是否恰当，在动物实验中用图显示结果的较多，未进行恰当的统计分析而得出结论也应引起注意。

对于临床随机对照试验的质量评估已有较为成熟的条款和清单，而动物实验质量评估的清单目前尚存争议，这些清单应包括哪些项目，这些项目应该如何给予权重，都是亟待解决的问题。表 12-1 中左边一栏是 STAIR 关于确保高质量科学研究标准的推荐意见；右边一栏是目前缺血性卒中动物实验系统评价中最常用的质量评价标准清单，其他动物实验质量评价标准多数是在此标准基础上修订的，可供读者参考，但这些标准尚不成熟，是否能很好地避免偏倚的产生还需要实践的检验，如果有了新的相关研究证据，将会有所调整。

表 12-1　常用动物实验质量评价标准清单

| 美国确保高质量科学研究的推荐意见 | CAMARADES 方法学质量评分标准 |
| --- | --- |
| 样本量计算 | 样本量计算 |
| 纳入 / 排除标准 | 随机分组 |
| 随机分组 | 盲法缺血诱导 * |
| 隐藏实验动物分组方案 | 盲法结果评估 |
| 报道动物被排除在外的原因 | 合适的动物模型 |
| 结局的盲法评价 | 应用无明显内在神经保护活性的麻醉药 * |
| 声明潜在的利益冲突和研究资助 | 有温度控制的说明 * |
| | 遵守动物保护法 |
| | 论文经同行评审后发表 |
| | 声明潜在利益冲突 |

CAMARADES：Collaborative Approach to Meta Analysis and Review of Animal Data from Experimental Stroke
* 标注条目在其他动物实验质量评价中可相应调整。

3. 外部真实性评估内容　　动物模型与临床患者的差异关系到动物实验的结果能否直接转化到临床试验即为外部真实性的问题，动物实验外部真实性受限也同样是导致临床试验失败的重要因素之一。此处以卒中动物实验为例简述影响外部真实性的常见原因：

（1）模型的不同：动物模型多是年轻且健康的模型，而人类卒中患者多是老年且合并多种疾病（如高血压、糖尿病等）；动物实验可能仅在雄性或者雌性动物中测试干预措施，而人类疾病男性和女性都有；

（2）合并用药的不同。

（3）给药的途径不同。

（4）给药的剂量不同。

（5）评价结局的方法及时点不同：比如卒中领域大型临床试验都以长期（一般至少3个月）的功能结局（终点指标）为主要判效指标，而在动物实验中一般以短期（1~3天）梗死体积（中间指标）作为判效指标，以中间指标判定的疗效是否可以推广到以功能结局为判效指标的临床实践中尚存争议。类似帕金森病等慢性变性疾病的动物模型与临床患者则存在更大的差距，动物实验结果向临床试验的转化就更加困难。

### 三、动物实验系统评价有待解决的问题

1. 目前缺乏动物实验的检索策略标准，可参照 Cochrane 协作组和国际已发表动物实验系统评价的检索方法。

2. 动物实验的质量问题是否需要评价？是否提高了动物实验的质量有助于向临床的成功转化尚需实践的证实。目前多数已发表的动物实验系统评价提示干预措施的疗效与研究质量评分呈负相关，即动物实验研究质量越高，显示的疗效越低；也有研究并未发现此相关性，但至少动物实验的质量问题是目前可以改善的环节。

3. 目前动物实验质量评价清单给予的评分是否合理？比如随机化和隐藏分配均给予1分，最近的一个针对卒中动物实验系统评价的系统评价显示，没有隐藏分组的研究比隐藏分组的研究夸大了 13.1% 的疗效，而随机序列的产生却未显示出有差异，可能做到隐藏分组更为重要，这点与临床试验类似。因此，每个质量评估条目给予同等的权重是否合理尚存争议，故建议只用清单而不评分进行质量评价。

4. 动物实验统一报告标准是否需要？目前人体研究有公认的临床试验统一报告标准（Consolidated Standards of Reporting Trials，CONSORT），作为一种发表要求，她使临床试验的报道和实施有了显著改进。而动物实验研究报告尚缺乏类似的报告指南，有待重视和开展相关工作。STAIR 标准建议在卒中动物模型中以检测疗效为目的的临床前试验应该采取类似的标准来实施和报道。规范化的研究报告将有助于更好地进行动物实验的系统评价。

5. 发表偏倚：临床试验的研究发现，中性或者阴性结果的研究不容易发表，这样有发表偏倚的 meta- 分析就会导致夸大疗效的风险。一项对卒中动物实验系统评价的分析发现发表偏倚能夸大约 1/3 的疗效。动物实验发表偏倚的控制可通过第三方进行监控（如登记注册动物实验）。此外，多中心动物实验的方法也值得探讨。

6. 非治疗领域动物实验的系统评价（如探索发病机制等的研究）是否有助于提高研究质量尚不清楚。

动物实验的系统评价是循证医学从人体研究领域向动物实验领域发展的必然趋势，是提高动物实验质量的有用工具，是当前动物实验结果向临床研究转化失败这一常见难题可能的合理解决方法之一。借助动物实验的系统评价可以全面客观地了解已有动物实验的研究现状，为筛选可进入临床试验的干预措施提供更加可靠的依据。因此，在开展临床试验前对动物实验进行严格的系统评价很有必要，既可以避免浪费动物资源，也可避免浪费人体研究资源和将患者置于未知的治疗风险。当然，动物实验系统评价尚处于起步阶段，其方法学尚存在很多不足，需要进一步研究和完善。

（刘　鸣　郝子龙）

# 参 考 文 献

1. Sandercock P, Roberts I. Systematic reviews of animal experiments. Lancet, 2002, 360:586.

2. Roberts I, Kwan I, Evans P, et al. Does animal experimentation inform human healthcare? Observations from a systematic review of international animal experiments on fluid resuscitation. BMJ, 2002, 324:474-476.

3. Pound P, Ebrahim S, Sandercock P, et al. Where is the evidence that animal research benefits humans? BMJ, 2004, 328:514-517.

4. Pound P, Roberts I. The need for systematic reviews of animal studies. 中国循证医学杂志, 2005, 5:3-5.

5. Mignini LE, Khan KS. Methodological quality of systematic reviews of animal studies: A survey of reviews of basic research. BMC Med Res Methodol, 2006, 6:10.

6. Dirnagl U. Bench to bedside: The quest for quality in experimental stroke research. J Cereb Blood Flow metab, 2006, 26:1465-1478.

7. Perel P, Roberts I, Sena E, et al. Comparison of treatment effects between animal experiments and clinical trials: Systematic review. BMJ, 2007, 334:197.

8. Sena E, van der Worp HB, Howells D, et al. How can we improve the pre-clinical development of drugs for stroke? Trends Neurosci, 2007, 30:433-439.

9. van der Worp HB, Sena ES, Donnan GA, et al. Hypothermia in animal models of acute ischaemic stroke: A systematic review and meta-analysis. Brain, 2007, 130:3063-3074.

10. Crossley NA, Sena E, Goehler J, et al. Empirical evidence of bias in the design of experimental stroke studies:A metaepidemiologic approach. Stroke, 2008, 39:929-934.

11. Macleod MR, van der Worp HB, Sena ES, et al. Evidence for the efficacy of nxy-059 in experimental focal cerebral ischaemia is confounded by study quality. Stroke, 2008, 39:2824-2829.

12. Fisher M, Feuerstein G, Howells DW, et al. Update of the stroke therapy academic industry roundtable preclinical recommendations. Stroke, 2009, 40:2244-2250.

13. Macleod MR, Fisher M, O'Collins V, et al. Good laboratory practice: Preventing introduction of bias at the bench. Stroke, 2009, 40:e50-52.

14. Sena ES, van der Worp HB, Bath PM, et al. Publication bias in reports of animal stroke studies leads to major overstatement of efficacy. PLoS Biol, 8:e1000344.

15. van der Worp HB, Howells DW, Sena ES, et al. Can animal models of disease reliably inform human studies? PLoS Med, 7:e1000245.

16. Minnerup J, Heidrich J, Rogalewski A, et al. The efficacy of erythropoietin and its analogues in animal stroke models: A meta-analysis. Stroke, 2009, 40:3113-3120.

# 第十三章  Cochrane系统评价汇总评价

## 第一节  Cochrane 系统评价汇总评价的基本概念

### 一、基本概念

Cochrane 系统评价汇总评价（Cochrane Overviews of reviews，Cochrane Overviews）是将两个或多个 Cochrane 干预措施的系统评价进行汇总，以确定某一问题相关的两个或多个干预措施系统评价的汇总效果，并以汇总表展示评价结果，指导读者关注系统评价的更多细节，使系统评价成为一个有用可得文档，作为 Cochrane 系统评价数据库内容组成部分，发表在 Cochrane 图书馆，帮助决策者迅速浏览 Cochrane 图书馆中与决策相关、特定的系统评价证据，方便读者快速查找和利用 Cochrane 系统评价。

### 二、主要特点

1. 汇总多个 Cochrane 系统评价，以确定某一健康问题相关、系列干预措施的效果。

2. 研究主题首选 Cochrane 系统评价现存优先领域，只有当缺乏 Cochrane 系统评价时才可能考虑纳入其他非 Cochrane 评价。

3. 汇总评价的结构与干预措施系统评价类似，不同之处在于纳入分析的是系统评价，而非原始研究。

4. 主要目的是反映 Cochrane 干预措施系统评价重要结局的汇总结果，包含评价汇总表（Overviews of reviews table）。

5. 随着纳入新的系统评价而更新。

### 三、Cochrane 系统评价汇总评价与 Cochrane 系统评价的比较

Cochrane 系统评价汇总评价与 Cochrane 干预措施系统评价，均可能包含 meta- 分析。汇总评价评价和分析的对象是系统评价的局限性，即对纳入的各个干预措施系统评价结局的效果提供间接比较；系统评价研究对象是对研究结局进行汇总和分析得出结论（表 13-1）。

表 13-1　Cochrane 系统评价汇总评价与系统评价比较

| 内容 | Cochrane 系统评价 | Cochrane 系统评价汇总评价 |
|---|---|---|
| 目的 | （对同一问题）汇总多个研究结局的效果 | 汇总多种干预措施（对同一疾病）的系统评价总体效果 |
| 纳入标准 | 原始研究 | 首选 Cochrane 系统评价，有时纳入其他评价（如疗效评价摘要或卫生技术评估）；偶尔纳入非 Cochrane 系统评价 |
| 检索 | 全面检索相关研究 | 典型检索 Cochrane 干预措施相关系统评价，偶检非 Cochrane 系统评价 |
| 数据收集 | 原始研究 | 系统评价，如有必要才从系统评价及其纳入原始研究作者处寻找其他信息 |
| 局限性评估 | 评估纳入研究的方法学局限，如偏倚风险评估 | 评估纳入系统评价的共同局限性（如是否更新）和特定局限性（如某系统评价与汇总评价的特定目是否存在局限） |
| 证据的质量 | 评估纳入研究中每个重要结局的质量 | 评估纳入系统评价中每个重要结局的证据质量（GRADE 方法），并确保该评估在不同系统评价之间的判断持续性 |
| 分析 | 合成纳入研究中每个重要结局的结果 | 合成系统评价结果，可能进行其他分析。分析主要基于纳入系统评价的报告，偶尔进行数据再分析 |
| 更新内容 | 研究和方法学 | Cochrane 系统评价 |

## 四、汇总评价的实施

1. 作者人选　汇总评价作者应熟悉 Cochrane 干预措施系统评价的方法学，理想的制作人员应当是系统评价作者或合作者。

2. 组织　Cochrane 系统评价专业小组将负责其主题相关的系统评价的汇总评价。

3. 流程　Cochrane 汇总评价题目和计划书制作流程与其干预措施系统评价类似，即首先需在相关小组注册，以得到相关方法学指导和帮助，遵循 Cochrane 系统评价汇总评价的规范和程序，并及时更新。

# 第二节　Cochrane 系统评价汇总评价的主要内容

完整的 Cochrane 系统评价汇总评价内容主要包括：题目与评价信息、摘要、通俗语言的摘要、正文、评价和参考文献、表格和图形等七部分。其中，正文内容是关键部分，包含背景、目的、方法、结果、讨论、结论等。由于汇总评价的方法学还在不断完善中，本章仅作概要介绍，详细信息请查阅 Cochrane 手册相关内容。

## 一、选题及题目格式

Cochrane 汇总评价题目优选 Cochrane 中大量干预措施的系统评价相关领域。

### （一）汇总评价的题目

汇总评价的范围可以考虑系统评价所有潜在的干预措施，也可限定在某个潜在干预措施的亚组，如："surgical interventions for"。若比较两种不同类型的干预措施，题目可为

"surgical or pharmacological interventions for"。

## （二）可能的适用情形

多数情况下，所有单个 Cochrane 干预措施系统评价都有可能被纳入汇总评价，但考虑到制作可行性和发表适当性，常见情形有：

1. 总结同一疾病多种干预措施的系统评价证据　此属于 Cochrane 汇总评价最常见的情形，它首选 Cochrane 干预措施系统评价。如，流感的最佳治疗选择，可通过对系列相关的系统评价进行汇总评价，总结出有关流感的药物治疗和其他干预措施的最佳证据。注意：纳入非 Cochrane 系统评价可能会带来额外工作负担和挑战，只有缺乏 Cochrane 干预措施系统评价时，才有可能考虑纳入其他来源的系统评价，如 Cochrane 图书馆中疗效评价数据库中的系统评价。

2. 总结某干预措施治疗不同疾病的系统评价证据　如抗癫痫药物治疗不同类型的神经性头痛，仅适用于一种干预措施有多种适应证。

3. 总结某种干预措施的不良反应　由于随机对照试验报告不良反应不可行，因为此类研究时间一般较短，故基于随机对照试验的系统评价进行不良反应的汇总评价作用有限。

## （三）背景

背景描述包括：关注的条件、干预措施、比较措施和结局，指出拟汇总评价问题的重要性及其合理性。

1. 条件描述　简单描述所确定的条件和显著特征信息，包括生物学、诊断、预后和对于公共卫生的重要性，如流行病学或发生率。

2. 干预措施的描述　当前设定条件下所有相关干预措施，无论是否被纳入 Cochrane 干预评价，只要合理均应作简要描述。应列出成组的干预措施，如非甾体类抗炎药，而不是逐个描述药物名称清单，应包括可能同期使用的各种干预措施及目前临床上使用的各种潜在相关的干预措施，如放疗加化疗。

3. 干预措施可能有效的机制　系统评价就是收集评估预期干预措施的效果是否确实存在。描述为什么所评价的干预措施对潜在的卫生保健用户有作用，如有关药物干预的生物学条件。可以引证经验性证据，如相似干预措施的效果，或该研究干预措施在其他人群的效果，但不包括对系统评价结果的讨论。

4. 为什么制作汇总评价　背景应清晰写明制作理由，表明设置汇总评价的合理性，解释提出问题的重要性。如研究对象是什么，能为决策者提供哪些具体帮助等。例如，临床上有症状的胆囊结石患者治疗常采用三种不同的胆囊切除方法：开腹手术、小切口手术和腹腔镜手术，究竟哪种切除方法对患者结局更加有利，目前没有汇总评价，因此进行本汇总评价的制作。

## （四）目的

首先，应简要清晰描述系统评价的主要目的，包括干预措施和目标问题；其次，应描述不同参与组、不同比较组、不同结局测量系列的特定目的。如，不同胆囊切除术（腹腔镜术、小切口术、开腹手术）对有症状胆囊结石患者的汇总评价，分别评估三种手术干预方法对患者主要结局指标（降低死亡率、并发症和症状减轻）和次要结局（转为开腹胆囊切除术、手术时间、住院日、恢复时间）各自的利弊。

## （五）方法

应按照 Cochrane 手册和相关小组推荐的方法进行,包括如何查找系统评价及其检索策略、数据收集和分析方法。描述应限定在对相关数据提取、质量和真实性方面评估,不需要描述提取数据的细节。

1. 系统评价的纳入标准　根据汇总评价的问题,确定选择纳入哪一类系统评价。通常情况下,汇总评价应首选问题相关所有 Cochrane 干预措施系统评价。有时可能需要限定研究问题焦点。如某一特定干预措施类型(药物疗法,排除非药物疗法)。考虑到决策者阅读汇总评价的前瞻性及其对个体决策信息的关注,如果现有的 Cochrane 系统评价研究人群不同(如按年龄分组、人种、性别和疾病分期等),需作出相应限定。注意不能将治疗相关系统评价与预防效果系统评价整合在一起。如果要纳入非 Cochrane 系统评价,应当特别对下述问题作出说明:非 Cochrane 系统评价是否为系统评价;当同一问题有两个或多个系统评价研究存在,拟纳入哪一类系统评价。

例如,不同胆囊切除术对有症状胆囊结石患者的汇总评价,研究对象:纳入有症状的胆囊结石患者,排除急性胆囊炎患者;干预措施:只考虑手术治疗(腹腔镜术、小切口术、开腹手术);结局:主要结局指标:降低死亡率、并发症和症状减轻;次要结局:转为开腹胆囊切除术、手术时间、住院日、恢复时间),纳入三类系统评价中所有的结局报告。

2. 检索查找系统评价　相对于干预措施系统评价的检索方法,汇总评价中检索 Cochrane 评价或其他系统评价的方法较简单。因为若汇总评价中只纳入 Cochrane 系统评价,就只需检索 Cochrane 系统评价数据库,不必再费力查找其他来源的系统评价。若要纳入其他来源系统评价,应清楚列出拟检数据库(如疗效评价文摘库)、检索策略及相应的查找方法。如,只检索 Cochrane 系统评价数据库,检索词"胆囊切除术",限定字段在标题、摘要或关键词,检索策略追求敏感性最大化。

3. 数据的收集与分析

(1) 系统评价的选择(selection of reviews):对找到的系统评价结果进行选择,应表明评价者是否独立进行选择,如何解决争议。如,纳入有症状的胆囊结石患者进行手术比较的 Cochrane 系统评价。

(2) 数据的提取与管理(data extraction and management):应当描述如何从纳入的系统评价中提取或获得数据的方法(如使用数据提取表)。并注明数据提取表是否由两个以上的评价者独立提取,以及意见不一致时如何解决争议。如果相关,就应清楚描述数据准备分析的程序方法。同时描述纳入的系统评价数据有缺失时的收集方法。如,由两名作者独立提取纳入的 Cochrane 评价数据,由谁来考虑评价中没有报告的结局。意见不一致时通过协商。数据有缺失时评估纳入试验的所有原始报告,必要时进行附加分析。

(3) 纳入评价的方法学质量评估(assessment of methodological quality of included reviews)

汇总评价中应包括如下两类不同质量的评估:①纳入的评价方法学质量;②纳入的评价证据质量。建议由两个以上的评价者独立使用评估标准,并表明意见不一致时如何解决。描述使用的质量评估工具(如 GRADE),表明在汇总评价的结果解释中如何整合纳入的评价。

1) 评估纳入评价的方法学质量(quality of included reviews):应该描述如何对纳入评价的方法学质量进行评估,由于相关质量评估或系统评价偏倚风险评估的研究有限,对此类评估 Cochrane 手册并没有推荐特定工具,建议可借助一些问卷和清单(如 Oxman 1994 和

Shea 2006)。

2）评估纳入评价的证据质量（quality of evidence in included reviews）：即使方法学良好的 Cochrane 干预措施系统评价，在综合证据时也可能会存在重要局限。因为潜在偏倚可能存在于纳入研究的内部和研究之间，相互矛盾的结果存在于个体研究之间等。故汇总评价中应合并确定证据质量所使用的方法。理想的汇总评价结论均应基于纳入系统评价的如下信息来评估：纳入研究特征（characteristics of included studies）、偏倚风险（risk of bias）和结果汇总表（summary of finding stables）。推荐 Cochrane 系统评价应以标准格式报告偏倚风险的评估；对 Cochrane 干预措施的系统评价及其汇总评价，均应使用 GRADE 途径来评估每个重要结局、不同研究间的质量。

4. 数据合成 许多汇总评价只是简单地提取了系统评价的基线数据，再以图或表的方式形成。由于直接比较的证据可靠性相比间接比较证据高，故进行所有数据合成时首选直接比较的证据。只有当缺乏直接比较的证据时，汇总评价才考虑纳入间接比较的证据进行分析。注意：当纳入评价中使用了较多的定性或叙述的方法，评价者应当描述纳入评价结果报告的标准化方法，包括合并统计学转换及不同对照组的风险标化。当对照组风险存在差异时，评价者应小心比较不同系统评价的绝对效果。建议适当用表格展示结果比较简洁，如：①纳入评价的特征表（表 13-2）；②主要结局汇总表；③次要结局汇总表；④不同干预措施相互比较的主要结局汇总表等。

## （六）结果

应明确主要目的，限定主要结局的范围，一般纳入的主要结局不超过七个。纳入结局选择应有助于实现决策者对特定干预措施的使用期望。如果相关，应当注明研究的数量、对单个结局参与者的意义以及证据质量对特定结局的影响。结局表达尽可能首选定量方式，其次才以叙述方式表述。统计学汇总数据应以标准化格式说明。可能的话，应报告干预效果的绝对危险度与相对危险度。如果纳入的评价中没有计算出总体结果，就应给出对结果进行定性评估或描述的范围。避免仅报告阳性研究和阴性研究（或评价）的数量。

1. 对纳入的系统评价进行描述（description of included reviews） 描述纳入的系统评价应当简明扼要，但应提供充分细节，使读者了解汇总评价中纳入的研究对象特征，如干预措施剂量、持续时间或其他特征、重要差别（如评价的纳入和排除研究的标准、对照或结局测量指标有无不同等）。如，检索到的系统评价数量，最后纳入系统评价数，总共纳入系统评价数、RCT 数和患者数等。

此外，应注明纳入系统评价目的与选择标准和汇总评价目的之间存在的任何差异（如汇总评价者感兴趣，但系统评价作者却省略分析了某些特定亚组或关键结局），某系统评价最近比其他评价进行了更新。为帮助读者迅速了解系统评价相关基本信息，参见纳入评价特征表（表 13-2）。

2. 对纳入的系统评价方法学质量进行描述（methodological quality of included reviews）

表 13-2 纳入评价特征表

| 系统评价 ID | 更新日期 | 人群 / 疾病 | 干预措施 | 比较措施 | 结局 | 评价局限性 |
|---|---|---|---|---|---|---|
| Review | Date assessed as up to date | Population / disease | Interventions | Comparison interventions | Outcomes for which data | Review limitations |

①纳入系统评价的方法学质量:总结纳入评价的一般质量,包括不同系统评价间的任何变异,单个系统评价存在的重要缺陷。注意:对纳入的评价相关重要细节描述应以附表展示,评价标准应在方法学中描述。②纳入评价的证据质量:应当汇总纳入评价的研究证据的质量,如利用 GRADE 系统,并对重要结局进行合成。

3. 干预措施的效果(effect of interventions) 不管纳入的系统评价是否包含相关研究证据,均应注明所有重要结局,汇总评价的主要结局发现,应围绕具有显著临床意义进行分类组织,不要逐一介绍纳入评价的各自发现。分类方法可能包括:干预措施类型(如药物治疗、外科干预或行为干预等)、疾病分期(症状出现前、疾病早、晚期)、参与者特征(年龄、性别、人种)、结局类型(生存、功能状态、不良反应)等。为便于阅读,鼓励使用二级标题。对于单个系统评价的发现以及任何统计学的汇总应当包含在结果汇总表(summary table)或附图中。此外,对于不能使用定量汇总且汇总评价又不能包含于结果汇总表中,需要对重要结局进行描述性汇总。避免混淆没有证据和证据没有效果两者区别,建议报告具体数据和可信区间。

**(七) 讨论**

1. 主要结果的汇总(summary of main results) 提供一个对主要结局进行准确相关的汇总,包括重要的利弊平衡和任何高度的不确定性等。

2. 证据的总体完整性和适用性(overall completeness and applicability of evidence) 此是对汇总评价的结果适用性进行评判,包括纳入的系统评价是否充分地确定了所有汇总评价的研究目的? 如果没有,存在什么缺陷? 是否研究了所有相关类型的参与者、干预措施和相关结局? 证据与汇总评价问题的相关性如何?

3. 证据的质量 汇总评价中所纳入的评价结论是否可靠。如系统评价是否查找了所有相关的原始研究,是否获得了所有相关数据,采用的方法(检索、研究选择、数据提取和分析)是否会引入偏倚? 是否有可能因干预措施不同、结局或临床亚组不同而出现差异,如果回答肯定,就应该清楚地讨论如何识别各主要领域相关的证据质量。

4. 汇总评价程序的潜在偏倚 为避免汇总评价可能存在的偏倚,需要对内、外部和汇总评价进行质控。包括是否查找和纳入了所有相关评价,是否获得了所有相关数据,或所使用的方法是否可能会引入偏倚等。

5. 与其他研究或评价的一致性和差异 是对纳入评价的其他证据进行评论,是否清晰表明其他证据经过了系统评价。

**(八) 结论**

汇总评价应避免给出建议或推荐,主要是陈述相关信息。结论不是对各种纳入评价结论进行简单再描述,而是指出对实践及未来研究两方面的指导意义。①对实践的意义:应尽可能地贴近实际,基于证据表述,不要模棱两可或超越所评估的证据。②对研究的意义:应注明纳入评价的证据未能解决的关键临床问题,指出尚未被 Cochrane 评价考虑,但又是重要的潜在干预措施,为未来进一步研究指明方向,清晰提示临床决策中的不确定领域。注意:结论来源于能直接反映主要结局的汇总评价发现。说明数据分析的任何重要局限性,不要仅一般性地表明需要更多研究,应包括如何进行研究(包括系统评价)。

**二、经验与体会**

现以"医患沟通系统评价的汇总评价"为例,就其主要问题简要分析如下。

**（一）案例概述**

目的：寻找医患沟通系统评价最佳证据，为建立我国医患沟通模式提供依据。

研究方法：

1. 评价选择标准　①纳入"医患关系"与"沟通"主题相关的系统评价或 meta- 分析，有合成分析结果。②排除标准：排除其中评论、普通综述等。

2. 检索方法　按照 Cochrane 协作网系统评价汇总评价指南，以"医患关系"与"沟通"为主题词，合并检索相关数据库，不同数据库的检索策略作相应调整。检索语种限为中文和英语。检索数据库包括：OVID、Cochrane 图书馆（2008，issue1）、PubMed、中国生物医学文献数据库（CBMdisc）、中国期刊全文数据库（CNKI）和中文科技期刊全文数据库（VIP）。检索时间：1950~2008.3.30。

3. 数据收集与分析

（1）评价选择：文献采用统一编号，隐去系统评价或 meta- 分析的作者、发表杂志、出版日期，两名评价员通过阅读文献主题和主要内容，独立进行文献选择和筛查，存在分歧讨论解决。

（2）数据提取与管理：参照 Oxman and Guyatt index 量表评价，制定统一数据提取表。经预试验修正不适当条目后，由两名评价者独立提取数据，若有分歧，讨论解决。资料提取内容：①研究一般特征；②研究临床特征；主要结果或结论。

（3）纳入评价的方法学评估：两名评价者独立评估，分歧时讨论解决。

（4）纳入评价的质量：包括评价的纳入排除标准、资料来源、语言限制、研究设计、方法学质量、数据合成等方法。区分不同研究质量要素间的差异和总体评分差异。

（5）数据合成：纳入数据同质进行合并，异质性较大只作描述分析。

结果：纳入医患关系与沟通的系统评价 17 篇，使用 Oxman and Guyatt index（OQAQ）量表评价，9 个条目平均符合率 66.01%（中位数 6 分）。只有 11.76%（2/17）进行了 meta- 分析，其余 88.24%（15/17）因文献异质性未能进行合并。

结论：略。

**（二）汇总评价中的主要问题分析**

现就案例中的汇总评价来源、质量评估和汇总分析三个方面主要问题进行扼要分析如下：

1. 汇总评价检索纳入的范围太宽，检索来源包括了非 Cochrane 评价，导致检索工作量太大。

2. 方法学评估只使用了 OQAQ 评估了纳入评价方法学质量，未能使用 GRADE 系统对纳入评价中每个重要结局的证据质量进行评估。GRADE 系统对证据质量级别及推荐强度描述参见本书第十章第三节。

3. 由于纳入研究标准与范围太宽，导致纳入的系统评价异质性较大，不能对主要结果进行定量汇总，只能定性描述。

由上述可见，未来相关研究最好能遵循 Cochrane 系统评价手册汇总评价相关指南，检索范围限定在 Cochrane 系统评价，使用 GRADE 系统对纳入的系统评价证据质量进行评估，明晰拟评估的干预措施与主要结局的联系，并确保该评估在不同系统评价之间的判断持续性，尽可能以量化方式汇总主要的结局发现，得出对实践或研究具有指导意义的结论。

（卫茂玲　刘　鸣）

# 参 考 文 献

1. Becker LA, Oxman AD. Overviews of reviews// Higgins JPT, Green S (editors). Cochrane Handbook for Systematic Reviews of Interventions. Version 5.0.1 [updated September 2008]. The Cochrane Collaboration, 2008. Available from www.cochrane-handbook.org.]

2. Glenny AM, Altman DG, Song F, et al. Indirect comparisons of competing interventions. Health Technology Assessment, 2005, 9:26.

3. GRADE Working Group. Grading quality of evidence and strength of recommendations. BMJ, 2004, 328:1490-1494.

4. Oxman AD. Checklists for review articles. BMJ, 1994, 309:648-651.

5. Petticrew M, Song F, Wilson P, et al. Quality-assessed reviews of health care interventions and the database of abstracts of reviews of effectiveness (DARE). NHS CRD 6.Review, Dissemination, and Information Teams. International Journal of Technology Assessment in Health Care, 1999, 15:671-678.

6. Russell K, Kiddoo D. The Cochrane Library and nocturnal enuresis; an umbrella review. Evidence-Based Child Health, 2006, 1:5-8.

7. Shea B, Boers M, Grimshaw JM, et al. Does updating improve the methodological and reporting quality of systematic reviews? BMC Medical Research Methodology, 2006, 6:27.

8. Oxman AD, Guyatt GH. Guidelines for reading literature reviews. Can Med Ass J, 1988, 138:687-703.

9. Keus F, Gooszen HG, van Laarhoven CJHM. Open, small-incision, or laparoscopic cholecystectomy for patients with symptomatic cholecystolithiasis. An overview of Cochrane Hepato-Biliary Group reviews. Cochrane Database of Systematic Reviews 2010, Issue 1. Art. No.: CD008318. DOI: 10.1002/14651858.CD008318.

10. 卫茂玲, 苏维等. 医患沟通的系统评价证据的循证分析. 中国循证医学杂志, 2008, 8(12):1100-1104.

# 第十四章  系统评价的临床应用

## 第一节  系统评价是目前临床循证论证强度最高的证据之一

循证医学(Evidence Based Medicine,EBM)要求在临床实践中,将临床医师的专业技能、临床经验与当前最佳的研究证据和患者的利益需求三者完美结合。即 EBM 的临床应用从患者的价值取向角度出发,查找证据,严格评估,综合分析,将最佳的证据应用于临床实践,最终为患者取得最好的治疗效果,并止于至善的进行后效评价实践效果。EBM 实践需要高质量的证据,"证据"及其质量是 EBM 实践的关键。高质量的证据指采用了足够防止偏倚的措施,保证了其结果的真实性和可靠性,其中包括病因、诊断、预防、治疗、康复和预后等各方面的研究。

1979 年英国流行病学家 Archie Cochrane 首先提出将各专业领域的所有随机对照研究收集起来进行系统评价(systematic review,SR)并予以发表,从而指导临床实践。SR 的出现,被认为是临床医学史上的一个重要里程碑,为 EBM 提供了首选证据,为临床医师提供了全新的、真实的、可靠的医学信息。

SR 是一种文献综合评价方法,根据某一具体的临床问题,采用系统的、明确的方法收集、选择和评估全世界已发表文献或未发表的灰色相关医学原始研究,用统一的科学评价标准筛选出符合标准、质量好的文献,必要时用统计学的方法进行综合,得到定性或定量的结果,为疾病的诊治提出科学的依据。同时,随着新的研究结果的出现与时俱进地进行更新,随时提出最新的知识和信息,为临床医疗实践和临床研究方向提出重要的决策依据。其中meta- 分析是 SR 的一种定量分析方法,即运用定量的方法对多个同类独立临床研究的结果进行汇总的统计学方法,它能够增大样本含量,减少各种偏倚和随机误差,提高检验效能,是常用的一种统计方法。

为了有组织、有计划地进行 SR,有关国家的临床医学专家、方法学专家、系统评价专业人员及临床用户共同成立了 Cochrane 协作网,各国相继成立了 Cochrane 中心,我国的 Cochrane 中心设在四川大学华西医院。Cochrane 系统评价具有严格的、系统的、统一的研究方法,有着严格的质量控制措施,因而国际公认 Cochrane 系统评价质量比普通的系统评价质量更高。

Cochrane 系统评价与传统综述的目的都是为某一领域或专业提供综合的新知识和新信息,以便读者在短时间内能够了解到临床某领域的综合信息,便于指导临床实践。SR 也是对此前所有文献的分析和总结,因而目前大多是回顾性的研究。但与传统综述相比,SR 的目的是解决某一具体的临床问题,范围小,有深度;SR 针对的临床问题非常明确,通常包括四个部分:具体的人群、具体的临床疾病状态、具体的诊疗方法和特异性结果;SR 在研究过程中,经过立题、检索文献、筛选文献、文献的质量评价、收集资料、分析资料、解释结果、更新原有评价等严格、系统的制作过程。有明确的检索方法,收集全世界已发表的和未发表的灰色相关文献,采用统一的方法严格评价,用科学的方法控制偏倚和随机误差,去粗取精,去伪存真,得出综合可靠的研究结果作为论著发表,为临床决策提供最佳证据。而传统综述是对某一专题在一段时间内的文献资料进行分析研究、归纳整理,作出综合性描述,全面反映某一专题过去和现在的状况和发展方向;传统综述往往是一个主题、多个环节,范围大,但深度不够;传统综述在撰写的过程中,并不需要像 SR 那样,收集全世界已发表和未发表的文献,往往根据作者自身观点的不同,收集文献时带有一定的倾向性,没有明确统一的检索方法,不同作者在同样的主题下,可得出不同的结论。因而,传统综述发生偏倚和随机误差的可能性大,在临床应用有其局限性。

因此 SR 的科学价值,在于它将所有的单个的临床研究汇总在一起,增大了样本含量,增强了检验效能,得出的结论更加真实可靠。高质量的系统评价结果已被 EBM 专家列为最高质量及论证强度的证据,其论证强度类似于大样本多中心临床试验。

# 第二节　运用最佳证据进行临床实践决策

评价和临床应用系统评价主要是看①结果是否真实可靠,即是否是随机对照试验的系统评价? 是否收集和纳入了所有相关研究? 是否对单个试验质量进行了评价? 各试验之间的同质性是否好? ②结果是否有意义,即效果的幅度和精确性怎样? 根据对 SR 结果真实性和意义的评估可以判断其结论的可靠程度和应用价值。③结果是否适用于我们患者的具体环境,即我们患者的基线和病情是否和 SR 中的研究对象类似? SR 中的干预措施在本地医院是否可行? 这种干预措施对我们的患者利弊权衡如何? 对于干预措施的疗效和不良反应的评估,并要结合患者的价值观及其对疗效的期望?

## 一、系统评价结果的可靠性判断

SR 结果的可靠性判断主要从 SR 质量、更新及时、对评价的干预措施疗效估计合理等方面考虑。目前国内随机对照试验质量虽然较以前有明显进步,但与国际标准对照普遍性差距较大,很多研究都未做到真正的随机分组,此类研究本不应该纳入系统评价,若 SR 或 meta- 分析纳入了此类研究,其重点不应该是描述结果,而应着重严格评价所纳入试验的质量问题,并告诉读者因为存在的质量问题,告知其结果可靠性较差,提醒进一步的研究应该注意克服这些问题。例如为了了解溶栓疗法是否降低急性脑卒中患者病死率和残疾率,是否增加颅内出血时,则只有能提供死亡和残疾人数及颅内出血人数的试验才能被纳入,不符合纳入标准或符合排除标准的临床试验不能入选,应在文中同时列出被纳入和排除的试验并说明被排除的理由。因此,当读者使用系统评价或 meta- 分析证据时,首要的问题是看其对纳入研究的质量评价是否严格,如果没有质量评价,这篇 SR 结论的可靠性应受到质疑。

考虑到 SR 与临床决策的关系,还应注意 SR 是否及时更新。有研究显示:Cochrane 系统评价约 38% 每 2 年更新一次,其他的 SR 2 年内更新的只占 3%。如不及时更新,有些 SR 在 3~5 年内就会失去运用价值。临床决策者若检索不到最新的 SR,或检索到的 SR 很久没有更新,则利用其结论时应谨慎,因为其后的临床试验可能会推翻之前 SR 的结论。例如急性心肌梗死后早期静脉使用硫酸镁有望限制梗死面积、预防严重心律失常、降低病死率,被认为是一种有效的治疗措施。基于早期临床试验的 meta- 分析显示,应用硫酸镁可以降低病死率。1993 年国际著名的 Circulation 杂志刊登了一篇编辑评论,题目为《急性心肌梗死后静脉注射硫酸镁——一种有效、安全、简单、低廉的治疗方法》。但仅 2 年后一个涉及 58 050 例患者的大规模随机对照试验显示,硫酸镁治疗急性心肌梗死危险率反而增加了 5%。

## 二、系统评价结果的临床适用性

考虑 SR 的结果是否能应用于你所主管的具体患者时应从以下三方面进行考虑:

1. SR 的结果是否适用于你所诊治的患者　可通过比较你的患者与 SR 中的研究对象在性别、年龄、并发症、疾病严重程度、病程、文化背景、社会因素、依从性、生物学及临床特征等方面的差异,并结合临床专业知识综合判断 SR 结果的外延性。例如考虑给 70 岁的冠心病患者什么治疗时,若系统评价的结果包括 40~69 岁年龄阶段的患者资料,这时可考虑使用该结果。若临床遇到 5 岁的癫痫患儿,而 SR 为治疗成人癫痫患者的证据其适用性不大。又如把美国、德国、意大利等西方国家与人文文化有关的研究结果直接用于中国的患者,就要慎用或进行 SR 再评价,参见本书第十三章。

2. SR 证据中干预措施的可行性　即本院是否具有此项干预措施? 在应用 SR 治疗证据结果进行临床决策时,应全面考虑治疗措施的疗效和不良反应。例如:雌激素替代疗法可治疗和降低骨折的危险性,但不良反应是增加了患乳腺癌和子宫内膜癌的危险性。

3. 权衡利弊　任何临床决策必须权衡利弊和费用,只有利大于弊且费用合理时才有应用于患者的价值。例如一项关于评价肾移植术后从新三联免疫抑制方案中撤出激素的安全性和有效性的 meta- 分析结果显示:在肾移植术后 3 个月内从新三联免疫抑制剂方案中撤出激素会增加 Banff Ⅰ级急性排斥发生率,但对中、重度急性排斥发生率无影响;激素撤出不影响移植物、患者存活率和慢性排斥发生率;可降低机会性感染和泌尿系感染发生频次,但不影响巨细胞感染和败血症的发生频次。将此研究证据应用于具体的患者时应考虑该患者是否与研究证据中纳入的受试者病情类似,此项 meta- 分析研究结果证据干预措施是否适用于具体所管患者,临床医师需要权衡利弊。如果该患者有 Banff Ⅰ级急性排斥反应症状,则暂不考虑撤出激素。如果该患者出现慢性排斥反应并且伴有严重感染,在足量免疫抑制剂使用的同时可考虑撤出激素。

医务工作者需要对患者的医疗预防保健做出相应的临床决策,正确的决策应根据当前可得的 SR 和 meta- 分析最佳证据来制定。因此 SR 应用非常广泛,目前已被广泛应用于临床各个专业。以下是 SR 在临床各领域应用的一些实例。

例 1. 为了评价小剂量尿激酶加常规治疗与单用常规治疗不稳定性心绞痛的疗效及安全性,采用计算机检索 PubMed、EMbase、Cochrane 图书馆、SCI、CBM、CNKI、VIP 和万方数据库,手工检索专业相关期刊,由两位研究者独立筛选和提取资料,根据 Cochrane 系统评价手册 4.2.6 的标准评价纳入文献质量,用 RevMan4.2.10 软件进行数据分析。结果共纳入 19 个随机对照试验(2273 例患者),meta- 分析结果显示小剂量尿激酶组的有效率[ OR=4.18, 95% CI (3.24,5.41)]和心电图[ OR=2.81, 95%CI (2.04,3.88)]优于常规治疗组;而在心血管事件[ OR=0.74,95%Cl(0.44,1.24)]、皮肤黏膜出血[ OR=1.43,95%Cl(0.90,2.28)]、牙龈出血[ OR=1.88,95%Cl(0.46,7.70)]以及镜下血尿[ OR=3.82,95%Cl(0.77,18.92)]方面,两组差异无统计学意义。结论小剂量尿激酶治疗不稳定性心绞痛的有效率高于常规治疗。但由于本系统评价纳入研究样本量小且质量较低,上述结论尚需随机双盲对照试验加以证实。

例 2. 对已公开发表的支架成形治疗症状性颅内动脉狭窄的文献进行系统评价,评估支架围置入期安全性、成功率和预后方面的效果。采用计算机检索 EMbase(1980/2008-12)、MEDLINE(1966/2008-12)和中国生物医学文献数据库(CBM,1978/2008-12)、中文学术期刊全文数据库(CNKI)进行检索,筛查相关文章的参考文献,并对脑血管病杂志及相关文章的参考文献进行手工检索;对脑血管支架置入后的动物实验加以整理;对脑血管支架置入后的临床实验加以整理,结合其随访和功能评价等方面,进行脑血管支架植入后生物相容性的观察研究。结果显示 15 篇有关脑血管支架置入的动物实验选出 5 篇,实验结论显示多种形式的支架可以起到良好的治疗血管狭窄和预防血管再狭窄的作用,且生物相容性良好,可以作为临床选用支架的参考。确定相关脑血管支架置入的临床试验文献 15 篇,共包含症状性颅内动脉狭窄患者 476 例;平均置入成功率达 96.9%;置入后 30 天内临床终点事件发生率为 11.42%,30 天后 1 年内累积主要终点事件发生率为 0.58%。结论提示支架成形治疗症状性颅内动脉狭窄有效性及安全性均较高,值得推广应用。

例 3. 为了解更昔洛韦治疗先天性巨细胞病毒感染的疗效及安全性,采用计算机检索 PubMed(1988.1~2009.1)、EMbase(1988.1~2009.1)、Cochrane 图 书 馆(2003 年 第 3 期和 2009 年第 1 期),中国学术期刊全文数据库(1994.1~2009.1)、中国生物医学文献数据库(1994.1~2009.1),纳入更昔洛韦治疗及未用更昔洛韦治疗先天性巨细胞感染的随机及半随机对照试验,对研究人群的干预措施及结果进行分析评价及 meta- 分析。该系统评价共纳入 10 篇文献,其结果显示更昔洛韦治疗后先天性巨细胞感染患儿的病情好转率(91.4% VS 34.0%,$P<0.05$)及病毒感染指标转阴率(87.6% VS 15.3% $P<0.01$),这两方面均明显高于未治疗的对照组。同时,更昔洛韦治疗后还可明显降低巨细胞病毒感染患儿的听力障碍发生率(4.7% VS37.2% $P<0.01$),更昔洛韦治疗组的不良反应发生率较低。该结论提示对先天性巨细胞病毒感染的婴儿,使用更昔洛韦治疗后可以增加患儿的治疗好转率,增加巨细胞感染指标的转阴率,减少听力障碍的发生率,同时更昔洛韦组不良反应的发生率低。但因纳入研究的总样本含量小,证据强度有限,需要更高质量研究证实。

例 4. 为了评价复方丹参滴丸治疗冠心病的疗效,采用计算机检索 PubMed、EMbase、Cochrane 图书馆、中国学术期刊全文数据库、中国生物医学文献数据库,加上手工检索中文发表与未发表的资料。采用严格的纳入和排除标准,纳入研究方法的治疗评价采用 jadad 制定的评定量表。系统评价显示复方丹参滴丸治疗冠心病心绞痛、降低胆固醇、三酰甘油具有一定的疗效,且不良反应轻微。

综上所述,只有通过科学、严格的方法产生的 SR 才能为临床医疗实践提供真实、可靠的信息。

## 第三节　应用系统评价指导临床循证决策应注意的问题

1. 虽然目前 SR/meta- 分析证据级别最高,但不是所有的 SR/meta- 分析结论都是可靠的。同其他研究一样,也应评价方法学的正确性、结果的重要性以及结论的准确性。SR/meta- 分析者在没有经过相关临床流行病学、临床研究设计、统计学等基础培训及临床专业培训经历的情况下得出的结果容易出现偏倚。因此要求我们在阅读和应用 SR 证据时,仍需要持谨慎的批判态度,不能盲目认为只要是 SR 就一定是最佳证据。

2. 我们在考虑一篇 SR 是否可以被利用,主要看这篇 SR 是否有同类评价,是否有最新,是否整合了之前所有相关的 SR,是否制定和实施了完善的检索策略,是否对原始研究进行了质量评价,是否指出了自身研究的局限性,是否提到下一阶段需要解决的问题,是否充分报告了摘要和全文,是否能够用于解决实际问题等。

3. 高质量的 SR,具有实用性,临床医师将其运用于自己的患者时,需要考虑此干预措施对患者的诊治益处在临床上是否重要,是否优于对患者所致的潜在副作用;同时需要考虑此治疗方法的费用以及患者的价值取向,即让你的患者参与到治疗的决策中,实现患者我的健康我参与的理念。

系统评价因为需要而产生,同时它也因为患者的个体差异及疾病的复杂性而不可能解决所有临床问题,也正是因为它的局限性和不完善性,EBM 临床研究与实践才具有更广阔的发展空间。

(杨新玲)

# 参 考 文 献

1. Montori VM,Guyatt GH.What is evidence-based medicine.Endocrinol metab clin North Am,2002(3):521-526.

2. Sackett DL,Straus SE,Richardson WS,et al.Evidence-based medicine:how to practice and teach EBM.2nd ed.London:Churchill Living stone,2000.

3. Moher D,Tetzlaff J,Tricco AC,et al.Epidemiology and reporting characteristics of systematic reviews.Plos Med,2007,4(3):78.

4. Shojania KG,Sampson M,Ansari MT,et al.How quickly do systematic reviews go out of date? A survival analysis.Ann Intern Med ,2007,147:224-233.

5. Chen yaolong,wang mengshu,zhang wenjuan,et al.How to read a systematic review.Chin J Evid-based Med 2009,9(9):1010-1017.

6. Whitlock EP,Lin JS,Chou R,et al.Using existing systematic reviews in complex systematic review. Ann Intern Med,2008,148:776-782.

7. Hayden JA,Coth P, Bombardier C.Evaluation of the Qualitt of prognosis studies in systematic review.Ann Intern Med ,2006,144(6):427-437.

8. Yang J,Liu M.Progress of clinical guideline of acute ischemic stroke.Chinese Joumal of Nervous and Mental diseases,2002,28(5):400-Suppl 2.

9. Mignini LE, Khan KS. Methodological quality of systematic reviews of animal studies:a survey of reviews of basic research. BMC Med Res Methodol, 2006, 6:10.

10. 陈耀龙,李幼平.医学研究中证据分级和推荐强度的演进.中国循证医学杂志,2008,8(2):127-133.

11. 卫茂玲,刘鸣.中文发表系统评价、meta-分析 18 年现状分析.华西医学,2007,22(4):697-698.

12. 王家良.循证医学.第 2 版.北京:人民卫生出版社,2006.

# 附　录

## 附录1　Cochrane 系统评价常用术语中英文对照

（以首字母拼音为序）

Campbell 图书馆 （Campbell library）

Campbell 协作网 （Campbell collaboration）

Cochrane 图书馆 （Cochrane library）

Cochrane 系统评价 （Cochrane systematic review，CSR）

Cochrane 系统评价再评价 （Cochrane Overviews of reviews，Cochrane overviews）

Cochrane 中心 （Cochrane center）

Cochrane 协作网 （Cochrane collaboration）

Cochrane 信息管理系统 （Cochrane information management system，IMS）

meta 回归分析 （meta regression analysis）

meta- 分析 （meta-analysis）

meta- 分析报告质量 （quality of reporting of meta-analysis，QUOROM）

NNH，每发生一例不良反应需要治疗例数 （number needed to harm，NNH）

NNT，比对照组多减少一例不利结局需要防治的病例数 （number of patients who need to be treated to achieve one additional favorable outcome，NNT）

半随机对照试验 （quasi-randomized controlled clinical trial，CCT）

报告偏倚 （reporting bias）

比 （odds）

比值比 （odds ratio，OR）

标准差 （standard deviation）

标准化均数差 （standardised mean difference，SMD）

并发症 （complications）

病例对照研究 （case-control study）

患者报告结局 （patient-reported outcomes，PROs）

不良反应 （adverse effect）

不良结局 （adverse outcome）

不良事件　（adverse event）

成本 - 效果分析　（cost-effectiveness analysis，CEA）

成本 - 效益分析　（cost-benefit analysis，CBA）

成本 - 效用分析　（cost-utility analysis，CUA）

初筛　（the first sift-prescreening）

次要结局　（secondary outcome）

定量系统评价　（quantitative systematic review）

定性系统评价　（qualitative systematic review）

队列研究　（cohort study）

对照　（comparison）

对照组事件发生率　（control event rate，CER）

二分类变量　（dichotomous variable）

发表偏倚　（publication bias）

非等量随机对照试验　（unequal randomized controlled trial）

非随机对照试验　（non-randomized controlled trial）

分配隐藏　（allocation concealment）

副作用　（side effect）

干预　（intervention）

更新　（updating）

固定效应模型　（fixed-effect model）

灰色文献　（grey literature）

荟萃分析　（meta-analysis）

机遇　（chance）

计划书　（protocol）

计数资料　（count data）

加权均数差　（weighted mean difference，WMD）

假设检验　（hypothesis test）

检索策略　（search strategy）

交叉试验　（cross-over trial）

结果汇总表　（summary of table）

结局　（outcome）

经济学数据　（economic data）

绝对获益增加率　（absolute benefit increase，ABI）

绝对危险度　（absolute risk，AR）

绝对危险度降低率　（absolute risk reduction，ARR）

绝对危险度增加率　（absolute risk increase，ARI）

均数　（mean）

均数差　（mean difference，MD）

可信区间　（confidence interval，CI）

利益冲突　（conflict of interest）

连续性变量　（continuous variable）

疗效评价文摘库　（Database of Abstracts of Reviews of Effects DARE；Other Reviews）

临床结局　（clinical outcome）

临床流行病学　（clinical epidemiology）

临床实践指南　（clinical practice guideline，CPG）

临床试验　（clinical trial）

临床意义　（clinical significance）

临床证据　（clinical evidence）

漏斗图　（funnel plot）

率　（rate）

率差　（危险差 rate difference，RD）

盲法　（blind，blinded or masked）

敏感度　（sensitivity）

敏感性分析　（sensitivity analysis）

模拟缺失数据　（imputing missing data）

目标人群　（target population）

纳入标准　（inclusion criteria）

内部真实性　（internal validity）

排除标准　（exclusion criteria）

偏倚　（bias）

评估　（evaluation）

评价方法　（methods of the review）

前 - 后对照研究　（before-after study）

前瞻性 meta- 分析　（prospective meta-analysis，PMA）

全文筛选　（the second sift-selection）

群组随机对照试验　（cluster randomized controlled trial）

散点图　（scatter plot）

森林顶图　（forest top plot）

森林图　（forest plot）

失安全系数　（fail-safe number）

时间事件指标　（time-to-event outcomes）

事件发生率　（event rate）

试验组中事件发生率　（experimental event rate，EER）

数据提取　（data extraction）

数据提取表　（data collection form）

数值变量　（numerical variable）

随访　（follow up）

随机对照试验　（randomized controlled trial，RCT）

随机误差　（random error）

随机效应模型　（random effect model）

同质性检验　（homogeneity test，tests for homogeneity）

统计效能　（power）

统计学意义　（statistical significance）

推荐分级的评价、制定与评估　（grading of recommendations assessment, development and evaluation，GRADE）

推荐强度　（strength of recommendation）

外部真实性　（external validity）

危险比　（hazard ratio）

系统评价　（systematic review，SR）

系统评价管理软件　（review manager，RevMan）

系统评价计划书　（systematic review protocol）

系统评价组　（Cochrane review groups，CRG）

相对获益增加率　（relative benefit increase，RBI）

相对危险度　（relative risk，RR）

相对危险度降低率　（relative risk reduction，RRR）

相对危险度增高率　（relative risk increase，RRI）

效应尺度　（effect magnitude）

效应量　（effect size）

叙述性文献综述　（narrative review）

选择标准　（selection criteria）

选择性偏倚　（selection bias）

亚组分析　（subgroup analysis）

严格评价　（critical appraisal）

研究对象　（participant）

研究合成　（research synthesis）

研究检索策略　（search strategy for identification of studies）

样本量　（sample size）

医学主题词　（Medical Subject Heading，MeSH）

异质性　（heterogeneity）

异质性检验　（heterogeneity test，tests for heterogeneity）

意向性分析　（intention to treat analysis，ITT analysis）

引用偏倚　（citation bias）

有序分类资料　（ordinal data）

语言偏倚　（language bias）

真实性　（validity）

诊断试验准确性　（diagnostic test accuracy）

知证卫生决策　（evidence-informed health policymaking）

重复发表偏倚 （multiple publication bias）

主要结局 （primary outcome）

# 附录 2　Cochrane 协作网 52 个系统评价专业组联系方式

（按专业组英文首字母排序）

| 系统评价小组名称 | E-mail | 网址 | 国家 |
|---|---|---|---|
| Cochrane Acute Respiratory Infections Group | ldooley@bond.edu.au | ari.cochrane.org | 澳大利亚 |
| Cochrane Airways Group | tlassers@sgul.ac.uk | www.airways.cochrane.org | 英国 |
| Cochrane Anaesthesia Group | Jane_cracknell@yahoo.com | www.carg.cochrane.org | 丹麦 |
| Cochrane Back Group | vpennick@iwh.on.ca | www.cochrane.iwh.on.ca | 加拿大 |
| Cochrane Bone, Joint and Muscle Trauma Group | lindsey.elstub@manchester.ac.uk | www.bjmtg.cochrane.org | 英国 |
| Cochrane Breast Cancer Group | melina.willson@ctc.usyd.edu.au | www.ctc.usyd.edu.au/cochrane/ | 澳大利亚 |
| Cochrane Childhood Cancer Group | chcrg@amc.uva.nl | ccg.cochrane.org | 荷兰 |
| Cochrane Colorectal Cancer Group | Hand0010@bbh.regionh.dk | www.cccg.cochrane.org | 丹麦 |
| Cochrane Consumers and Communication Group | cochrane@latrobe.edu.au | www.latrobe.edu.au/cochrane | 澳大利亚 |
| Cochrane Cystic Fibrosis and Genetic Disorders Group | traceyr@liberpool.ac.uk | www.liv.ac.uk/cfgd | 英国 |
| Cochrane Dementia and Cognitive Improvement Group | sue.marcus@ndm.ox.ac.uk | dementia.cochrane.org | 英国 |
| Cochrane Depression, Anxiety and Neurosis Group | iop-ccdan@kcl.ac.uk | — | 英国 |
| Cochrane Developmental, Psychosocial Problems Group | cdplpg@qub.ac.uk and Learning | dplpg.cochrane.org | 英国 |
| Cochrane Drugs and Alcohol Group | amato@asplazio.it | www.cdag.cochrane.org | 意大利 |
| Cochrane Ear, Nose and Throat Disorders Group | jbellorini@cochrane-ent.org | ent.cochrane.org/ | 英国 |
| Cochrane Effective Practice and Organisation of Care Group | al.mayhew@uottawa.ca | www.epoc.cochrane.org | 加拿大 |

续表

| 系统评价小组名称 | E-mail | 网址 | 国家 |
|---|---|---|---|
| Cochrane Epilepsy Group | rachael.kelly@liv.ac.uk | www.epilepsy.cochrane.org | 英国 |
| Cochrane Eyes and Vision Group | cevg@lshtm.ac.uk | www.cochraneeyes.org | 英国 |
| Cochrane Fertility Regulation Group | ahelmerhorst@lumc.nl | www.lurmc.nl/1060/cochrane/ review.html | 荷兰 |
| Cochrane Gynaecological Cancer Group | gail.quinn@ruh-bath.swest.nhs. uk | www.cochrane-gyncan.org | 英国 |
| Cochrane Haematological Malignancies Group | info@chmg.de | www.chmg.de | 德国 |
| Cochrane Heart Group | cochrane.heart@lshtm.ac.uk | www.heart.cochrane.org | 英国 |
| Cochrane Hepato-Biliary Group | dnikolov@ctu.rh.dk | www.ctu.rh.dk/chbg | 丹麦 |
| Cochrane HIV/AIDS Group | Cochrane.hiv@gmail.com | www.igh.org/Cochrane | 美国 |
| Cochrane Hypertension Group | cochrane@ti.ubc.ca | hypertension.cochrane.org | 加拿大 |
| Cochrane Incontinence Group | j.cody@abdn.ac.uk | www.incontinence.cochrane.org | 英国 |
| Cochrane Infectious Diseases Group | Anne-Marie.Stephani@ liverpool.ac.uk | cidg.cochrane.org/en/index. html | 英国 |
| Cochrane Inflammatory Bowel Disease and Functional Bowel Disorders Group | jmacdon1@uwo.ca | www.cochrane.uottawa.ca/ibd | 加拿大 |
| Cochrane Injuries Group | Emma.sydenham@lshtm.ac.uk | www.injuries.cochrane.org | 英国 |
| Cochrane Lung Cancer Group | lcg@cochrane.es | www.cochrane.es/LCG | 西班牙 |
| Cochrane Menstrual Disorders and Subfertility Group | j.clarke@auckland.ac.nz | www.obsgynae.auckland.ac.nz/ research /cochrane | 新西兰 |
| Cochrane Metabolic and Endocrine Disorders Group | paletta@med.uni-duesseldorf. de | www.endoc.cochrane.org | 德国 |
| Cochrane Methodology Review Group | mclarke@cochrane.ac.uk | — | 爱尔兰 |
| Cochrane Movement Disorders Group | movementdisord@fm.ul.pt | www. fm.ul.pt/Movement- disorders | 葡萄牙 |

续表

| 系统评价小组名称 | E-mail | 网址 | 国家 |
|---|---|---|---|
| Cochrane Multiple Sclerosis Group | neuroepidemiologia@istituto-besta.it | www.msg.cochrane.org | 意大利 |
| Cochrane Musculoskeletal Group | cmsg@uottawa.ca | www.cochranemsk.org | 加拿大 |
| Cochrane Neonatal Group | haughton@mcmaster.ca | Neonatal.cochrane.org | 加拿大 |
| Cochrane Neuromuscular Disease Group | cochranenmd@ion.ucl.ac.uk | www. neuromuscular.cochrane.org | 英国 |
| Cochrane Oral Health Group | Luisa.fernandez@anchester.ac.uk | www.ohg.cochrane.org | 英国 |
| Cochrane Pain，Palliative and Supportive Care Group | yvonne.roy@pru.ox.ac.uk | www.papas.cochrane.org | 英国 |
| Cochrane Peripheral Vascular Diseases Group | marlene.stewart@ed.ac.uk | pvd.cochrane.org/en/index.html | 英国 |
| Cochrane Pregnancy and Childbirth Group | s.l.henderson@liverpool.ac.uk | pregnancy.cochrane.org | 英国 |
| Cochrane Prostatic Diseases and Urologic Cancers Group | roderick.macdonald@med.va.gov | — | 美国 |
| Cochrane Public Health Group | jdoyle@vichealth.vic.gov.au | www.ph.cochrane.org | 澳大利亚 |
| Cochrane Renal Group | narellw2@chw.edu.au | www.cochrane-renal.org | 澳大利亚 |
| Cochrane Schizophrenia Group | cszg@nottingham.ac.uk | szg.cochrane.org/en/index.html | 英国 |
| Cochrane Sexually Transmitted Diseases Group | cochrane.hiv@gmail.com | www.igh.org/Cochrane | 美国 |
| Cochrane Skin Group | csg@nottingham.ac.uk | www.csg.cochrane.org | 英国 |
| Cochrane Stroke Group | Hazel.fraser@ed.ac.uk | www.dcn.ed.ac.uk/csrg/ | 英国 |
| Cochrane Tobacco Addiction Group | monaz.mehta@dphpc.ox.ac.uk | tobacco.cochrane.org/en/index.html | 英国 |
| Cochrane Upper Gastroin-testinal and Pancreatic Disea-ses Group | info@ugpd.org | www.fhs.mcmaster.ca/ugpd/index.html | 加拿大 |
| Cochrane Wounds Group | sembsl@york.ac.uk | wounds.cochrane.org | 英国 |

（卫茂玲　王德任　整理）

# 附录 3　常用 Cochrane 系统评价与 meta- 分析制作及循证医学应用相关参考资源

## Cochrane 系统评价资源

1. Cochrane 协作网：www.cochrane.org

2. Cochrane 图书馆 www.thecochranelibrary.com

3. Cochrane 相关培训资源网：www.cochrane.org/resources/training.htm

4. Cochrane 系统评价模板：www.cochrane.org/cochrane-reviews/sample-review

5. Cochrane 系统评价计划书模板：www.cochrane.org/reviews/en/topics/63_protocols.html

6. Cochrane 系统评价格式指导 www.cochrane.org/training/authors-mes/cochrane-style-guide/cochrane-style-guide-basics

7. Cochrane 协作网系统评价者学习资料（Open learning material for reviewers）：www.cochrane-net.org/openlearning/

8. Cochrane 系统评价结构：www.cochrane.org/cochrane-reviews/review-structure#2

9. Cochrane 系统评价结果汇总表（Summary of Findings, SoF）GRADEpro（GRADE profiler）ims.cochrane.org/revman/other-resources/gradepro

10. Cochrane 系统评价管理软件（RevMan）：ims.cochrane.org/revman

11. Cochrane 作者使用 Archie 快速指导：ims.cochrane.org/archie/documentation/Quickstart-for-Authors.pdf

12. Cochrane 诊断试验系统评价：srdta.cochrane.org

13. Cochrane 个体患者系统评价：www.ctu.mrc.ac.uk/cochrane/ipdmg

14. Cochrane 前瞻性研究 meta- 分析：pma.cochrane.org

15. Cochrane 预后研究系统评价：prognosismethods.cochrane.org

16. Cochrane 系统评价手册（Cochrane Handbook for Systematic Reviews of Interventions. Julian PT Higgins and Sally Green eds）：www.cochrane.org/training/cochrane-handbook

17. Cochrane 方法学（Cochrane Methods.Hopewell S, Clarke M, Higgins JPT editors). Cochrane DB Syst Rev 2010 Suppl 1：1-29. www.thecochranelibrary.com

## 常用方法学质量评估表：www.ncbi.nlm.nih.gov/bookshelf/br.fcgi？ book=erta104&part=A157876

1. 诊断试验清单 QUADAS Checklist

2. 横断面流行病学研究质量评估表 Cross-Sectional/Prevalence Study Quality

3. 队列研究质量评估表 Newcastle-Ottawa Quality Assessment Scale：Cohort Studies

4. 病例对照研究质量评估表 Newcastle-Ottawa Quality Assessment Scale：Case Control Studies

## 研究报告规范

1. 随机对照试验报告规范（Consolidated Standards of Reporting Trials, CONSORT）：www.consort-statement.org/index.aspx？ o=1011

2. 系统评价和 meta- 分析报告规范（PRISMA，也叫 QUOROM）www.consort-statement.org

3. 流行病学观察性研究报告规范（STrengthening the Reporting of OBservational studies in Epidemiology，STROBE）：www.strobe-statement.org/Checklist.html

4. 卫生研究报告规范网（Enhancing the quality and transparency of health research，EQUATOR）：www.equator-network.org/index.aspx？o=1032

### 常用指南网络资源

1. 最佳实践 Best Practice：bestpractice.bmj.com

2. 临床指南 Clin-eguide：www.clineguide.com/index.aspx

3. 循证医学指南（EBM Guideline）：ebmg.wiley.com

4. 指南在线 GUIDEON：guideonline.com 或 epnet.com/gideon

5. 国际指南协作网：www.g-i-n.net

6. 澳大利亚国家卫生与医学研究会临床实践指南：nhmrc.gov.au/publications/subjects/clinical.htm

7. 加拿大医学会临床实践指南：mdm.ca/cpgsnew/cpgs/index.asp

8. 美国国家指南：www.guideline.gov/

9. 英国指南图书馆：www.library.nhs.uk/guidelinesFinder/

10. 新西兰指南组 New Zealand Guidelines Group：www.nzgg.org.nz

11. 英国临床指南（NICE）：www.nice.org.uk/aboutnice/whatwedo/aboutclinicalguidelines/about_clinical_guidelines.jsp

12. 临床证据（Clinical evidence）：www.clinicalevidence.com

13. 证据推荐分级的评价、制定与评估（Grading of recommendations assessment, development and evaluation，GRADE）：www.gradeworkinggroup.org

### 循证医学杂志系列

1. 中国循证医学杂志 www.cjebm.org

2. Evidence-Based Cardiovascular Medicine：journals.elsevierhealth.com/periodicals/yebcm

3. Evidence-Based Complementary and alterative medicine：ecam.oxfordjournals.org/

4. Evidence-Based Dentistry：www.nature.com/ebd/index.html

5. Evidence-Based Emergency：ebem.org/index.php

6. Evidence-Based healthcare & Public Health：www.journals.elsevierhealth.com/periodicals/ebhph

7. Evidence-Based Integrative medicine：adisonline.com/integrativemedicine/Pages/default.aspx

8. Evidence-Based Medicine：www.evidence-basedmedicine.com

9. Evidence-Based Mental Health：ebmh.bmj.com

10. Evidence-Based Nursing：www.evidencebasednursing.com

11. ACP Journal Club：www.acpjc.org

（卫茂玲　整理）

# 附录 4　其他系统评价与 meta- 分析方法学常用参考资源

### 网络资源

1. Systematic Review Home Page：ssrc.tums.ac.ir/systematicreview

2. Comprehensive Meta-Analysis by Biostat：www.meta-analysis.com

3. Systematic review-Wikipedia, the free encyclopedia：en.wikipedia.org/wiki/Systematic_review

### 书籍

1. Systematic Reviews：CRD's guidance for undertaking reviews in health care

2. Research Synthesis and Meta-Analysis：A Step-by-Step Approach（Applied Social Research Methods）. Harris M. Cooper. Sage Publications, Inc；4th ed, 2009）

3. Introduction to Meta-Analysis. Michael Borenstein, Larry V. Hedges, Julian P.T. Higgins, Hannah Rothstein.Wiley, 2009

4. The Handbook of Research Synthesis. Harris Cooper and Larry Hedges. 2 ed. Russell Sage Foundation Publications, 2009

5. Systematic Reviews and Meta-Analysis（Pocket Guides to Social Work Research Methods）. Julia H. Littell, Jacqueline Corcoran, Vijayan Pillai. Oxford University Press, USA , 2008

6. Publication Bias in Meta-Analysis：Prevention, Assessment and Adjustments. Hannah Rothstein, Alex Sutton, Michael Borenstein. Wiley,2005

7. Methods of Meta-Analysis：Correcting Error and Bias in Research Findings. 2nd ed. John E. Hunter and Frank L. Schmidt. Sage Publications, Inc；April 7, 2004）

8. Meta-Analysis of Controlled Trials（Statistics in Practice）. Anne Whitehead. Wiley；1 edition（September 9, 2002）

9. Systematic Reviews in Health Care：Meta-Analysis in context. 2 ed. Matthias Egger, George Davey-Smith, Douglas G Altman, Foreword by Iain Chalmers.BMJ Books, ition ,2001

10. Practical Meta-Analysis（Applied Social Research Methods）. Mark W. Lipsey, David Wilson. Sage Publications, Inc, 2000

11. Methods for Meta-Analysis in Medical Research. Alex J Sutton, Keith R. Abrams, David R Jones, Trevor A Sheldon, Fujian Song. Wiley,2000

12. Meta-Analysis in Medicine and Health Policy（Chapman & Hall/CRC Biostatistics Series. Donald A. Berry, Dalene K. Stangl. CRC Press,2000

13. How Science Takes Stock：The Story of Meta-Analysis. Morton Hunt. Russell Sage Foundation Publications, 1999

14. Synthesizing Research：A Guide for Literature Reviews（Applied Social Research Methods）. 3rd ed.Harris Cooper. Sage Publications, Inc, 1998

15. Statistical Methods for Meta-Analysis. Larry V Hedges and Ingram Olkin.Academic Press, 1985

（卫茂玲　吴红梅　整理）

# 附录5 国际社会学系统评价研究、药物经济学 评价与安全性相关资源网

1. Capmbell 协作网：www.campbellcollaboration.org

2. Campbell 协作网试验注册库 Collaboration's Social, Psychological, Educational and Criminological Trials Register（C2-SPECTR）：geb9101.gse.upenn.edu/

3. 英国约克大学评价与传播中心（CRD）：www.york.ac.uk/inst/crd

4. 英国伦敦大学社会学研究循证决策与实践信息中心（EPPI）：eppi.ioe.ac.uk/cms

5. 英国社会学研究指南研究所 Social Care Institute for Excellence（SCIE）：www.scie.org.uk

6. Joanna Briggs Institute（JBI）：www.joannabriggs.edu.au

7. 美国心理学会信息 PsycINFO：www.apa.org/psycinfo/products/psycinfo.html

8. 教育资源信息中心（Education Resources Information Center, ERIC）：www.eric.ed.gov/

9. AgeLine：www.aarp.org/research/ageline/

10. Social Care Online：www.scie-socialcareonline.org.uk/

11. 卫生经济学评价数据库欧洲协作网：www.euronheed.org

12. 国际药物经济学评价与结局研究协会网：www.ispor.org

13. 英国当前药物警戒性问题网：www.mhra.gov.uk

14. 澳大利亚不良反应公告：www.tga.gov.au/adr/aadrb.htm

15. 欧盟药物评价机构网：www.emea.eu

16. 美国药品食品管理局药品监督网：www.fda.gov/medwatch

（卫茂玲　整理）